●会计职业教育系列教材

会计核算实务

主编　程运木

ZHEJIANG UNIVERSITY PRESS
浙江大学出版社

图书在版编目（CIP）数据

会计核算实务／程运木主编. —杭州：浙江大学出版社，2013.2

ISBN 978-7-308-11108-9

Ⅰ.①会… Ⅱ.①程… Ⅲ.①会计学—职业教育—教材 Ⅳ.①F230

中国版本图书馆 CIP 数据核字（2013）第 022782 号

会计核算实务

主编　程运木

责任编辑　徐素君(sujunxu@zju.edu.cn)
封面设计　刘依群
出版发行　浙江大学出版社
（杭州市天目山路 148 号　邮政编码 310007）
（网址：http://www.zjupress.com）
排　　版　杭州中大图文设计有限公司
印　　刷　富阳市育才印刷有限公司
开　　本　787mm×960mm　1/16
印　　张　18.5
字　　数　385 千
版 印 次　2013 年 2 月第 1 版　2013 年 2 月第 1 次印刷
书　　号　ISBN 978-7-308-11108-9
定　　价　38.00 元

浙江大学出版社发行部邮购电话　(0571)88925591

再版说明

本书系根据《会计核算实务》(2007 年 9 月第 1 版)和财政部新颁布的《小企业会计准则》编写的。全书由程运木担任主编,负责拟实编写大纲和编写要求,对全书进行修改总纂。参加本书的人员有:程运木(第一章、第五章、第七章、第八章);董根仁(第二章第 1—3 节);陈淑女(第三章、第九章);俞建萍(第四章);汤纪春(第六章、第十一章);王锡根(第二章第 4 节、第十章、第十四章);邵云岚(第十二章、第十三章)。

由于《小企业会计准则》处于实施初期,值得研究和探讨的问题还很多;同时,限于编写者的水平,书中难免存在缺点和不足,恳请读者批评指正。

《会计核算实务》编写人员

2013 年 1 月

编写说明

为适应高中等会计职业教育的需要，满足广大在职会计人员及会计信息使用者学习掌握财会专业业务知识的要求，我们组织有关学者、教师及会计实际工作者编写了一套会计职业教育系列教材。

本套会计职业教育系列教材共七本，包括《会计核算基础》、《会计核算实务》、《企业涉税事务》、《会计报表阅读与分析》、《会计内部控制》、《出纳实务》、《成本会计》等。本系列教材由浙江省财政干部教育中心组织编写组编写，张亚平同志担任总召集人，成员主要有：程运木、陶其高、包洪信、应太松、求嫣红、蒋婉萍、徐政、黄成光、俞兆辉、陶善贵、吴小明等。在具体编写过程中，傅钱生、陈建中等同志就教材的编写思想、编写提纲进行了指导并提出了许多宝贵意见。同时，本系列教材的编写参考并吸收了有关法规制度、教材和书籍的相关内容，谨此说明并在此表示衷心地感谢！

本套会计职业教育系列教材，力求体现以下特点：

内容新颖。本系列教材阐述的内容与新法规、新制度及会计准则保持一致，从专业术语的表达到具体方法的应用都体现了新会计法规的要求，符合新的规范。

实用性强。本系列教材对理论性问题不作深入探讨，不介绍高深学术观点，但对会计的程序和方法力求详尽，以培养学习者的操作能力。

系统性、针对性强。本系列教材系统地阐述了会计核算、财务分析及从企业的角度介绍企业与税务、企业与金融的业务处理。针对企业业务的实际情况，通过实例阐述内容，直观清晰、深入浅出、通俗易懂，适合多层次财会从业人员的学习需要。

全书由程运木担任主编，负责拟定编写大纲，对全书进行修改总纂。参加本书编写的人员有：程运木（第一章、第五章、第七章、第八章），俞兆辉（第二章、第九章），张秀伟（第三章、第十二章），俞建萍（第四章），汤纪春（第六章、第十一章），王锡根（第十章、第十三章）。

由于《企业会计准则》处于实施初期，值得研究和探讨的问题还很多；限于编者的水平，书中难免存在缺点和错误，恳请读者批评指正。

会计职业教育系列教材编写组

2007 年 7 月

目　录

第五章　对外投资

第六章　固定资产

第七章　无形资产和长期待摊费用

第八章　负　债

第九章　所有者权益

第一章

概 述

第一节 企业会计核算的目标、对象和特点

一、企业会计核算的目标

企业会计核算目标是指在一定的历史条件下，人们通过会计核算工作所要实现的目的或达到的最终结果。企业会计核算的目标主要涉及三个方面：一是向谁提供信息；二是为何提供信息；三是提供何种信息。所以，企业会计核算的目标，是向会计信息使用者提供有用信息，反映企业管理层受托责任履行情况，有助于会计信息使用者作出正确的判断和选择。会计信息使用者包括投资者、债权人、政府有关部门、企业员工和社会公众等；有用信息主要是指企业财务状况、经营成果和现金流量等。企业会计核算的目标可以分解为以下几个方面：

（一）为投资者了解企业情况，进行投资决策提供会计信息

在经营权与所有权相分离的情况下，作为企业的投资者并不直接参与企业的经营与管理，其投入资本的运作情况如何？企业的经营活动、财务状况及经营成果如何？投资者对这些情况的掌握一般要通过企业财务会计提供信息；同时，企业投资者的决策必须利用企业经营成果、财务状况、获利能力、偿债能力等方面的会计信息，这些信息主要通过企业的会计核算来提供。

（二）为企业内部经营管理提供会计信息

企业内部经营管理和经营决策，不仅影响到企业的经济效益，而且关系到企业的前途和命运。企业有效的管理和正确的决策，必须依据真实可靠的数据和资料，会计核算信息是极其重要的信息资料。企业会计核算只有真实、完整地提供相关信息，才能便于企业经营管理者进行合理决策，加强内部管理，实现良好的经济效益。

（三）为有关政府部门提供宏观调控所需要的会计信息

有关政府部门要通过会计核算信息，了解企业承担义务的履行情况。例如财政部门需要利用财务会计信息，掌握企业的会计行为是否符合法规制度的规定；税务部门

需要利用会计核算信息，掌握企业税收的计算缴纳情况；证券监管部门需要了解上市公司公开的会计核算信息是否真实、完整；工商行政管理部门、统计部门等也需根据企业会计核算信息，了解和掌握国民经济整体运行情况等等。企业真实、完整的会计核算信息，可以满足国家对宏观经济合理有效的调控和管理，促进国民经济协调、有序地发展。

（四）为债权人了解企业情况，进行信贷决策提供会计信息

债权人主要包括贷款给企业的银行、非银行金融机构、企业债券购买人等。债权人主要关心企业是否能够按期还本付息，这就需要了解企业财务状况、经营成果、资金运用情况、债权人权益保障程度、偿债能力等方面的会计信息，以便作出相关的决策。这些方面信息也必须通过企业的会计核算来提供。

（五）为企业员工和其他外部信息使用者提供会计信息

企业职工希望通过企业财务会计的信息，了解与他们切身利益相关的情况：企业经营是否稳定；企业财务状况；企业偿债能力；企业职工薪酬水平；企业获利情况及其与职工薪酬和生活福利待遇的方面联系等。

其他外部信息使用者，如企业的客户、社会公众等。企业客户与企业进行着各种交易活动，他们很关心交易对象的生存情况和财力状况。企业的存在和发展，必然对所在地区的社会、经济等产生影响，所以，社会公众会对表明企业兴衰、活动范围与方式、近远期发展规划等会计核算信息既有知情权，也会予以关注。

企业会计核算目标的具体内容，概括如下：

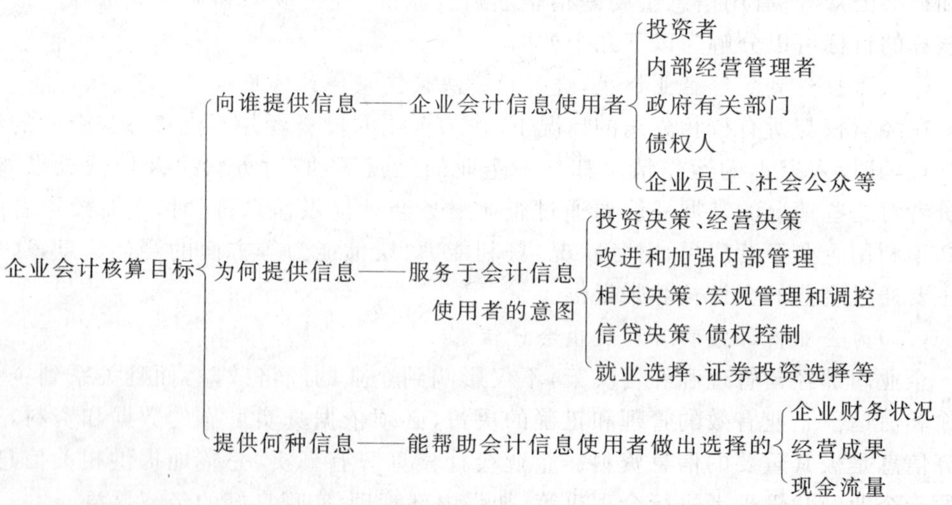

二、企业会计核算的对象

企业会计核算的对象是企业发生的交易或者事项。企业生产经营活动中发生的

交易或者事项，具体表现为会计要素。这就是说，企业会计核算对象的具体内容就是会计要素，即资产、负债、所有者权益、收入、费用和利润六大会计要素。会计要素的定义及其内容，《会计核算基础》课程已作了详细介绍，这里不再重述。

三、企业会计核算的特点

企业会计核算是以会计法、企业会计准则（基本准则、具体准则）等为主要依据，确认、计量、记录企业资产、负债、所有者权益的增减变动，反映营业收入的取得、成本费用的发生和归集，以及损益的形成与分配，定期以财务报告形式报告企业财务状况、经营成果等情况的一种经济管理活动。其主要特点是：

（一）主要对外提供会计信息

从直接的服务对象看，企业会计核算主要是为企业外部有关方面提供会计信息，虽然，也为企业内部管理服务，但其服务的重心在于对外提供会计信息。

（二）遵循传统会计模式

从会计核算过程看，企业会计核算必须遵循“凭证→账簿→报表”这一传统的会计模式。严格按照规定的会计程序和方法体系，以货币为主要计量单位综合反映企业各项交易或者事项，定期提供有关企业过去和现在的经济活动情况及其结果的会计信息。可见，企业会计核算工作是以提供历史信息为主的。

（三）提供规范统一的会计信息

从提供信息的规范看，企业会计核算必须遵循会计法、企业会计准则和相关法规制度等，所以其提供的会计信息一般应该是规范统一的。

（四）报告形式固定、定期

从信息的报告形式看，企业财务会计核算的报告有规定的或公认的格式和内容，并且要定期编制，如资产负债表、利润表、现金流量表等，通常都有固定的格式、内容和编制要求，而且需要定期编制报送。

第二节　会计核算的基本前提和基础

一、会计核算的基本前提

会计核算的基本前提，又称会计假设或会计假定，是指针对企业会计核算所面临的变化不定的客观经济环境，对某些现实情况或进行会计核算的先决条件所作出的逻辑推断。企业会计核算的基本前提是由《企业会计准则——基本准则》统一规定的，具体包括会计主体、持续经营、会计分期和货币计量四个方面。

（一）会计主体

会计主体是指会计工作为其服务的特定单位或组织。或者说会计为谁核算，核算谁的交易或事项。会计核算首先应解决为谁核算的问题，这是因为会计的六大要素都是同特定的经济实体相关系的，一切会计核算工作都应站在特定的单位或组织的立场上进行，否则，如主体不明确，与之相关的资产和权益就难以界定，收入和费用就无法衡量，独立核算、自主经营、自负盈亏就无从谈起。因此，会计核算应以独立核算的单位或组织为会计主体。确定会计主体的目的在于划定会计核算的空间范围，明确会计人员处理交易或事项的立场。

需要说明，会计主体和法律主体是两个不同的概念。一般来说，法律主体往往就是会计主体。然而，能作为会计主体的不一定是法律主体。如由自然人创办的独资与合伙企业，从法律上讲并不是法人，不是法律主体，但在会计核算上必须将其作为会计主体；再如集团公司是会计主体，但集团公司是由几个具有法人资格的公司所组成，集团公司本身通常不是一个独立的法人，也不是法律主体。

（二）持续经营

持续经营是指会计主体的生产经营活动在可以预见的未来不会面临破产清算，而是持续不断地经营下去。市场经济条件下，任何企业都存在破产清算的风险。然而，企业何时面临破产清算，人们无法预料。所以，一般情况下，应当假定企业能够按照目前的状态继续经营下去，不会停业。既然企业不会破产清算，企业拥有的资产就可以在正常经营过程中耗用、出售或转换，承担的债务也能在正常的经营过程中清偿，经营成果就会不断形成。

持续经营是在会计主体确定后所作出的假定，它是对会计核算的时间范围的界定。持续经营是一系列会计准则和会计方法存在的基础。只有具备这一条件，才能够以历史成本等进行资产计价；固定资产价值才能按照预计使用寿命进行折旧；才能以权责发生制为基础划分各期的收入和费用等等。所以，对会计主体进行会计核算必须以持续经营为前提条件。

（三）会计分期

会计分期是指将企业持续经营的生产经营活动，人为地划分为一个个连续的、长短相等的会计期间，以便分期结算账目和编制财务会计报告。企业的生产经营活动是连续不断进行的，在时间上具有不间断性。会计核算要对这一连续不断的生产经营活动过程进行计量和报告，以便定期向信息使用者提供财务状况和经营成本等会计信息，就需要进行会计分期。会计分期前提对企业会计核算有着重要影响，正是由于有会计分期，才会产生本期与非本期的概念，从而产生权责发生制的会计核算基础。

企业会计准则将会计期间分为年度、半年度、季度和月度。年度、半年度、季度和月度均按公历起讫日期确定。半年度、季度和月度均称为会计中期。基本的会计期间是会计年度。我国的会计年度采用公历制，即每年的 1 月 1 日起至 12 月 31 日止。

（四）货币计量

货币计量是指在会计核算过程中采用货币作为计量单位，计量、记录和报告会计主体的财务状况、经营成果和现金流量。会计核算中常用的计量单位主要有实物量度、劳动量度和货币量度三种。在会计核算中选择货币作为主要计量单位,是由货币本身的属性决定的。

货币是商品的一般等价物,是衡量一般商品价值的共同尺度,它能够对所有不同质的商品进行价值计量,并进行综合汇总。而实物量度和劳动量度只能从某个侧面反映经济活动的情况,无法在量上进行综合汇总和比较,也不便于管理。所以,企业会计准则选择了货币作为主要计量单位。

会计核算以货币作为主要计量单位,是一种人为的假设,它也表明企业的交易或事项就是能够用货币量度计量的,都应进行会计反映;凡是不能用货币量度来计量的,如管理经验、人力资源等,则不必进行会计反映。

货币计量是建立在货币本身价值不变基础之上的。其实,货币本身价值是处在变化过程中的,它会受到物价的波动、购买力的升降、通货膨胀等宏观经济因素的影响。但是,由于这种变动是一种渐变的过程,在正常情况下,币值本身的升降幅度一般不大,从长期来看,这种升降可以自行抵消。因此,会计核算的货币计量一般是假定币值稳定的。

二、企业会计核算基础

企业的资源流动会引起相应的现金流动,但由于存在会计分期,现金实际的收付期间和资源流动的发生期间往往发生不一致的情况。这样,在确认资产、负债、收入、费用时,就可能出现两种会计核算基础:收付实现制和权责发生制。企业会计核算应当以权责发生制为基础进行会计确认、计量和报告。

权责发生制是企业会计核算,应以权责发生(即应收应付)为基础来确认本期收入与费用的一种会计核算基础。权责发生制要求:凡当期已经实现的收入和已经发生或应当负担的费用,不论其款项是否收付,均应作为当期的收入和费用处理;凡不属于当期的收入和费用,即便其款项已在当期收付,也不应作为当期的收入和费用处理。根据权责发生制要求,企业会计核算上需设置"长期待摊费用"、"预收账款"、"预付账款"、"递延收益"等账户来进行相关业务的核算。

第三节　企业会计核算的内容和要求

一、企业会计核算的内容

企业会计核算是以货币为主要计量单位,从数量上连续、系统和完整地反映企业已发生的交易或事项,为信息使用者提供会计信息。这一过程,也就是对会计要素进行确认、计量、记录和报告的过程。所以,企业会计核算的内容可以概括为以下几个方面：

（一）会计确认

会计确认，是指将交易或事项是否作为会计要素加以记录和列入会计报表的过程。企业发生的交易或事项，并不是都能登记入账的；能登记入账的，也不是可以随意记成什么，或随便什么时候记的，而是要事先进行识别、判断，这就是确认。所以，会计的确认主要解决某项交易或事项"是什么，是否应当在财务会计上反映"的问题。进行会计确认是有确认标准的，确认一个会计项目应符合四项基本的标准：

课堂讨论：

"企业发生的所有交易或者事项，都需要确认入账。"这样的说法正确吗，为什么？企业有哪些交易或者事项是不必确认入账的？如企业员工的学历提高、专业技术职务的晋升等需要确认入账吗？

1.符合某一会计要素的定义。确认时首先要明确某一交易或事项的项目如何形成会计要素和形成哪类会计要素。如某交易或者事项形成的是资产还是费用，是收入、负债，还是所有者权益等。

2.具有可计量性。是指有一个相关的计量属性，可以充分可靠地予以计量，也就说某一项目可以用货币表示其量的大小。可计量是进行会计要素计量的前提条件。

3.具有相关性。是指与该项目有关的信息在会计信息使用者决策中具有举足轻重的作用。这一标准要求确认与使用者决策相关的项目，排除不相关项目，压缩信息的多余度，增进会计信息对决策的有用性。

4.具有可靠性。是指与该项目相关的信息是真实的、可验证的，这一标准要求在入账之前以客观的态度审核业务内容及其数据是否真实，辨别有关数据是否可验证，以防止扭曲会计信息。

满足了上述四个基本标准，还要进一步考虑成本效益原则和重要性原则，即考虑确认该项目所花费的成本是否低于其信息所带来的效益，这些信息是否对使用者更为重要等因素。综合考虑各因素后，再决定能否在会计上确认该项目。

提示：

确认属于会计行为中的识别、判断和选择，只有正确确认，才能正确记录和报告，才能产生对信息使用者有用的会计信息。实际工作中对每一项目的确认需要根据体现上述确认四项标准的企业会计准则、会计制度的规定和会计工作者的职业判断能力来进行。

（二）会计计量

会计计量，是用货币或其他量度单位计量各项交易或事项和结果的过程。会计的确认，是明确某一项目属于什么会计要素的问题，而计量则是进一步明确该项目的数额是多少，即主要解决某项交易或事项在会计上“反映多少”的问题，体现会计信息的定量化特点。企业会计计量结果构成了确认、记录和报告的内容，所以，计量问题是会计的核心问题。

企业会计计量包括计量单位和计量属性两个方面的内容。计量单位是指计量尺度的量度单位。我国会计法规中规定的“会计核算以人民币为记账本位币”，说明企业会计计量单位的选择，即企业会计的计量单位是相对稳定的名义货币单位。计量属性是指要予以计量的某一会计要素的品质或方面。计量属性包括历史成本、重置成本、可变现净值、现值、公允价值等。为了保证会计信息质量，企业一般应当采用历史成本为计量属性。如果采用其他计量属性，应当保证所确定的会计要素的金额能够取得并能可靠计量。

课堂讨论：

公司购入汽车一辆，支付价款15万元(不含增值税)；一年后同样款式汽车的市场价格为16万元(不含增值税)；如果公司将上述汽车出售(购入一年后)可得现款14万元。请问该汽车的历史成本是多少？一年后该固定资产的账面记录需要调整吗？

(三)会计记录

会计记录是指采用专门的方法在会计凭证、账簿、报告体系中登记经济业务事项的过程。它主要是解决某项交易或事项在会计上“如何登记”的问题。会计记录包括记账方法、记录文字、账证和报告格式及要求等内容。实际工作中，会计确认、会计计量、会计记录是紧密结合、同步进行的。

相关链接：

(1)《企业会计准则——基本准则》第十一条规定：“企业应当采用借贷记账法记账”。

(2)《中华人民共和国会计法》第22条规定：会计记录的文字应当使用中文。在民族自治地方，会计记录可以同时使用当地通用的一种民族文字。

(四)会计报告

会计报告就是编制财务会计报告，对外输出会计信息的过程。这一过程是会计核算工作的重要环节，它包括编制依据、编制要求、提供对象、提供期限、签章审核程序等。企业财务会计报告提供的会计信息必须要符合真实、完整的质量要求，这就要求财务会计报告应当依据会计账簿记录和有关资料编制，财务会计报告的编制要求、提供对象、提供期限应当符合法定要求,财务会计报告的签章、审核程序必须规范有效。

企业会计核算的内容、过程及其相互联系,可以概括和归纳如下。

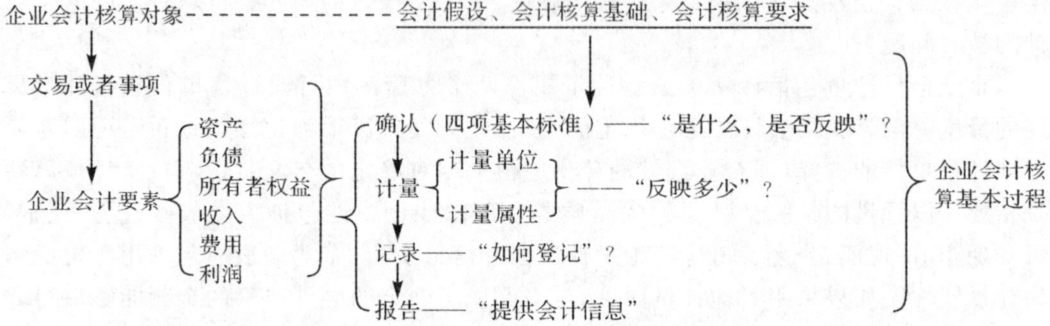

二、企业会计核算的要求

会计核算要求,即会计信息质量要求。会计核算的目标是要向信息使用者提供有用的会计信息。为了保证会计核算提供的会计信息符合质量要求,企业会计核算工作必须遵循以下几个方面的具体要求。

(一)真实性要求

企业应当以实际发生的交易或事项为依据进行会计确认、计量和报告,如实反映符合确认和计量要求的各项会计要素及其他相关信息,保证会计信息真实可靠,内容完整。真实性要求是对企业会计核算的基本要求。企业无论是取得原始凭证、编制记账凭证,还是登记会计账簿、编制会计报表,都应当真实、可靠地反映交易或事项的内容和实质,不能主观臆断、弄虚作假。

(二)相关性要求

企业提供的会计信息应当与财务会计报告使用者的经济决策需要相关,有助于财务会计报告使用者对企业过去、现在或者未来的情况作出评价或预测。为了使企业提供的会计信息对信息使用者有用,会计核算的整个过程必须与信息需求相关联。企业在选择会计核算程序和方法时必须考虑企业经营特点和管理的需要,设置账簿时要考虑有利于信息的输出和不同信息使用者的要求。

(三)明晰性要求

明晰性要求是指企业提供的会计信息应当清晰明了,便于会计信息使用者理解和使用。要求企业会计记录准确、清晰;填制会计凭证、登记账簿做到依据合法、账户对应关系清楚、文字摘要完整;在编制会计报表时,项目完整、数字准确、勾稽关系清楚。

(四)可比性要求

可比性要求是指企业提供的会计信息应当具有可比性。同一企业不同时期发生的相同或者相似的交易或事项,应当采用一致的会计政策,不得随意变更。这是指同一企业的纵向可比；不同企业发生的相同或者相似的交易或事项，应当采用规定的会计政策，确保会计信息口径一致、相互可比。这是指不同企业之间的横向可比。

（五）实质重于形式要求

实质重于形式要求是指企业应当按照交易或事项的经济实质进行会计确认、计量和报告，不应仅以交易或事项的法律形式为依据。会计核算过程中，可能会遇到一些经济实质与法律形式不一致的交易或事项，这就需要按这些交易或事项的经济实质进行会计处理。例如融资租入固定资产，在租赁期未满以前，所有权并没有转移给承租人，但是与该项固定资产相关的收益和风险已经转移给承租人，承租人实际上也能行使对该项固定资产的控制权。因此，承租企业应将其视同自有固定资产，通过"固定资产"账户进行核算。

（六）重要性要求

重要性要求是指企业提供的会计信息应当反映与企业财务状况、经营成果和现金流量等有关的所有重要交易或事项。企业的会计核算应按重要性要求，对交易或事项根据其重要程度，采用不同的核算方式。对资产、负债、损益等有较大影响，并影响会计信息使用者据以作出合理判断的重要会计事项，必须按规定的会计方法和程序进行处理，并在财务会计报告中予以充分、准确地披露；对于次要的会计事项，在不影响会计信息真实性和不至于误导会计信息使用者作出正确判断的前提下，可以适当简化处理。

（七）谨慎性要求

谨慎性要求是指企业对交易或事项进行会计确认、计量和报告应当保持应有的谨慎，不应高估资产或者收益，低估负债或者费用。企业进行会计核算，应当充分估计未来的风险和损失，合理估计可能发生的损失和费用，但也不得设立秘密准备；当某项交易或事项的会计处理有几种方法可供选择时，应当选择最为谨慎的方法进行处理。

市场经济条件下，谨慎性要求是提高企业抵御经营风险和市场竞争能力的需要；同时，建立在谨慎性基础上的会计信息，可以避免夸大利润和权益、掩盖不利因素，有利于企业作出正确的经营决策，有利于保护投资者和债权人的利益。

（八）及时性要求

企业对于已经发生的交易或事项，应当及时进行会计确认、计量和报告，不得提前或者延后进行会计处理。

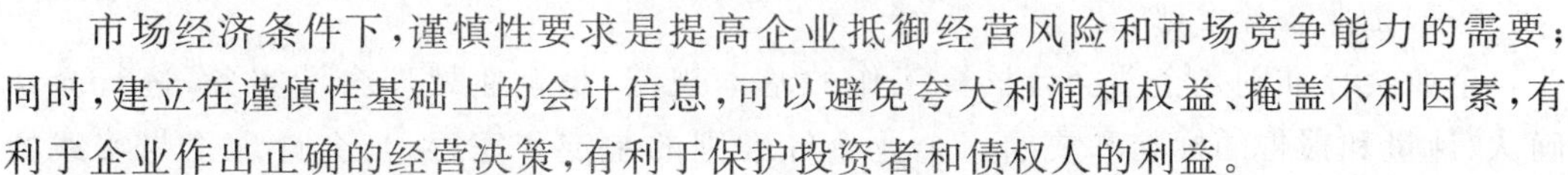

第四节 企业财务会计法规制度

企业会计法规制度，既是约束企业会计核算行为的标准，也是对会计核算工作进行评价的依据。国家通过制定和实施财务会计法规制度来规范、制约企业的会计核算行为，保证财务会计信息的质量。现阶段我国的财务会计法规制度主要包括《中华人民共和国会计法》(以下简称会计法)、企业会计准则、企业会计制度和其他会计规章等,并已形成了以会计法为核心,以企业会计准则和企业会计制度为基本内容,专业性财会法规为补充的法律规范体系。

一、会计法

会计法是调整我国经济生活中会计关系的法律总规范。会计法是规范会计行为的基本法律,它为保证会计资料的真实、完整设定了行为规则,是其他会计规范制定的基本依据。所以,会计法在我国的会计规范体系中处于最高层次,是指导会计工作的根本大法。凡是在我国境内的所有企业、行政事业单位和其他组织都必须依照会计法的规定办理会计事务。

相关链接:

新中国的《会计法》于 1985 年 1 月由全国人民代表大会常务委员会通过,并于同年 5 月 1 日起实施;1993 年 12 月进行了修改;1999 年 10 月为了使会计法规进一步适应市场经济和对外开放的需要,更有效地规范会计行为,按程序对会计法进行了修订。修订后的《会计法》包括总则、会计核算、公司企业会计核算的特别规定、会计监督、会计机构和会计人员、法律责任和附则共七章五十二条。修订后的《会计法》于 2000 年 7 月 1 日起实施,这对规范会计行为、保证会计信息质量起到了法律保障作用。

二、企业会计准则和企业会计制度

(一)企业会计准则

企业会计准则是企业会计核算工作的基本规范,是企业处理会计实务,进行会计确认、计量和报告的标准和要求。企业会计准则的制定和完善,与会计理论与实践的丰富和发展密切相关,同时又受社会、政治和经济环境等多方面因素的影响和制约。我国的企业会计准则是在总结多年以来企业会计改革经验,借鉴国际通行惯例的基础上建立起来的。企业会计准则体系包括基本会计准则、具体会计准则和会计准则应用指南三个层次。它与我国社会主义市场经济发展进程相适应,又与国际财务报告准则相趋同,涵盖各类企业各类经济业务,可以独立实施。

1. 基本会计准则。基本会计准则,即《企业会计准则——基本准则》,主要就企业会计核算的一般要求和会计核算的主要方面所作出的原则性规定,并为制定具体会计准则和企业会计制度提供依据。我国于 1993 年 7 月 1 日起实施第一个会计基本准则,新的《企业会计准则——基本准则》于 2006 年 2 月颁布,2007 年 1 月 1 日起实施。

这一基本会计准则共有十章五十条，内容包括：(1)总则。具体包括制定宗旨、适用背景和范围、财务会计报告目标、会计假设和会计基础；(2)会计信息质量要求；(3)会计要素的定义和确认；(4)会计计量；(5)财务会计报告；(6)附则。基本会计准则在整个会计准则体系中起统驭作用，是设立在中华人民共和国境内不同所有制、不同行业的企业都必须遵守的会计规范。

2.具体会计准则和《小企业会计准则》。具体会计准则(即《企业会计准则——具体准则》)和《小企业会计准则》)是《企业会计准则——基本准则》框架下的两个子系统，分别适用于大中企业(上市公司)和小企业。其关系如图1-1所示。

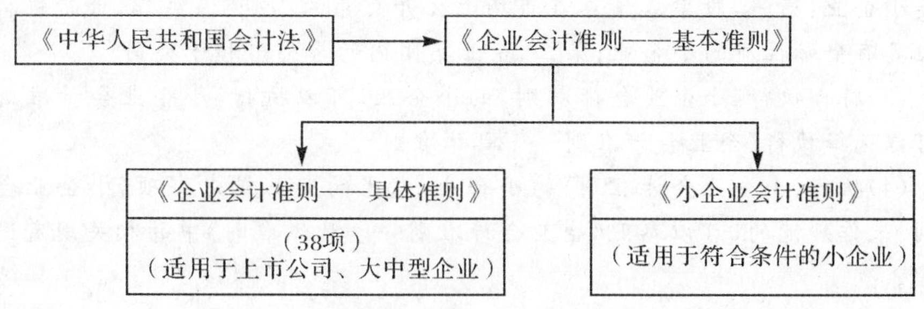

图1-1　具体会计准则和小企业会计准则的关系

具体准则和《小企业会计准则》是根据基本会计准则的要求，对各会计要素和具体的交易或者事项的会计处理方法和程序作出的具体规定。它主要是规范企业各类交易或者事项的会计处理，为企业处理会计实务问题提供具体而统一的标准。

1998年我国颁布实施了第一个具体会计准则，随后陆续颁布实施一系列的具体会计准则。2006年2月为适应变化了的形势，财政部重新修订和完善了我国《企业会计准则》体系，颁布了38项具体会计准则，这38项具体会计准则从2007年1月1日起在上市公司实施，鼓励其他企业执行。

为了适应小企业经营规模小，不承担社会公众责任的特点，财政部于2011年10月颁布了《小企业会计准则》。与具体会计准则比较，《小企业会计准则》对小企业会计核算予以适当简化，减少职业判断的内容和要求，并尽可能使企业会计处理与税法规定一致起来。《小企业会计准则》共有10章90条，主要包括总则、会计要素核算、财务报表和附则等内容，并附有会计科目、主要账务处理和财务报表。这一准则从2013年起在符合条件的小企业范围内实施。

相关链接：

(1)小企业是指符合《中小企业划型标准规定》所规定的小企业标准的企业。《中小企业划型标准规定》将中小企业划分为中型、小型和微型三种类型，具体标准根据企业从业人员、营业收入、资产总额等指标按照行业进行了划分，如工业企业300人以下，年营业收入2000万元以下的；零售企业50人以下，年营业收入500万元以下的均为小企业。

(2)《小企业会计准则》适用于小企业，微型企业参照执行。但不包括下列三类小企业：第一，股票或债券在市场上公开交易的小企业；第二，金融机构或其他具有金融性质的小企业；第三，企业集团内的母公司和子公司。

(3)符合执行《小企业会计准则》的小企业，可以执行《小企业会计准则》，也可以选择执行《企业会计准则——具体准则》。

(4)执行《小企业会计准则》的小企业，发生的交易或者事项《小企业会计准则》未作规范的，可以参照《企业会计准则——具体准则》中的相关规定进行处理。

3.会计准则应用指南。企业会计基本准则和38项具体准则，均制定和颁布相应的应用指南。会计准则应用指南主要包括具体准则解释和会计科目、主要账务处理等。它为企业执行会计准则提供了操作性规范。

提示：

(1)2007年1月1日起，《企业会计准则——基本准则》的实施范围是在我国境内的所有企业；38项具体会计准则的实施范围是上市公司，鼓励其他企业实施，以后逐步全面推开。《小企业会计准则》的实施范围是小企业。

(2)我国目前企业会计法规方面，仍然可以说是“准则”和“制度”并存；

(3)企业会计制度适用范围：上市公司、小企业、村集体经济组织、金融企业等以外的大中型企业。

(二)企业会计制度

企业会计制度是以会计科目及使用说明、会计报表及编制说明的形式，对会计要素和主要经济业务事项进行确认、计量、记录和报告所作的规定。截至目前，财政部已颁布实施了《企业会计制度》、《金融企业会计制度》、《村集体经济组织会计制度》等多项企业会计制度。

《企业会计制度》由财政部于2000年12月发布，并于2001年1月1日起在部分企业实施，从2005年1月1日，在各类企业全面实施。《企业会计制度》是不分行业、不分所有制、不分经营方式和组织形式的各类企业普遍适用的会计制度。

为适应特殊行业的需要，国家还制定了适用于金融企业的《金融企业会计制度》(2002 年 1 月 1 日起实施)；适用于农村集体经济组织的《村集体经济组织会计制度》(2005 年 1 月 1 日起实施)等。

(三)专业性财会法规

我国财会法规中还包括一些专业性财会法规，如：《企业财务通则》、《企业财务会计报告条例》、《会计基础工作规范》、《会计从业资格管理办法》、《会计档案管理办法》、《现金管理暂行条例》、《内部控制规范》等专业性会计法规。

相关链接：

1992 年国家颁布了《企业财务通则》，2006 年 12 月财政部对其进行了修订，修订后的《企业财务通则》从 2007 年 1 月 1 日起施行。主要内容包括：总则、企业财务管理体制、资金筹集、资产营运、成本控制、收益分配、重组清算、信息管理、财务监督、附则等共十章七十八条。

同时，企业财务会计工作，还应遵循公司法、税收法规、证券法、票据法、金融法规等相关法规制度的规定。

企业进行会计核算，应按照适用企业会计准则或企业会计制度的规定设置和使用会计科目。这就是说不同类型企业会计科目的设置和使用是有所区别的，根据现实情况，本教材按照《小企业会计准则》设置和运用会计科目。企业常用的会计科目，见表 1-1。

三、企业内部会计制度

企业内部会计制度是各个企业根据会计法、企业会计准则和企业会计制度等法规制度的规定，结合企业实际情况和内部管理的要求而制定的企业内部会计工作规范。企业内部会计制度应当符合国家统一财会法规制度的要求，体现本单位生产经营、业务管理的特点和要求。

企业内部会计制度一般包括：(1)会计人员岗位责任制；(2)账务处理程序；(3)内部牵制制度；(4)稽核制度；(5)原始记录管理、定额管理、计量验收、财产清查等制度；(6)财务收支审批程序和规定；(7)成本费用核算制度；(8)财务分析制度等内容。为保证财务会计工作规范有效，每个企业均应制定适合企业实际情况的内部财务会计制度。

企业财务会计法规体系的层次及其相应关系可以用图概括如下，见图 1-2。

表 1-1　　　　　　　　　　企业常用会计科目表

顺序号	编号	会计科目名称	顺序号	编号	会计科目名称
		一、资产类	35	2202	应付账款
1	1001	库存现金	36	2203	预收账款
2	1002	银行存款	37	2211	应付职工薪酬
3	1012	其他货币资金	38	2221	应交税费
4	1101	短期投资	39	2231	应付利息
5	1121	应收票据	40	2232	应付利润
6	1122	应收账款	41	2241	其他应付款
7	1123	预付账款	42	2401	递延收益
8	1131	应收股利	43	2501	长期借款
9	1132	应收利息	44	2701	长期应付款
10	1221	其他应收款			三、所有者权益类
11	1401	材料采购	45	3001	实收资本
12	1402	在途物资	46	3002	资本公积
13	1403	原材料	47	3101	盈余公积
14	1404	材料成本差异	48	3103	本年利润
15	1405	库存商品	49	3104	利润分配
16	1407	商品进销差价			四、成本类
17	1408	委托加工物资	50	4001	生产成本
18	1411	周转材料	51	4101	制造费用
19	1421	消耗性生物资产	52	4301	研发支出
20	1501	长期债券投资	53	4401	工程施工
21	1511	长期股权投资	54	4403	机械作业
22	1601	固定资产			五、损益类
23	1602	累计折旧	55	5001	主营业务收入
24	1604	在建工程	56	5051	其他业务收入
25	1605	工程物资	57	5111	投资收益
26	1606	固定资产清理	58	5301	营业外收入
27	1621	生产性生物资产	59	5401	主营业务成本
28	1622	生产性生物资产累计折旧	60	5402	其他业务成本
29	1701	无形资产	61	5403	营业税金及附加
30	1702	累计摊销	62	5601	销售费用
31	1801	长期待摊费用	63	5602	管理费用
32	1901	待处理财产损溢	64	5603	财务费用
		二、负债类	65	5711	营业外支出
33	2001	短期借款	66	5801	所得税费用
34	2201	应付票据			

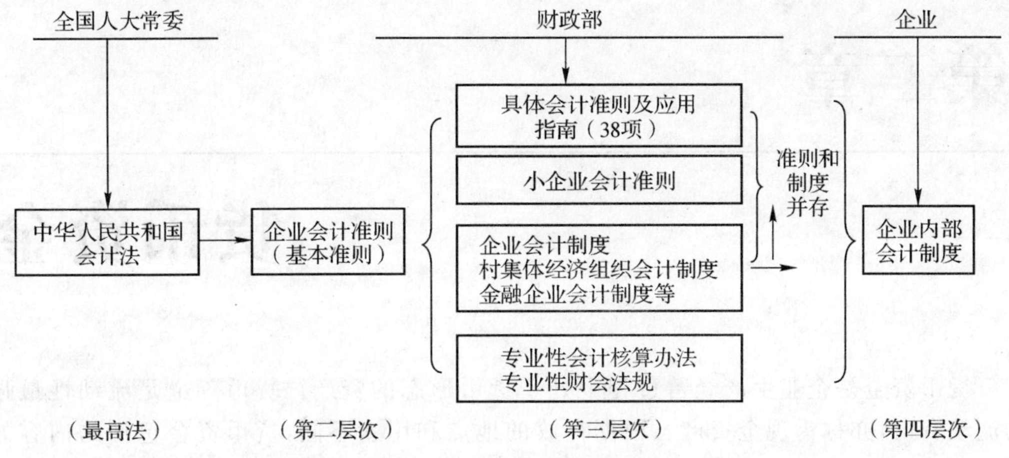

图 1-2　企业财会法规体系

第二章

货币资金

货币资金是企业生产经营过程中处于货币形态的资产。货币资金是流动性最强的流动资产，亦称为现金资产。根据存放的地点和用途不同，货币资金包括的内容如下所示：

- 货币资金
  - 库存现金
    - 出纳员保管的
    - 包括人民币、外币
    - （以上为）狭义的现金
  - 银行存款
    - 存放银行或其他金融机构
    - 包括人民币存款和外币存款；定期和活期等。
  - 其他货币资金
    - 是货币资金（存放地点、结算原因等）
    - 不属于库存现金、银行存款

现金有狭义和广义之分。狭义的现金是指存放于企业财会部门，由出纳员经管的人民币和外币，即库存现金，也就是保险柜里的现金资产。广义的现金除了库存现金外，还包括可以随时支用的银行存款、其他货币资金以及现金等价物。本章所述现金为狭义的现金。

银行存款是指企业存入银行或其他金融机构的货币资金。

其他货币资金是指企业除库存现金、银行存款以外的各种货币资金。如外埠存款、银行汇票存款等。

第一节　库存现金

库存现金就是出纳员保管的现金。它包括人民币和外币。企业库存现金可以随时用来支付各种费用和支出，是所有商品的一般等价物，使用起来非常方便。但是，如果保险柜放了大量现金，被盗或发生人力难以抗拒的灾难，必将会给企业带来损失。而且，如果企业之间有大量的现金流通，会对社会经济秩序产生不利的影响。基于库存现金的这种流动性特别强的特点，国家制定了相应的现金管理制度，以保证现金的合理流转和安全完整。

一、库存现金的业务流程

库存现金核算的基本业务流程可以用图示加以概括，见图 2-1。

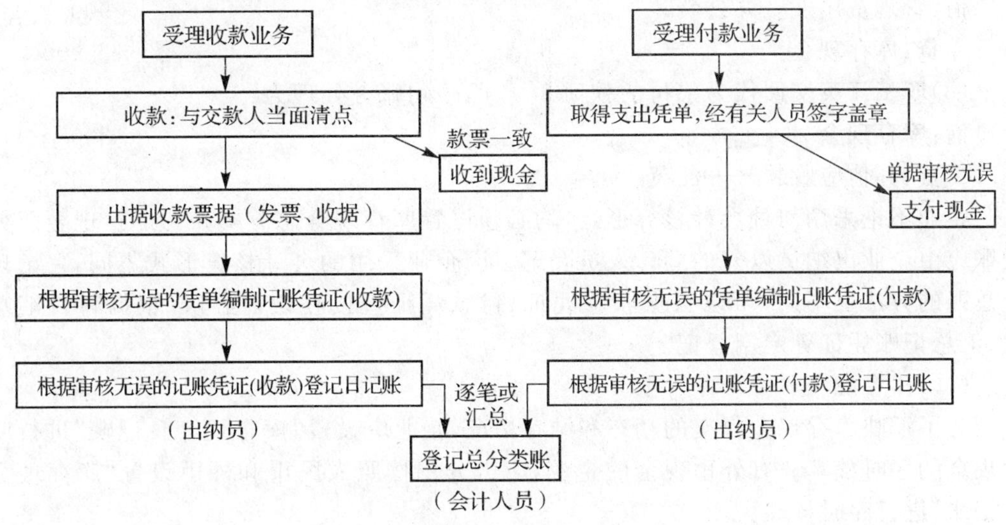

图 2-1　库存现金核算业务流程

二、库存现金收付业务的核算

企业现金的收付核算，首先由相关人员取得或填制原始凭证，由会计人员对原始凭证进行审核，并根据审核无误的原始凭证填制收、付款凭证。出纳人员应按程序和要求，依据审批、审核无误的凭证，办理现金的收付。出纳人员收付款项时，还应对凭证单据进行必要的复核。收款后应在凭证上加盖“现金收讫”戳记；付款后在凭证上加盖“现金付讫”戳记。

（一）库存现金的总分类核算

企业库存现金的收支和结存情况，应设置“库存现金”账户进行核算。该账户借方登记库存现金的增加数，贷方登记库存现金的减少数，期末余额在借方，反映企业持有的库存现金。

企业拨付给内部用款单位或职工个人作为零星开支的备用金，不属于库存现金，一般应通过“其他货币资金——备用金”账户进行核算，也可以单独设置“备用金”账户进行核算。

【例 2-1】 兴业公司 2 月 5 日发生如下现金收付业务：

(1)出售产品 5 件，价款 500 元，增值税 85 元，收到现金 585 元。公司账务处理为：

借：库存现金　　585

贷:主营业务收入　　500

应交税费——应交增值税(销项税额)　　85

(2)厂办李强购买零星办公用品 900 元,以现金支付。公司账务处理为:

借:管理费用——办公费　　900

贷:库存现金　　900

(3)职工汪英交回代为垫付的款项 300 元,公司账务处理为:

借:库存现金　　300

贷:其他应收款——汪英　　300

企业不论采用何种会计核算形式,均必须设置库存现金总分类账。库存现金总分类账应由企业出纳员以外的会计人员登记。因企业采用的会计核算形式不同,登记现金总账的方法也不同,可以根据收款凭证、付款凭证直接登记,也可以根据科目汇总表、汇总记账凭证等定期登记。

(二)库存现金收付的序时核算

为了反映库存现金收支的动态和结存情况,企业应设置"库存现金日记账"进行库存现金的序时核算。有外币现金的企业,应当分别按照人民币和外币设置"库存现金日记账"进行序时核算。

"库存现金日记账"必须采用订本账,可以选择"三栏式"或"多栏式"账页。该账簿由出纳人员根据审核无误的收付款凭证及所附的原始凭证,按照现金收付业务发生的先后顺序逐日逐笔登记。每日终了,应当计算当日的现金收入合计数、现金支出合计数和结余额,并将结余额与实际库存现金数额核对,做到账款相符。如果发现账款不符,应及时查明原因进行处理。

企业的库存现金总账是由会计人员登记的,因此,月份终了,出纳员登记的"库存现金日记账"的余额应与会计人员登记的"库存现金总分类账"的余额核对相符。

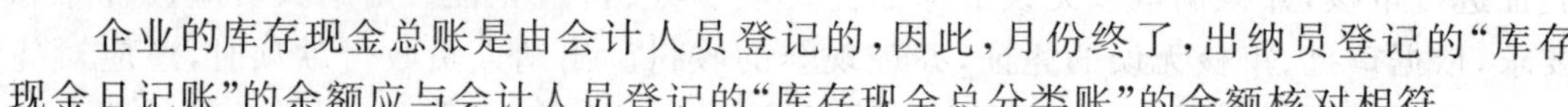

三、库存现金的清查

为了加强对库存现金的管理,保证库存现金的安全,防止丢失、被盗、侵占挪用和记账错误,必须对现金进行清查。库存现金清查包括出纳人员每日的清点核对和清查小组定期、不定期的现金盘点。现金清查的方法是实地盘点。

清查小组清查时,出纳人员必须在场,清查内容应有:检查是否有挪用现金、白条抵库、超限额留存现金等情况,现金账款是否相符等。对于现金清查的结果,应编制现金盘点报告表,注明现金溢缺的金额,并由出纳人员、盘点人员签名盖章。如果有挪用现金、白条抵库情况,应及时纠正;数额巨大的,应按法律程序追究有关责任;超限额留存的现金要及时送存银行。对于发现有待查明原因的现金短缺或溢余,应先将短款、溢余转入"待处理财产损溢——待处理流动资产损溢"账户,待查明原因后及时进行处理。如为现金短缺,属于少收或多付的,应由有关单位、人员偿付的,以及应由责任人赔偿的部分，应及时收回，暂时无法收到款项的计入“其他应收款”账户；无法查明原因的短款报经批准后计入“营业外支出”账户。如为现金溢余，属于多收或少付的，应支付给有关人员或单位的，暂时无法支付的转入“其他应付款”账户；无法查明原因的现金溢余，报经批准后计入“营业外收入”账户。

【例 2-3】 兴业公司 6 月末进行现金清查，发现短缺现金 300 元。根据“库存现金盘点报告表”，公司作如下账务处理：

借：待处理财产损溢——待处理流动资产损溢　　300

　贷：库存现金　　300

经查，其中 180 元现金短缺属出纳员王兴的责任，应由其赔偿，赔款尚未收到，另外 100 元无法查明原因，经批准转为营业外支出：

借：其他应收款——应收赔款(王兴)　　200

　　营业外支出　　100

　贷：待处理财产损溢——待处理流动资产损溢　　300

【例 2-4】 兴业公司 7 月份进行现金清查，发现库存现金溢余 450 元。根据“库存现金盘点报告表”，公司作如下账务处理：

借：库存现金　　400

　贷：待处理财产损溢——待处理流动资产损溢　　400

经查有 200 元为多收 A 公司货款，其余 200 元无法查明原因，经批准作为营业外收入：

借：待处理财产损溢——待处理流动资产损溢　　400

　贷：其他应付款——A 公司　　200

　　　营业外收入　　200

第二节　银行存款

一、银行存款的内容

银行存款是企业存放在银行或其他金融机构的各种款项。企业银行存款从币种来看，包括人民币存款存入和各种外币存款；从存款账户看，包括基本存款户、一般存款户、临时存款户、专用存款户等四类账户，其名称及用途如下所示：

银行存款账户
- 基本存款账户→办理日常转账结算和现金收付
- 一般存款账户→基本存款账户以外的借款转存、附属非独立核算单位开立的账户，可办理转账结算和现金缴存，不能支取现金。
- 临时存款账户→临时性需要，可办理转账结算和现金收付
- 专用存款账户→根据特定用途开设的账户

企业银行存款不包括:存放非金融机构的款项;存放在外地银行或其他金融机构的款项;处于结算中的银行存款;涉及诉讼的查封或冻结存款等。

二、银行支付结算方式

企业银行存款的收付主要是运用各种支付结算方式通过开户银行转账进行的。银行支付结算方式,也称银行转账结算,是指企业与外部企业单位或个人之间因商品交易、劳务供应、资金划拨等款项收付,通过开户银行进行划转的货币资金结算方式。

由于收付单位所在地不同,交易性质不同,银行结算方式也不同。按现行支付结算办法的规定,银行结算方式主要包括支票、银行汇票、银行本票、商业汇票、汇兑、委托收款、托收承付、信用卡等方式。各种结算方式按结算双方所在地区不同,可以分为同城结算和异地结算。同城结算是指收付款双方在同一城镇(同一票据交换区,下同)的结算;异地结算是指收付款双方不在同一城镇的结算。实际工作中常用的转账方式是:支票、银行汇票、委托收款、汇兑结算等。以上方式具体分类如下所示:

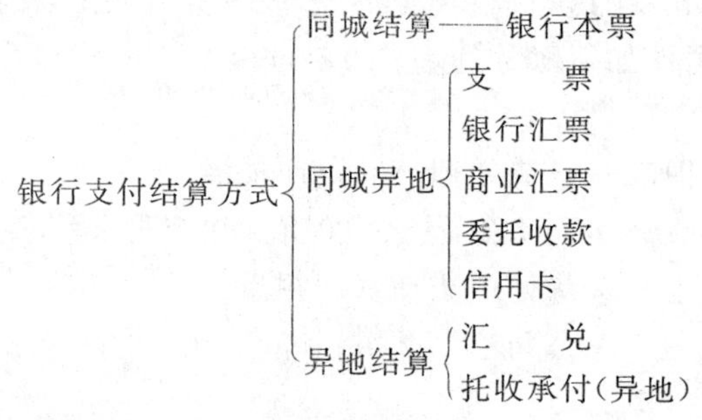

(一)银行汇票结算方式

银行汇票是出票银行签发的,由其在见票时按照实际结算金额无条件支付给收款人或持票人的票据。银行汇票式样见图 2-2。

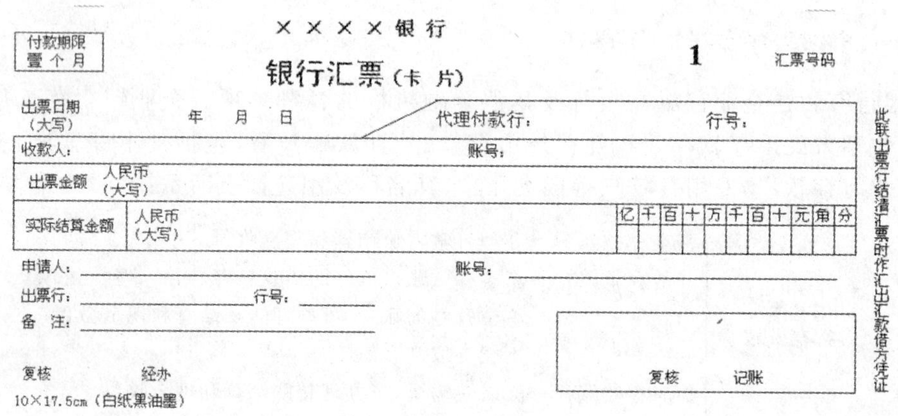

××××银行

付款期限
壹个月

银行汇票(卡片)　1　汇票号码

出票日期(大写) 年 月 日		代理付款行:	行号:
收款人:		账号:	
出票金额	人民币(大写)		
实际结算金额	人民币(大写)		亿 千 百 十 万 千 百 十 元 角 分

申请人:________　账号:________

出票行:________　行号:________

备　注:________

复核　经办　　　　复核　记账

10×17.5cm(白纸黑油墨)

此联出票行结清汇票时作汇出汇款借方凭证

图 2-2　银行汇票式样

单位和个人的各种款项结算，均可使用银行汇票。银行汇票可以用于转账，填明“现金”字样的银行汇票也可用于支取现金。银行汇票的提示付款期限自出票日起 1 个月。银行汇票收款人可将银行汇票背书转让给他人，背书转让以不超过出票金额的实际金额为限，未填写实际结算金额或实际结算金额超出出票金额的银行汇票不得背书转让 。银行汇票遗失，失票人可以凭人民法院出具的其享有票据权利的证明，向出票银行请求付款或退款。

申请办理银行汇票时，应向出票银行填写“银行汇票申请书”，填明收款人名称，申请日期等事项并签章，签章为其预留银行的印鉴章。申请人和收款人双方为个人，需使用汇票支取现金的，申请人须在“银行汇票申请书”上填明代理付款人名称，在“汇款金额”栏先填写“现金”字样后再填写汇票金额。

申请人将银行签发的银行汇票和解讫通知书交给汇票上记明的收款人办理货款或债务结算。

收款人在办理进账时，填写进账单应在出票金额以内根据实际需要款项办理结算，并将实际结算金额和多余金额准确填入银行汇票和解讫通知的有关栏内。如收款人持有“现金”字样的银行汇票，需到指定银行提取现金。

当汇票金额超过实际结算金额时，余额由银行退给申请人或汇款人账户。

银行汇票结算程序示意如图 2-3 所示。

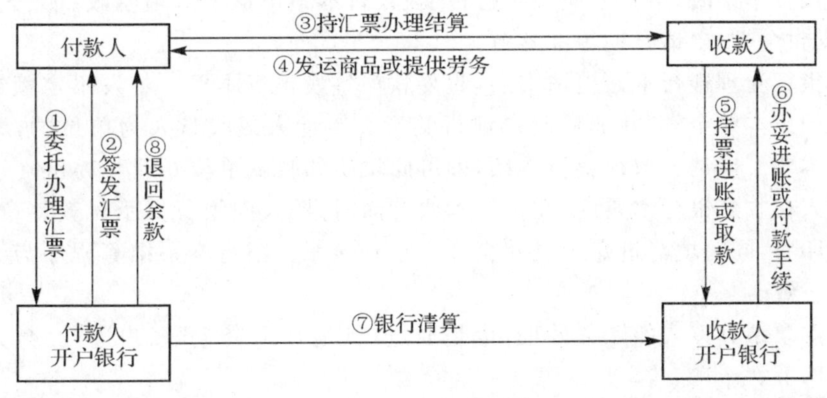

图 2-3　银行汇票结算程序

银行汇票结算方式的账务处理，是通过“其他货币资金”账户进行的，具体内容见本章第四节。

（二）银行本票结算方式

银行本票是银行签发的，承诺自己在见票时无条件支付确定的金额给收款人或持票人的票据。银行汇票式样见图 2-4。

单位和个人在同一票据交换区域需要支付各种款项，均可使用银行本票。银行本票可以用于转账，注明“现金”字样的银行本票可以用于支取现金。银行本票的提示付

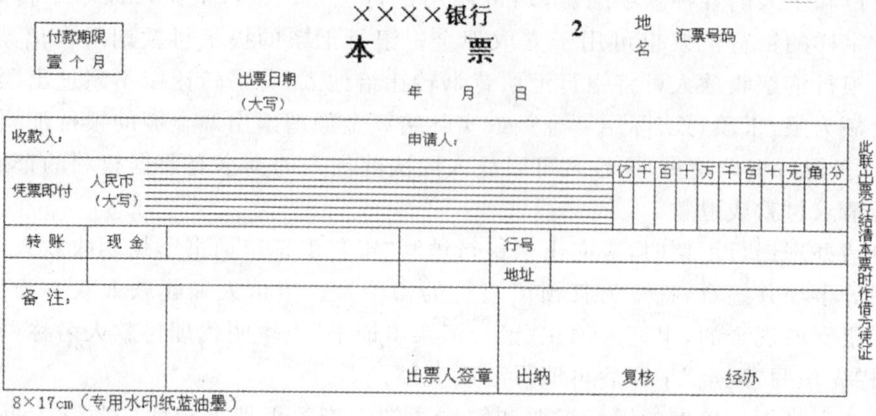

付款期限
壹个月

××××银行
本票 2

地名 汇票号码

出票日期（大写） 年 月 日

收款人：			申请人：													
凭票即付	人民币（大写）				亿	千	百	十	万	千	百	十	元	角	分	
转账	现金		行号													
			地址													
备注：		出票人签章	出纳	复核	经办											

此联出票行结清本票时作借方凭证

8×17cm（专用水印纸蓝油墨）

图 2-4 银行本票式样

款期限自出票日起最长不得超过2个月。超过提示付款期限不获付款的，在票据权利时效内向出票银行作出说明，并提供单位证明，可持银行本票向银行请求付款。银行本票收款人可以将银行本票背书转让给被背书人。银行本票遗失，失票人可以凭人民法院出具的其享有票据权利的证明，向出票银行请求付款或退款。

申请银行本票时，申请人应向银行提交"银行本票申请书"，填明收款人名称、申请人名称、支付金额、申请日期等并签章。

出票银行受理银行本票申请书后，收妥款项签发银行本票。签发不定额银行本票用压数机印出本票金额，并加盖出票银行签章。申请人或收款人为单位的，不得申请现金银行本票。申请人取得银行本票，即可向填明的收款单位办理购货和债务结算。

收款人在收到银行本票后，在银行本票背面"持票人向银行提示付款签章"处加盖预留银行印鉴，同时填写进账单一并交开户银行转账。银行本票结算程序与银行汇票程序基本一致。

银行本票结算方式的账务处理，也是通过"其他货币资金"账户进行的，具体内容见本章第四节。

提示：

银行汇票的提示付款期限为1个月，而银行本票为2个月；银行汇票同城异地均可使用，而银行本票仅限同城使用。

（三）商业汇票结算方式

想购货，又想延期付款，怎么办？可选用商业汇票结算。商业汇票是出票人签发的，委托付款人在指定日期无条件支付确定的金额给收款人或持票人的票据。商业汇票的式样见图 2-5。

商业承兑汇票（卡　片）　　1

出票日期（大写）　　年　月　日　　汇票号码

付款人	全　称		收款人	全　称	
	账　号			账　号	
	开户银行			开户银行	
出票金额	人民币（大写）				亿 千 百 十 万 千 百 十 元 角 分
汇票到期日（大写）			付款人开户行	行号	
交易合同号码				地址	
出票人签章			备注：		

此联承兑人留存

10×17.5cm（白纸黑油墨）

图 2-5　商业承兑汇票式样

商业汇票在同城异地均可使用，在银行开立存款账户的法人及其他组织之间，必须具有真实的交易关系或债权债务关系，才能使用商业汇票。商业汇票按承兑人不同分为商业承兑汇票和银行承兑汇票。

商业汇票的付款期限，最长不得超过 6 个月；商业汇票可以背书转让；商业汇票的持票人可持未到期的商业汇票，连同贴现凭证向银行申请贴现。

1. 商业承兑汇票。商业承兑汇票的出票人为在银行开立存款账户的法人以及其他组织，可以由付款人签发并承兑，也可以由收款人签发后交由付款人承兑。

商业汇票付款人接到出票人或持票人提示承兑时，应当在自收到提示承兑的汇票之日起 3 日内承兑或拒绝承兑。承兑时，应在汇票正面记载“承兑”字样和承兑日期并签章。拒绝承兑的必须出具拒绝承兑的证明。

当付款人收到开户银行的付款通知，应在当日通知银行付款。付款人在接到通知的次日起 3 日内未通知银行付款的，视同付款人承诺付款，银行应于付款人接到通知的次日起第 4 日上午开始营业时，将票款划给持票人。若付款人存款账户不足支付的，银行填制付款人未付票款通知书，连同商业承兑汇票邮寄持票人开户银行转交持票人。商业承兑汇票结算程序见图 2-6。

2. 银行承兑汇票。银行承兑汇票是由银行承兑，由在承兑银行开立存款账户的法人以及其他组织签发的商业汇票。银行承兑汇票与商业承兑汇票的处理基本相似，但有以下两点不同：(1)出票人应按票面金额的万分之五向银行承兑汇票的承兑银行交纳手续费；(2)银行承兑汇票的出票人应于汇票到期日前将票款足额交存其开户银行。承兑银行在汇票到期日或到期日后的汇票当日支付票款，若出票人在汇票到期日未能足额存款时，承兑银行应向汇票持票人无条件付款，承兑银行将出票人尚未支付的汇

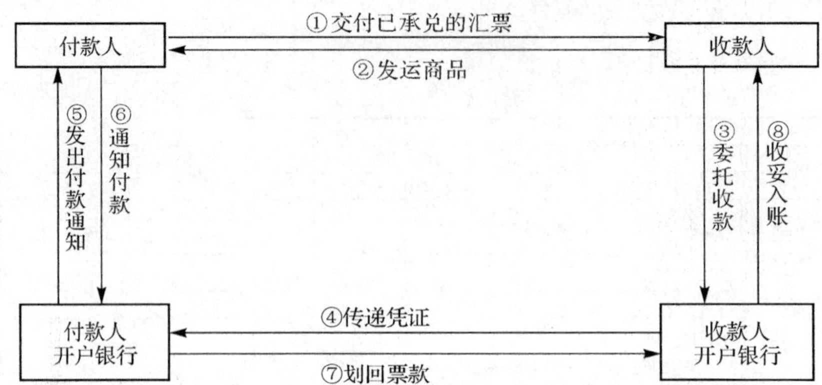

图 2-6　商业承兑汇票结算程序

票款视为逾期贷款，并按每天万分之五计收利息。银行承兑汇票的结算程序见图 2-7。

企业销货等取得的商业汇票，应通过“应收票据”账户进行核算，具体内容见第三章第二节；企业购货等承兑的商业汇票，应通过“应付票据”账户进行核算，具体内容见第八章第二节。

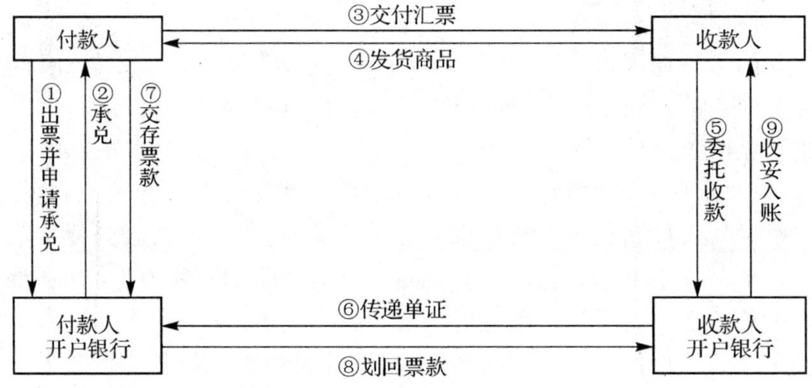

图 2-7　银行承兑汇票程序

（四）支票结算方式

库存现金限额不足了，要到银行取现金怎么办？开支票。支票是出票人签发的，委托办理支票存款业务的银行在见票时无条件支付确定的金额给收款人或持票人的票据。支票的式样见图 2-8。

单位和个人的各种款项结算，均可使用支票。支付上印有“现金”字样的为现金支票，它只能用于提取现金；支票上印有“转账”字样的为转账支票，它只能用于转账；支票上未印有“现金”或“转账”字样的为普通支票，它可以用于转账，也可以用于提取现金。在普通支票左上角划两条平行线的，为划线支票，划线支票只能用于转账，不得支

×××银行
转账支票存根（浙）
支票号码
附加信息
出票日期　年　月　日
收款人
金额：
用途：
单位主管：
8×17cm（专用水印纸蓝油墨）

本支票付款期限十天

×××银行 **转账支票**　（浙）地名　支票号码
日期（大写）　年　月　日　付款行名称：
收款人：　出票人账号：

人民币（大写）	亿	千	百	十	万	千	百	十	元	角	分

用途
上列款项请从
我账户内支付
出票人签章　复核　记账

图 2-8　支票的式样

取现金。支票一律记名，无起点限制。支票的提示付款期限自出票日起 10 天，超过提示付款期限的，持票人开户银行不予受理，付款人不予付款。

出票人签发支票，应用碳素墨水或墨汁正确填写付款行名称（即出票人开户银行）、出票日期、出票人账号、收款人名称、出票人签章、确定的金额。支票的金额、收款人名称，可以由出票人授权补记。

出票人签发支票的金额，不得超过付款时的存款金额（即不得签发空头支票）；不得签发与其预留银行签章不符的支票；使用支付密码的，出票人不得签发支付密码错误的支票，否则，银行除予以退票外，并按票面金额处以 5%但不低于 1 000 元的罚款，持票人有权要求出票人赔偿支票金额的 2%的赔偿金。

转账支票的填制方法与现金支票填写制方法基本相同（见本章例 2-2(1)）。

提示：

转账支票结算一般情况下是由收到支票方填写进账单交存银行，现实中也可以由出票方到开户银行倒打到收款方开户银行（要知情者具体由任课教师详解）。

持票人在提示付款期限内，委托开户银行收款。委托收款时，在支票背面背书人签章栏签章、记载“委托收款”字样、背书日期、在背书栏记载开户银行名称，并将支票和填制的进账单送交开户银行。支票的结算程序见图 2-9。

付款人签发支票，根据支票存根和有关凭证，借记有关账户，贷记“银行存款”账户。收款人将支票送存开户银行时，根据取得的进账单回单，借记“银行存款”账户，贷记有关[illegible]。

（五）汇兑结算方式

购货或接受了劳务，怎么把钱付给外地的供货人呢？有汇兑呢。汇兑是汇款人委托银行将其款项支付给收款人的结算方式。汇兑分为信汇、电汇两种。异地的单位和个人各种款项的结算，均可采用汇兑结算方式。

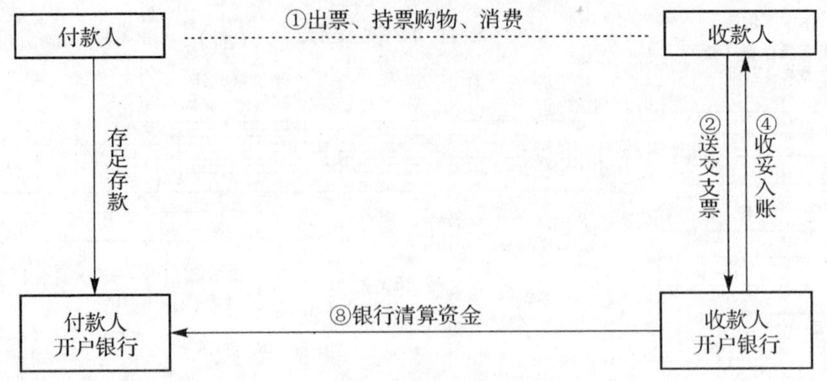

图 2-9　支票结算程序

汇款人委托银行汇款时，应在银行印制汇兑凭证记载收款人、汇款人名称、汇入地点、汇入行名称、汇出地点、汇出行名称、委托日期（汇款人向汇出银行提交汇兑凭证当日）、汇款人签章。汇兑凭证上记载收款人为个人的，收款人需到汇入银行领取汇款，汇款人应在汇兑凭证上注明"留行待取"字样。

汇出银行受理汇款人签发的汇兑凭证，经审查无误后，及时向汇入银行办理汇款，并向汇款人签发汇款回单。

汇入银行收到汇款时，将款项直接转入收款人开立的存款账户，并发出收款通知。

付款人以汇兑方式汇出款项的账务处理有两种情况：一是汇往异地开立采购专户的，形成"其他货币资金——外埠存款"账户，具体见本章第四节；二是当即用于支付款项的，应借记有关账户，贷记"银行存款"账户。

（六）委托收款结算方式

销售了商品，提供了劳务，可能没有当即收到钱，不要紧，可以委托银行代为收取。委托收款是收款人委托银行向付款人收取款项的结算方式。托收凭证式样见图 2-10。

单位和个人各种款项的结算，均可使用委托收款结算方式。委托收款在同城、异地均可使用；委托收款结算款项的划回方式，分邮寄和电报划回两种。委托收款结算方式的业务流程和相关要求为：

1. 托收。收款人委托银行收款时，签发委托收款凭证必须记载：确定的金额、付款人及开户银行的名称、收款人名称、委托收款凭据名称及附寄单证张数、委托日期、收款人签章。收款人办理委托收款时，向银行提交委托收款凭证和有关债务证明。托收成立的标志是办妥托收手续。

2. 承付。付款人收到开户银行交来债务证明，应签收并于接到付款通知当日书面通知银行付款。若付款人在银行发出通知的次日起 3 日内未通知银行付款的，视作付款人同意付款，银行在发出通知的次日起第 4 日，将款项划给收款人。当付款人存款账户不足支付时，付款人开户银行通过委托银行向收款人发出未付款项通知书和债务

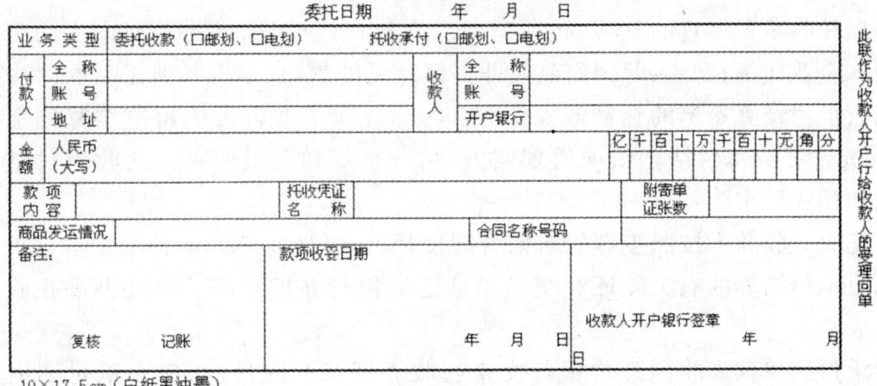

托收凭证（受理回单）　　1

委托日期　　年　月　日

业务类型	委托收款（□邮划、□电划）		托收承付（□邮划、□电划）	
付款人	全称		收款人	全称	
	账号			账号	
	地址			开户银行	
金额	人民币（大写）			亿 千 百 十 万 千 百 十 元 角 分	
款项内容		托收凭证名称		附寄单证张数	
商品发运情况			合同名称号码		
备注： 复核　记账	款项收妥日期 年　月　日		收款人开户银行签章 年　月　日		

此联作为收款人开户行给收款人的受理回单

10×17.5cm（白纸黑油墨）

图 2-10　托收凭证式样

证明交收款人，即办理转退手续。

3. 拒绝付款。若付款人审查有关债务证明后，对收款委托收取的款项需要拒绝付款的，应在付款人接到通知日的次日起 3 日内提出拒付理由，并将拒绝证明、债务证明和有关凭证送交开户银行，寄给委托银行转交收款人。委托收款结算程序如图 2-11。

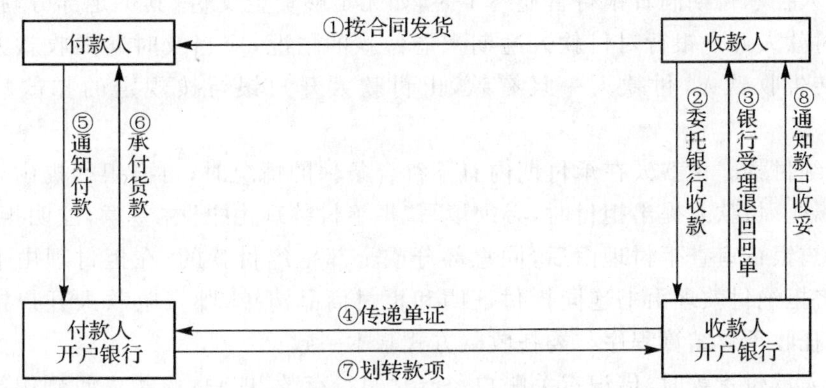

图 2-11　委托收款结算程序

付款人承付货款时，借记有关账户，贷记“银行存款”账户；收款人收到银行的入账通知时，借记“银行存款”账户，贷记有关账户。

（七）托收承付结算方式

托收承付是根据购销合同由收款人发货后委托银行向异地付款人收取款项，由付款人向银行承认付款的结算方式。按照现行规定，托收承付凭证与委托收款凭证是合用的，凭证式样见图 2-10。使用托收承付结算方式的收款单位和付款单位，必须是国有企业、供销合作社以及经营管理较好，并经开户银行审查同意的城乡集体所有制工业企业。

办理托收承付结算的款项，必须是商品交易，以及因商品交易而产生的劳务供应的款项。企业代销、寄售、赊销商品及非商品交易的款项，不得办理托收承付结算。

托收承付结算每笔的金额起点为10 000元。新华书店系统每笔结算的金额起点为1 000元。托收承付结算款项的划回方法，分邮寄和电报两种。托收承付结算方式的流程和相关要求为：

1. 托收。收款人按照签订的购销合同发货后，应将托收凭证并附发送证件或其他符合托收承付结算的有关凭证和交易单证送交银行办理托收。企业办妥托收手续则为托收成立。

2. 承付。付款人收到开户银行交来托收凭证及其附件后，应在承付期内审查核对，安排资金。承付货款分为验单付款和验货付款两种：

(1)验单付款。验单付款期为3天，从付款人开户银行发出承付通知的次日算起(承付期内遇法定休假日顺延)。付款人在承付期内，未向银行表示拒绝付款，银行即视作承付，并代付款人划款给收款人。

(2)验货付款。验货付款的承付期为10天，从运输部门向付款人发出到货通知的次日算起，付款人收到提货通知后，应即向银行交验货提货通知。

付款人在承付期满日银行营业终了时，如无足够资金支付，其不足部分，按逾期付款处理，付款人开户银行对付款人逾期未能付款的情况，应当及时通知收款人开户银行，由其转告收款人，付款人一旦有款，由付款人开户银行按规定的扣款顺序执行扣款。

3. 拒绝付款。付款人在承付期内有不符合条件的情况时，可向银行提出全部或部分拒绝付款。付款人提出拒付时，必须填写“拒绝付款理由书”并签章，注明拒付理由。付款人开户银行审查拒付理由后，同意部分或全部拒绝付款的，在拒付理由书上签注意见，并将拒绝付款理由书连同拒付证明和拒付商品清单，邮寄收款人开户银行转交收款人。托收承付结算程序与委托收款方式基本一致。

付款人承付货款时，借记有关账户，贷记“银行存款”账户；收款人收到银行的入账通知时，借记“银行存款”账户，贷记有关账户。

提示：

托收承付与委托收款差别不大，只在适用范围、收款内容上比委托收款方式窄，在银行监督上比委托收款强。

(八)信用卡结算方式

到商场购物、消费，带现金多麻烦，怎么办？不用愁，信用卡能显身手。信用卡是指商业银行向个人和单位发行的、凭以向特约单位购物、消费和向银行存取现金，且有消费信用的特制载体卡片。

信用卡按使用对象分为单位卡和个人卡；按信誉等级分为金卡和普通卡。

凡在中国境内金融机构开立基本存款账户的单位可申请单位卡。同城、异地均可使用，单位卡可申领若干张，持卡人资格由申领单位法定代表人或其委托代理人书面指定和注销。

怎么申领信用卡呢？应按规定填制申请表，连同有关资料一并送发卡银行，符合条件并按银行要求交存一定金额的备用金后，银行为申领人开立信用卡存款账户，并发给信用卡。单位卡账户的资金一律从基本存款账户转入，不得交存现金，不得将销售收入的款项存入，也不能支取现金。办理销户时，单位卡账户余额应转入其基本存款账户。单位卡不得用于10万元以上的商品交易、劳务供应款项的结算。

企业信用卡存款属其他货币资金，其存支结算的账务处理见本章第四节。

三、银行存款收付业务的核算

（一）银行存款的总分类核算

企业银行存款的收支及其结存情况，应设置“银行存款”账户进行核算。该账户核算企业存入银行或其他金融机构的各种款项，借方登记银行存款的增加数，贷方登记银行存款的减少数，期末借方余额，反映企业存在银行或其他金融机构的各种款项。有外币银行存款的企业，应当分别按照人民币和外币进行明细核算。

【例2-5】 兴业公司收回A公司以转账支票偿还前欠的货款8 000元，根据进账单的回单作账务处理如下：

借：银行存款　　8 000

　贷：应收账款——A公司　　8 000

【例2-6】 兴业公司上月向科信公司购入材料一批，价税款70 200元，现以信汇方式付款，根据信汇回单作账务处理如下：

借：应付账款——科信公司　　70 200

　贷：银行存款　　70 200

银行存款总分类账也是由出纳员以外的会计人员登记的，其格式和登记方法与库存现金总分类账基本相同，这里不再重复。

（二）银行存款的序时核算

为了正确、及时、详细地反映银行存款的收支动态和结存情况，企业应按开户银行和其他金融机构、存款种类等设置“银行存款日记账”，进行银行存款的序时核算。有外币银行存款的企业，还应当分别按照人民币和外币设置日记账，进行序时核算。银行存款日记账必须是订本账，可采用三栏式或多栏式账页。银行存款日记账由出纳人员根据审核无误的收付款凭证及所附的原始凭证，按照经济业务发生的顺序逐日逐笔进行登记。每日终了,应结出银行存款的结余数。月份终了,出纳员登记的“银行存款日记账”余额应与会计登记的“银行存款”总分类账余额核对相符。

四、银行存款的清查

(一)清查的内容和方法

为了及时、准确地掌握银行存款实际金额,防止银行存款账目发生差错,企业应按期对账。银行存款日记账的核对主要包括三个环节:一是银行存款日记账与银行存款收、付款凭证要互相核对,做到账证相符;二是银行存款日记账与银行存款总账要互相核对,做到账账相符;三是银行存款日记账与开户银行开出的对账单要互相核对,以便做到账款相符,并能准确地掌握企业可运用的银行存款实有数。这一核对工作要定期进行,至少每月核对一次。将银行存款日记账和对账单进行逐笔核对时,如果双方余额不一致,应及时查找原因。属双方记账差错的,应核实确定予以更正;也可能是由于未达账项引起的,应按照规定进行调节处理。

(二)未达账项及其种类

所谓未达账项,是指企业与银行之间由于凭证传递上的时间差,一方已登记入账,而另一方尚未入账的账项。它主要有以下四种情况:

(1)企业已经收款入账,而银行尚未收款入账;

(2)企业已经付款入账,而银行尚未付款入账;

(3)银行已经收款入账,而企业尚未收款入账;

(4)银行已经付款入账,而企业尚未付款入账。

(三)银行存款余额调节表的编制

为了消除未达账项对企业和银行双方存款余额的影响,企业应编制“银行存款余额调节表”进行调节。调节的基本方法是将“未达账项”看作“已达账项”,即在双方余额的基础上,加上应收入的“未达账项”,减去应付的未达账项,结出余额。如调节后双方余额相等,一般说明没有差错。

【例 2-7】 兴业公司 6 月 30 日,银行存款日记账余额为43 000元,银行转来对账单的余额72 000元,经逐笔核对,发现以下未达账项:(1)企业送存转账支票50 000元,已登记银行存款增加,但银行尚未记账;(2)企业开出转账支票46 000元,但持票人尚未到银行办理转账手续,故银行尚未记账;(3)企业委托银行代收某公司货款38 000元,银行已收妥并登记入账,但企业尚未收到收款通知,尚未记账;(4)银行代扣供电局托收的5 000元,银行已登记企业存款减少,但企业未收到银行付款通知,尚未记账。根据上述资料,编制“银行存款余额调节表”,如表 2-1 所示。

需注意的是,“银行存款余额调节表”只是为了核对账目,并不能作为记账的依据,对于因未达款项而使双方账面余额出现的差异,无须进行账面调整,待结算凭证到达后再进行账务处理,登记入账。

表 2-1　　　　　　　　　　银行存款余额调节表

6月30日　　　　　　　　　　单位:元

项　目	金额	项　目	金额
企业银行存款日记账余额	43 000	银行对账单余额	72 000
加:银行已收,企业未收	38 000	加:企业已收,银行未收	50 000
减:银行已付,企业未付	5 000	减:企业已付,银行未付	46 000
调节后的余额	76 000	调节后的余额	76 000

另外,对于企业存在银行或其他金融机构的款项已经部分不能收回或全部不能收回的,应当查明原因进行处理,有确凿证据表明无法收回的,应当根据企业管理权限报经批准后,借记"营业外支出"账户,贷记"银行存款"账户。

提示:

(1)"银行存款对账单"和"银行存款余额表"都不是原始凭证,但它们都是重要的会计资料。

(2)"银行存款对账单""借"、"贷"所反映交易或事项的性质与企业记账的"借"、"贷"是相反的。

(3)反映企业银行存款实有数的是"银行存款调节表"中调节后的余额。

第三节　其他货币资金

一、其他货币资金的内容

企业的经营资金中,有些货币资金的存款地点和用途与库存现金和银行存款不同,我们把这些除库存现金和银行存款以外的货币资金称为其他货币资金。其他货币资金主要包括以下内容:

其他货币资金:
- 备用金→内部单位或个人零星开支备用的款项
- 外埠存款→到外地临时采购开立的采购专户
- 银行汇票存款→为取得银行汇票存入银行的款项
- 银行本票存款→为取得银行本票存入银行的款项
- 信用卡存款→为取得银行信用卡存入银行的款项
- 存出投资款→已存入证券公司但尚未进行短期投资的款项
- 信用证保证金→为取得信用证而支付的保证金

二、其他货币资金的账务处理

企业其他货币资金的收支和结算情况,应设置"其他货币资金"账户进行核算。该账户的借方登记其他货币资金的增加数，贷方登记其他货币资金的减少数，期末余额在借方，反映企业持有的其他货币资金。该账户应按照银行汇票或本票、信用卡发放银行、信用证的收款单位、外埠存款开户银行，分别“备用金”、“银行汇票”、“银行本票”、“信用卡”、“信用证保证金”、“外埠存款”等进行明细核算。

（一）备用金的账务处理

备用金是企业拨付给内部用款单位或职工个人作为零星开支的备用款项。对于备用金，一般应通过“其他货币资金——备用金”账户进行核算，也可单独设置“备用金”账户进行核算。

1. 定额备用金制度。定额备用金制度是指根据用款单位的实际需要，由财会部门会同有关用款单位核定备用金定额并拨付款项，同时规定其用途和报销期限，待用款单位实际支用后，凭有效单据向财会部门报销，财会部门根据报销数用现金补足备用金定额的制度。待该用款单位撤销或不再采用定额备用金制度，收回拨付的备用金时，再计减“其他货币资金——备用金”账户余额。这种方法便于企业对备用金的使用进行控制，并可减少财会部门日常核算的工作量，一般适用于有经常性费用开支的内部用款单位。

【例 2-8】 兴业公司行政科实行定额备用金制度，财会部门根据核定的备用金定额 3 000 元，开出现金支票拨付。公司的账务处理为：

借：其他货币资金——备用金（行政科）　　3 000

　贷：银行存款　　3 000

【例 2-9】 行政科向财会部门报销日常办公用品购置费、接待费等 2 560 元，财会部门经审核有关单据后，同意报销，并以现金补足定额。公司的账务处理为：

借：管理费用　　2 560

　贷：库存现金　　2 560

2. 非定额备用金制度。非定额备用金制度，也称借款报账制，是指用款单位或个人需要使用备用金时，按需要逐次借用和报销的制度。这种制度方便灵活，并可以减少和控制单位内部和个人备用金资金的占用。但采用这一制度会增加备用金日常核算的工作量。

【例 2-10】 兴业公司采购员李林 4 月 1 日因出差借支差旅费 2 000 元，以现金支付；4 月 26 日，李林出差回来报销差旅费 1 680 元，交回现金 320 元。公司的账务处理为：

（1）4 月 1 日，预借差旅费时：

借：其他货币资金——备用金（李林）　　2 000

　贷：库存现金　　2 000

（2）4 月 26 日，出差回来报销差旅费时：

借：管理费用　　1 680

库存现金　　320

贷:其他货币资金——备用金(李林)　　2 000

(二)外埠存款的账务处理

企业到外地采购物资,如果供应单位分散,采购次数零星,时间较长,可将资金汇往采购地银行开立采购专户进行结算。采购完毕,外地银行应将多余存款退回企业开户银行。

【例 2-11】 兴业公司为临时到武汉采购一批材料,将 30 万元汇到武汉工行三江支行开立临时采购专户。发生的有关业务及其账务处理为:

(1)汇出款项开立采购专户时:

借:其他货币资金——外埠存款(工行武汉三江支行)　　300 000

贷:银行存款　　300 000

(2)收到从武汉钢铁公司购入的钢材增值税专用发票,发票所列货款为 20 万元,增值税为 34 000 元,材料验收入库(钢材按实际成本计价核算):

借:原材料　　200 000

应交税费——应交增值税(进项税额)　　34 000

贷:其他货币资金——外埠存款(工行武汉三江支行)　　234 000

(3)收到退回的余额 66 000 元,账务处理为:

借:银行存款　　66 000

贷:其他货币资金——外埠存款(工行武汉三江支行)　　66 000

(三)银行汇票存款和银行本票存款的账务处理

企业申请签发的银行汇票和银行本票,应从存款户中予以划转,借记"其他货币资金——银行汇票(或银行本票)"账户,贷记"银行存款"账户。企业使用银行汇票或银行本票办理款项结算时,应根据票据结账联和有关账单,借记有关账户,贷记"其他货币资金——银行汇票(或银行本票)"账户。

【例 2-12】 兴业公司从银行结算户划款 60 000 元申请签发银行汇票,用于采购货物,发生的有关业务及其账务处理为:

(1)申请取得银行汇票时:

借:其他货币资金——银行汇票　　60 000

贷:银行存款　　60 000

(2)企业持银行汇票购入一项不需要安装的设备,专用发票所列价款为 5 万元,增值税额为 8 500 元,设备验收交付使用:

借:固定资产　　50 000

应交税费——应交增值税(进项税额)　　8 500

贷:其他货币资金——银行汇票　　58 500

提示：

(1)银行本票存款的核算在“其他货币资金——银行本票”账户进行，其账务处理与银行汇票基本一致。

(2)企业销售产品收到银行汇票、银行本票，不能借记“其他货币资金”账户，应在收到银行入账通知后，借记“银行存款”账户。

(四)信用卡存款的账务处理

企业按规定填制信用卡申请表，并从结算存款户划款取得信用卡时，借记“其他货币资金——信用卡”账户，贷记“银行存款”账户。企业持卡购货或支付有关费用时，借记有关账户，贷记“其他货币资金——信用卡”账户。

【例 2-13】 兴业公司填制“信用卡申请书”，成功从中信银行取得 5 万元的信用卡。发生有关业务及其账务处理为：

(1)申请取得信用卡时：

借：其他货币资金——信用卡(中信银行)　　50 000

　贷：银行存款　　50 000

(2)公司发生业务招待费 2 100 元，用信用卡刷卡支付：

借：管理费用——业务招待费　　2 100

　贷：其他货币资金——信用卡(中信银行)　　2 100

(五)存出投资款的账务处理

企业从存款户划款至证券公司准备用于投资时，借记“其他货币资金——存出投资款”账户，贷记“银行存款”账户。企业用存入证券公司专款购买股票、债券等进行投资时，借记“短期投资”、“长期债券投资”等账户，贷记“其他货币资金——存出投资款”账户。

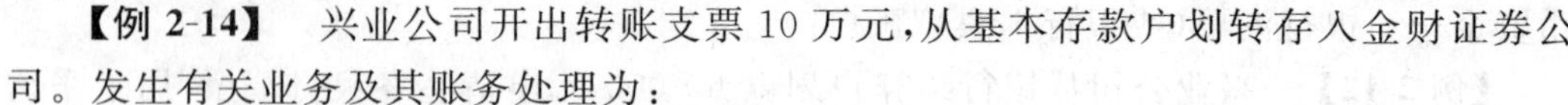

【例 2-14】 兴业公司开出转账支票 10 万元，从基本存款户划转存入金财证券公司。发生有关业务及其账务处理为：

(1)从存款户划款至证券公司时：

借：其他货币资金——存出投资款(金财证券公司)　　100 000

　贷：银行存款　　100 000

(2)公司用存在金财证券公司的款项购入“物产中大”股票一批，准备随时用于出售，实际支付金额 82 000 元：

借：短期投资——股票投资(物产中大)　　82 000

　贷：其他货币资金——存出投资款　　82 000

第四节　外币业务

一、外币业务概述

外币业务是指企业以记账本位币以外的货币进行的款项收付、往来结算和计价等业务。而记账本位币就是一个企业在会计核算中统一使用的记账货币，如企业采用人民币为记账本位币，那么人民币以外的货币统称为外币。

二、外币业务处理的一般规定

企业一般都按外汇统账制会计核算外币业务，并对外币金额和采用的市场汇率在账上只作辅助记录。外汇统账制会计是指企业在发生外币业务时必须及时折算为记账本位币记账，并以此编制会计报表。我国《企业会计准则》规定：企业会计核算一般以人民币为记账本位币，如业务收支以外币为主的企业，也可以选定某种以人民币以外的货币为记账本位币。但编制的会计报表应当折算为人民币反映，即企业对外提供的会计报表应折算为人民币金额。

(一)记账汇率

外币交易应当在初始确认时，采用交易发生日的即期汇率将外币金额折算为记账本位币金额；也可以采用按照系统合理的方法确定的、与交易发生日即期汇率近似的汇率折算。

1. 即期汇率，它通常是指当日中国人民银行公布的人民币外汇牌价的中间价。企业发生的外币兑换业务或涉及外币兑换的交易事项，应当以交易实际采用的汇率，即银行买入价或卖出价折算。

2. 即期汇率近似汇率，是指按照系统合理的方法确定的、与交易发生日即期汇率近似的汇率，通常是指当期平均汇率或加权平均汇率等，一般是交易当期汇率的平均值。

企业收到投资者以外币投入的资本，应当采用交易发生日即期汇率折算，不得采用合同约定汇率和交易当期平均汇率折算。

企业发生的外币兑换业务或涉及外币兑换的交易事项，应当以交易实际采用的汇率，即银行买入价或卖出价折算。

(二)账面汇率

记账汇率是指当经济活动涉及企业的外币业务发生时记账所依据的汇率，与记账汇率相对应的一个概念叫账面汇率，它是指已经登记入账的外币业务所采用的汇率。例如在采用业务发生时汇率为记账汇率情况下，1 月 7 日发生外币业务按 7 日即期汇率 1 美元兑换人民币 6.30 元登记入账，这时 1∶6.30 元/美元就是记账汇率，而到了 8

日，即期汇率为1：6.40元/美元，那么8日的记账汇率为1：6.40元/美元，而1：6.30元/美元就成为账面汇率。

（三）汇兑损益

（四）外币账户的期末调整

会计期末，企业应将所有外币账户的外币余额按照期末即期汇率折合为各外币账户的期末人民币余额，调整后各外币账户的人民币余额与原账面余额之差，作为汇兑损益处理。

三、外币业务的会计处理

（一）外币货币性项目和外币非货币性项目

企业为核算外币业务的发生，应分别外币货币性项目和外币非货币性项目进行会计处理。

1.外币货币性项目。外币货币性项目是指企业持有的货币和将以固定或可确定金额的货币收取的资产或者偿付的负债。货币性项目分为货币性资产和货币性负债。货币性资产包括：外币现金、外币银行存款、外币债权；货币性负债包括：外币应付账款、其他应付款、长期应付款等账户。

2.外币非货币性项目。外币非货币性项目，是外币货币性项目以外的项目，包括存货、固定资产、长期股权投资等。

外币账户并不是单独设置总账，而是根据涉及外币业务有关的总分类账户，按外币币种设置明细账进行明细分类核算。如有外币存款及现金，应按外币币种在“银行存款”、“现金”账户下分设明细账进行外币业务的核算；如有外币借款，应在“短期借款”或“长期借款”账户下按外币币种分设明细账进行外币业务的核算。

（二）外币购销业务

企业从国外或境外购进材料或引进设备，向境外销售商品时，按照即期汇率或即期汇率近似的汇率和外币金额折算为记账本位币，作为购进货物、销售收入和外币账户的入账价值。

【例2-15】 兴业公司对外币业务采用业务发生时即期汇率作为记账汇率（下同），11月2日，向美国甲商场出口B商品销售一批，售价为100 000美元，当日即期汇率1：6.3，款项尚未收到。

借：应收账款——甲商场（美元）（US＄×6.3）　　630 000

　贷：主营业务收入　　630 000

提示：

企业商品出口增值税税率为零，所以此项业务不存在增值税的“销项税额”。

【例 2-16】 兴业公司 11 月 18 日，向美国丙公司进口 A 商品一批，买价为 4 860 美元，境外发生的包装费、运费和保险费 140 美元，该商品适用进口关税税率 10%，增值税税率 17%，即期汇率 1∶6.40 元，进口关税和增值税以人民币存款支付。

该商品到岸价格＝4 860＋140＝5 000(美元)

折合人民币金额＝5 000×6.4＝32 000(元)

应纳关税税额＝32 000×10%＝3 200(元)

应纳增值税税额＝(32 000＋3 200)×17%＝5 984(元)

企业向海关当即交纳进口商品的关税和增值税，进口商品的货款暂欠，账务处理为：

借：材料采购　　35 200

　应交税费——应交增值税(进项税额)　　5 984

　贷：应付账款——丙公司(美元)(US$5 000×6.4)　　32 000

　　银行存款——人民币　　9 184

【例 2-17】 11 月 7 日收回甲商场汇来前欠账款为 10 000 美元，按 11 月 7 日即期汇率 1∶6.3 元/美元折合人民币金额 63 000 元，账务处理为：

借：银行存款——美元(US$10 000×6.3)　　63 000

　贷：应收账款——甲商场(美元)(US$10 000×6.3)　　63 000

【例 2-18】 兴业公司 11 月 28 日，偿还应付美国丙公司账款 1 000 美元，28 日即期汇率 1∶6.4，折合人民币 6 400 元，账务处理为：

借：应付账款——丙企业(美元)(US$6 000×6.4)　　6 400

　贷：银行存款——美元　　6 400

(三)外币兑换业务

外币兑换业务是指企业从银行等金融机构购入外币或向银行等金融机构卖出外币的业务。企业发生的外币兑换业务或涉及外币兑换的交易事项，应当以交易实际采用的汇率，即银行买入价或卖出价进行折算。

企业购入外币则是银行卖出外币，企业从银行购入外币一般是按照外币卖出价购买的，企业在会计核算中对付出记账本位币的数额是按照外币卖出价折算的。企业卖出外币则是银行购入外汇，企业向银行卖出外币一般是按照银行外币买入价折算的。

企业卖出外币时，一方面将实际收入的记账本位币的数额(即按照外币买入价计算的记账本位币的数额)登记入账；另一方面按照当日或期初的市场汇率(中间价)将卖出的外币折算为记账本位币，并将其登记入账；同时按照卖出的外币金额辅助登记相应的外币账户。实际收入的记账本位币的数额，与付出的外币按照当日或期初市场汇率折算为记账本位币数额之间的差额，则直接即时作为当期汇兑损益处理。

【例 2-19】 兴业公司外币业务采用发生时的即期汇率折算。本期持 10 000 美元到银行兑换为人民币，当日的银行美元买入价为 1∶6.3 元/美元，该日的即期汇率为

1∶6.4元/美元。公司的账务处理为：

借：银行存款——人民币　　63 000

　　财务费用　　1 000

　　贷：银行存款——美元（US＄10 000×6.4）　　64 000

企业买入外币时，一方面将实际付出的记账本位币的数额（即按照外汇卖出价计算的记账本位币的数额）登记入账；另一方面按照当日即期汇率将买入的外币折算为记账本位币，并登记入账；同时按照买入的外币金额登记相应的外币账户。实际付出的记账本位币的数额与收入的外币按照即期汇率折算为记账本位币数额之间的差额，则作为当期汇兑损益处理。

【例 2-20】 兴业公司外币业务采用即期汇率折算；本期因外汇支付需要，从银行购入 1 000 美元，当日银行美元卖出价为 1∶6.40 元/美元，当日的即期汇率为 1∶6.30 元/美元。公司的账务处理为：

借：银行存款——美元（US＄1 000×6.30）　　6 300

　　财务费用　　100

　　贷：银行存款——人民币　　6 400

（四）外币借款业务的账务处理

企业借入和归还的外币借款按照即期汇率折合本位币记账。归还借款时，即期汇率与原账面汇率的差额所引起的本位币变动的金额计入当期损益，也可以在期末一并调整计入当期损益。

【例 2-21】 兴业公司 9 月 20 日借入外币借款 5 000 美元，用于生产经营，20 日即期汇率 1∶6.4，折合人民币金额 32 000 元。

借：银行存款——美元（US＄5 000×6.4）　　32 000

　　贷：短期借款——美元（US＄5 000×6.4）　　32 000

【例 2-22】 兴业公司 11 月 20 日归还短期借款 4 000 美元，即期汇率 1∶6.3 元/美元，折合人民币金额 25 200 元，公司的账务处理为：

借：短期借款——美元（US＄4 000×6.3）　　25 200

　　贷：银行存款——美元（US＄4 000×6.3）　　25 200

（五）期末外币账户余额调整的账务处理

在资产负债表日，企业应当按照下列规定对外币货币性项目和外币非货币性项目进行处理：

1.外币货币性项目。外币货币性项目主要包括：库存现金、银行存款、应收账款、其他应收款、短期借款、长期借款、应付账款、其他应付款、长期应付款。企业这些项目应当采用资产负债表日的即期汇率折算，调增或调减外币货币性项目的记账本位币金额。调整后的各外币账户人民币余额与原账面余额之差，作为汇兑损益处理。

汇兑损益是由于不同时期汇率的变动引起的，即使外币货币性项目在一定的会计期间没有发生变动，由于汇率的变动，按变动后的汇率折合人民币余额与该账户原账面余额之间就存在差额，这就产生了汇兑损益。

按照现行规定(小企业企业准则)，企业外币兑换和外币折算产生的汇兑损失列为财务费用，汇兑收益列为营业外收入。

【例 2-23】 根据例 2-21 和例 2-22 兴业公司本期年末对"银行存款——美元户"和"短期借款——××银行(美元户)"余额进行调整。年末即期汇率为 1∶6.30。"银行存款——美元户"外币借方余额为 50 000 美元；调整前本位币借方余额为317 500元；"短期借款——××银行(美元户)"外币贷方余额为 10 000 美元，调整前本位币贷方余额为63 500元。公司的账务处理为：

• "银行存款——美元户"期末借方余额 50 000 美元，折合为本位币 315 000 元，调减本位币余额 25 000 元：

借：财务费用　　25 000

　贷：银行存款——美元户　　25 000

• "短期借款——××银行(美元户)"期末贷方余额 10 000 美元，折合为本位币63 000元，调减本位币余额 500元：

借：短期借款——美元　　500

　贷：营业外收入　　500

2. 外币非货币性项目，对于以历史成本计量的外币非货币性项目，除其外币价值发生变动外，已在交易发生日按当日即期汇率折算，资产负债表日不应改变其原记账本位币金额，所以，不产生汇兑差额。

第三章

应收及预付款项

应收及预付款项是指企业在日常生产经营过程中发生的各项债权，包括应收款项和预付款项两大类。应收款项包括应收票据、应收账款、预付账款、应收股利、应收利息和其他应收款等。预付款项是指企业按照合同规定预先向供货单位或提供劳务单位支付的款项。

第一节　应收账款

一、应收账款的内容

应收账款是指企业因销售商品、提供劳务等经营活动，应向购货单位或接受劳务单位收取的款项。应收账款主要包括企业出售商品、产品、材料、提供劳务等应向有关购买方收取的价款及代购买方垫付的运杂费等。

应收账款产生的主要原因是企业采用赊销政策导致商品已经销售发出或劳务已经提供而形成的暂未收取的款项。它是交易双方在相互信任条件下凭发票、账单建立的一种信用。

下列企业在非购销经营活动中产生的应收款项，不列为应收账款：

- 企业与外单位之间的各种应收赔款、罚款 } ——→列“其他应收款”
- 存出保证金（支付的押金） } ——→列“其他应收款”
- 投资产生的应收股利、应收利息——→列“应收股利”、“应收利息”
- 商业汇票结算方式形成应收款——→列“应收票据”

二、应收账款的业务流程

应收账款的业务流程可以用图示加以概括，见图 3-1。

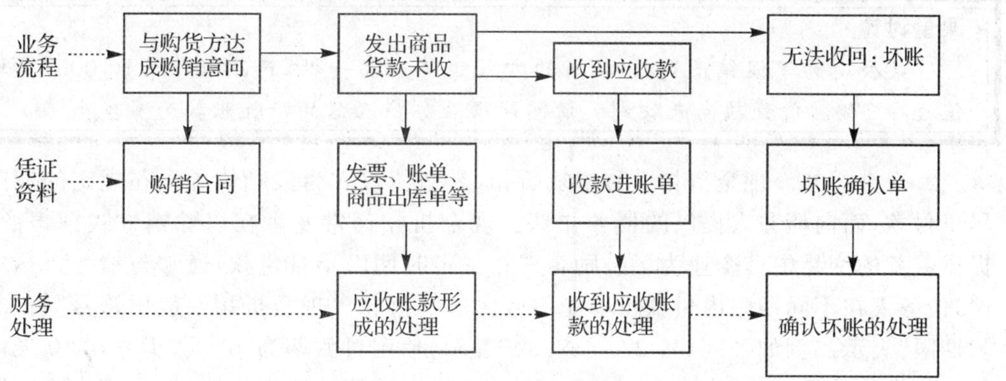

图 3-1　应收账款业务流程

三、应收账款的确认与初始计量

（一）应收账款的确认

应收账款通常是由企业赊销活动所引起的，因此，应收账款的确认应与收入的确认一致，即以收入确认日作为应收账款的入账时间。关于收入实现的具体条件将在第十一章介绍。

（二）应收账款的初始计量

应收账款的初始计量，是指应收账款形成时入账金额的确定。通常情况下，应收账款应按其实际发生的金额计价入账，主要包括：①销售商品、产品或提供劳务应收取的价款；②增值税；③代购货单位垫付的运杂费、包装费等。

由于企业的商品销售有时会实行折扣办法，这就有可能涉及应收账款和相应销售收入的计价，所以，企业应收账款的计量，还需要考虑商业折扣和现金折扣等销售折扣因素的影响。

1.商业折扣。商业折扣是指企业在商品交易时，根据市场供需情况，或针对不同的顾客，在商品标价上给予的扣除。商业折扣是企业最常用的促销手段，通常用百分比来表示，如5%、10%等。例如，企业可能规定，购买10件以上的商品可给予客户5%的折扣，或客户每购买10件送1件。这是企业为了促销或尽快出售商品，而采取降低销售价格的销售方式。商业折扣一般是在交易发生时即已确定，它仅仅是确定实际销售价格的一种手段，不需在买卖双方任何一方的账上反映。所以，商业折扣对应收账款和营业收入的入账价值没有实质上的影响。因此，在存在商业折扣的情况下，企业应收账款的入账价值应按扣除商业折扣以后的实际售价确认。

课堂讨论：

某公司为了促销产品，以九折的方式销售产品一批，产品标价为10 000元，增值税率17%，价税款尚未收到。请问此项业务应入账的应收账款为多少？

2.现金折扣。现金折扣又称销货折扣，是指债权人为鼓励债务人在规定的期限内尽早付款，而向债务人提供的债务扣除。现金折扣通常发生在以赊销方式销售商品、提供劳务的交易中。企业为了鼓励客户在一定时期内早日付款，通常与债务人达成协议，债务人在不同期限内付款可享受不同比例的折扣。现金折扣一般用符号"折扣/付款期限"表示。例如，"5/10，2/20，N/30"表示：信用付款期为30天，买方在10天内付款可按售价给予5%的折扣；10天以后在20天内付款可按售价给予2%的折扣；在20天以后30天内付款，则不给折扣。

企业商品销售，确认销售收入时还不能确定相关的现金折扣，现金折扣是否发生、发生多少，应视购买方的付款情况而定。所以，附有现金折扣条件的销售业务，通常在销售时企业应将未扣减现金折扣的实际售价作为应收账款的入账价值。当现金折扣实际发生时即客户在折扣期内支付货款时，企业才确认现金折扣，并将现金折扣视为加速资金周转的理财费用，在财务费用中列支。

四、应收账款的账务处理

企业应设置"应收账款"账户，对发生的应收账款进行核算。该账户借方登记应收账款的发生数额，贷方登记应收账款的收回、改用商业汇票结转及核销为坏账的减少数额。期末借方余额，反映尚未收回的应收账款(资产)，期末如为贷方余额，则反映企业预收的账款(负债)。该账户应按照对方单位(或个人)进行明细核算。

(一)应收账款的形成

企业发生应收账款时，按应收金额，借记"应收账款"账户；按实现的销售收入，贷记"主营业务收入"、"其他业务收入"等账户，按专用发票上注明的增值税额，贷记"应交税费——应交增值税(销项税额)"账户，按企业代购货单位垫付的包装费、运杂费等，贷记"银行存款"等账户。

【例3-1】 兴业公司10月4日向光明工厂销售B产品一批，开出的增值税专用发票上注明的商品价款为200 000元，增值税销项税额为34 000元，双方商定的付款条件(价款部分)为2/10，1/20，*n*/30。另外，兴业公司代垫运杂费500元，以银行存款支付。账务处理为：

借：应收账款——光明工厂　　234 500

　　贷：主营业务收入——B产品　　200 000

　　　　应交税费——应交增值税(销项税额)　　34 000

　　　　银行存款　　500

(二)应收账款的收回

企业收回应收账款时,借记"银行存款"等账户,贷记"应收账款"账户。

【例 3-2】 承例 3-1 资料。兴业公司于 10 月 11 日收到光明工厂的价税款,因未超出 10 天的优惠付款期,享受 2%的折扣。账务处理为:

借:银行存款　　230 500

　　财务费用　　4 000 (200 000×2%)

贷:应收账款——光明工厂　　234 500

• 如果,公司于 10 月 18 日收到价税款,已超出 10 天但未超出 20 天的优惠付款期,享受 1%的折扣。账务处理则为:

借:银行存款　　232 500

　　财务费用　　2 000(200 000×1%)

贷:应收账款——光明工厂　　234 500

• 如果,公司 10 月 30 日收到价税款,已超出双方商定的优惠付款期,不享受折扣。账务处理为:

借:银行存款　　234 500

　　贷:应收账款——光明工厂　　234 500

课堂讨论:

①商品折扣和现金折扣对应收账款的确认与计量有直接影响吗?

②"应收账款"的明细账应采用哪种格式?(注:三栏式)

③"应收账款"账户的期末余额一定在借方吗?(注:不一定)

(三)应收账款转为应收票据

如果企业应收账款改用商业汇票结算,在收到已承兑的商业汇票时,按票面价值,借记"应收票据"账户,贷记"应收账款"账户。

【例 3-3】 承例 3-1 资料,假定 11 月 6 日兴业公司收到光明工厂一张面值为 234 500元,对方已承兑的商业承兑汇票,用以抵付此项应收款。公司的账务处理为:

借:应收票据——光明工厂　　234 500

　　贷:应收账款——光明工厂　　234 500

第二节　应收票据

一、应收票据的确认与计量

应收票据是指企业因销售商品、提供劳务等而收到的商业汇票。商业汇票是一种由出票人签发的委托付款人在指定日期无条件支付确定金额给收款人或持票人的票据。商业汇票的付款期限最长不得超过六个月,商业汇票的持票人可以持未到期的商业汇票向银行申请贴现,也可持未到期的商业汇票背书转让。

商业汇票按承兑人的不同,分为商业承兑汇票和银行承兑汇票。商业承兑汇票是指由付款人签发并承兑,或由收款人签发交由付款人承兑的汇票;银行承兑汇票是指由在承兑银行开立存款账户的存款人(即出票人)签发,由开户银行承兑付款的票据。

商业汇票按是否计息,分为不带息票据和带息票据。不带息商业汇票,是指商业汇票到期时,承兑人只按票面金额(即面值)向收款人或被背书人支付款项的汇票。带息票据是指商业汇票到期时,承兑人必须按票面金额加上应计利息向收款人或被背书人支付款项的汇票。

企业收到商业汇票无论是否带息,均按应收票据的票面价值进行初始计量。带息应收票据按票面价值和规定利率确定的利息收入,应在收到时计入当期损益。

二、应收票据的账务处理

企业应设置"应收票据"账户,核算商业汇票的增减变动及结存情况。该账户借方登记取得应收票据的票面金额;贷方登记到期收回、向银行贴现或背书转让的票面金额。期末借方余额,反映企业持有的商业汇票的票面金额。该账户按照开出、承兑商业汇票的单位(债务人)进行明细核算。

企业应当设置"应收票据备查簿"逐笔登记商业汇票的种类、号数和出票日、票面金额、交易合同号和付款人、承兑人、背书人的姓名或单位名称、到期日、背书转让日、贴现日、贴现率和贴现净额以及收款日和收回金额、退票情况等资料。商业汇票到期结清票款或退票后,在备查簿中应予注销。

(一)应收票据取得

企业因销售商品、提供劳务等而收到开出、承兑的商业汇票时,按票面金额,借记本账户,按确认的营业收入,贷记"主营业务收入"等账户;涉及增值税额的,按应收增值税销项税额,借记本账户,贷记"应交税费——应交增值税"账户。如果企业应收账款改用应收票据结算的,在收到开出、承兑的商业汇票时,借记"应收票据"账户,贷记"应收账款"账户。

【例 3-4】 兴业公司于 2 月 21 日赊销给 C 公司一批商品,货款 5 万元,增值税 8 500元,以银行存款代垫运杂费 500 元。收到 B 公司签发的票面金额为 59 000 元,期限为 6 个月的不带息银行承兑汇票。账务处理为:

借:应收票据——C 公司　　59 000

　贷:主营业务收入　　50 000

　　应交税费——应交增值税(销项税额)　　8 500

　　银行存款　　500

【例 3-5】 兴业公司于 2 月 25 日赊销给 D 公司一批商品，应收货款、增值税、代垫运杂费共 48 000 元，3 月 1 日收到 C 公司签发的票面金额为 48 000 元，期限为 3 个月，年利率为 6%的带息商业承兑汇票。3 月 1 日公司的账务处理为：

借：应收票据——D 公司　　48 000

　贷：应收账款——D 公司　　48 000

（二）应收票据的转让和贴现

1. 应收票据的转让。应收票据转让是指企业将持有的未到期商业汇票背书转让以取得所需材料或商品。

企业应按取得材料或商品成本的金额，借记“材料采购”或“原材料”、“库存商品”等账户；涉及增值税的，按增值税专用发票上注明的进项税额，借记“应交税费——应交增值税（进项税额）”账户，按商业汇票的票面金额，贷记“应收票据”账户。如有差额，借记或贷记“银行存款”等账户。

提示：

(1)利率有年利率、月利率、日利率三种表示方式，计算时必须与期限相对应；(2)期限是指签发日至到期日的时间间隔（指有效期限）。票据期限按月表示的，应以到期月份中出票日相同的那天（对日）作为到期日，利率应换算为月利率计算利息；票据期限按日表示的，应从出票日起按实际天数计算，计算实际天数时按照“算头不算尾”或“算尾不算头”的规则进行。与此同时，利率应换算为日利率计算利息。

【例 3-6】 兴业公司于 3 月 5 日赊销给 E 公司一批商品，货款 8 万元，增值税 13 600元，以银行存款代垫运杂费 1 400 元，收到 E 公司签发的票面金额为 95 000 元，期限为 3 个月的不带息商业承兑汇票。公司于 5 月 5 日将该票据背书转让给甲公司，用以购买材料，材料价款 10 万元、增值税 17 000 元，差额款 22 000 元用银行存款支付。该批材料已验收入库。公司的账务处理为：

借：原材料　　100 000

　　应交税费——应交增值税（进项税额）　　17 000

　贷：应收票据——E 公司　　95 000

　　　银行存款　　22 000

2. 应收票据贴现。应收票据贴现是指商业票据的持有人在票据到期之前，将所持票据出让给银行，银行受理后，在扣除一定的利息以后将余额付给贴现企业的行为。

商业汇票向银行贴现如果票据附追诉权的，则作为以票据为质押的短期贷款处理；如果不附追诉权的，则应作为出售票据行为处理。

持未到期的商业汇票向银行贴现，应按实际收到的金额（即票据到期值减去贴现息后的余额)，借记“银行存款”等账户，按贴现息部分，借记“财务费用”等账户，按商业汇票的票面金额，贷记“应收票据”(不附追诉权)或“短期借款”(附追诉权)账户。

票据贴现计算公式：

(1)不带息票据

贴现净额＝票据面值－贴现利息

贴现利息＝票据面值×贴现利率(月利率、日利率)×贴现期(月、天)

(2)带息票据

贴现净额＝票据到期价值－贴现利息

贴现利息＝票据到期价值×贴现利率(月利率、日利率)×贴现期(月、天)

票据到期价值＝票据面值＋票据利息

＝票据面值×[1＋票面利率(月利率、日利率)×票据期限(月、天)]

【例 3-7】 兴业公司于 2 月 1 日赊销给 F 公司一批商品，当日收到 F 公司签发票面金额为24 600元，期限为 6 个月的不带息银行承兑汇票。公司于 4 月 3 日将该票据向银行申请贴现(不附追诉权)，银行同意受理，贴现利率为 9%。4 月 3 日公司的账务处理为：

贴现期：票据到期日为 8 月 1 日

贴现天数＝28(4 月)＋31(5 月)＋30(6 月)＋31(7 月)＝120 天

贴现利息＝24 600×9%×120/360＝738(元)

贴现净额＝24 600－738＝23 862(元)

借：银行存款　　23 862

　　财务费用　　738

　　贷：应收票据——F 公司　　24 600

【例 3-8】 兴业公司于 5 月 10 日赊销给 H 公司一批商品，当日收到 H 公司签发的票面金额为 48 000 元，期限为 3 个月，票面利率为 6%的带息商业承兑汇票。公司于7月 11 日将此票据向银行申请贴现(不附追诉权)，银行同意受理，贴现利率为 9%。7月 11 日公司的账务处理为：

贴现期：票据到期日 8 月 10 日

贴现天数＝21(7 月)＋9(8 月)＝30(天)

票据到期价值＝48 000×(1＋6%×3/12)＝48 720(元)

贴现利息＝48 720×9%×30/360＝365.40(元)

贴现净额＝48 720－365.40＝48 354.60(元)

借：银行存款　　48 354.60

　　贷：应收票据——H 公司　　48 000

　　　　财务费用　　354.60

（三）应收票据到期

1.应收票据到期收到票款。应收票据到期，按实际收到的金额，借记“银行存款”账户，按应收票据的票面余额，贷记“应收票据”账户。回收带息票据利息应计入“财务费用”账户。

【例 3-9】 根据例 3-4，C 公司签发的票面金额为 59 000 元的不带息银行承兑汇票到期。兴业公司于 8 月 21 日收到票据款，账务处理为：

借：银行存款　　59 000

　贷：应收票据——C 公司　　59 000

【例 3-10】 根据例 3-5，D 公司签发的票面金额为 48 000 元的带息商业承兑汇票到期。兴业公司如期收到票据款的账务处理为：

借：银行存款　　48 720

贷：应收票据——C 公司　　48 000

　财务费用　　720(48 000×6%×3÷12)

2.应收票据到期付款人无力付款。企业持有的商业汇票到期，如果付款人无力付款，应分两种情况进行处理：(1)系银行承兑汇票的，由承兑银行支付票款，这对收款企业是没有直接影响的；(2)系商业承兑汇票的，企业收到银行退回的商业承兑汇票、委托收款凭证、未付票款通知书或拒绝付款证明等，按应收票据的票面金额，借记“应收账款”账户，贷记“应收票据”账户。

【例 3-11】 兴业公司于 9 月 1 日收到诚信公司签发并承兑的为期 2 个月的不带息商业汇票，票面金额 15 000 元，现 11 月 1 日票据到期，付款人诚信公司无力付款。公司的账务处理为：

借：应收账款——诚信公司　　15 000

　贷：应收票据——诚信公司　　15 000

3.已贴现的商业汇票到期，付款人无力付款的。已贴现的商业汇票到期，付款人无力付款的，系银行承兑汇票的，由承兑银行支付票款，对收款企业是没有直接影响的；系商业承兑汇票的，贴现银行要向贴现申请人（即收款企业）退票扣款。申请贴现的企业收到银行退回的应收票据、支款通知和拒绝付款理由书或付款人未付票款通知书，按应付金额，借记“应收账款”账户，贷记“银行存款”账户；如果贴现申请人（即收款企业）的银行存款账户余额不足，银行作逾期贷款处理，应按票款的本息，借记“应收账款”账户，贷记“短期借款”账户。

【例 3-12】 承例 3-8 的资料。兴业公司 5 月 10 日收到商业汇票，7 月 11 日贴现，8 月 10 日到期，H 公司因财务状况不佳无力支付票款，贴现银行将票据退还兴业公司，同时从兴业公司账户中将 48 720 元划回。公司的账务处理为：

借：应收账款——W 公司　　48 720

　贷：银行存款　　48 720

> **课堂讨论：**
>
> ①根据例 3-12，假定兴业公司银行存款账户无款可扣，则其账务处理是怎样的？
>
> ②应收票据贴现，贴现得款一定小于票据面值吗？
>
> ③已贴现的银行承兑汇票，到期付款人无力付款，对贴现申请人有影响吗？

第三节　预付账款和其他应收款

一、预付账款

（一）预付账款的确认和计量

预付账款是指企业按照合同规定预付的款项。预付账款属于企业的一项短期性债权，如企业根据合同规定预付购货款、租金、工程款、购货或接受劳务预付的定金（或订金）等。企业进行在建工程预付的工程价款，也应列为预付账款进行核算。企业预付性费用支出，不能列为预付账款，如企业预付一年以内的报刊订阅费、固定资产中小修理费等，应直接列为当期费用；超过一年的预付性费用支出（不含预付租金），如经营租入固定资产改良支出，应列为长期待摊费用进行处理。

预付账款的发生应当按实际预付的金额入账；结算预付款项（贷方）应按照应付金额入账。

（二）预付账款的账务处理

企业按照合同预付的款项应设置“预付账款”账户进行核算。该账户借方登记企业根据购货合同的规定预付的款项和需补付的款项；贷方登记结算应支付的款项和收到退回多付的款项。该账户期末借方余额反映企业预付的各种款项。期末如为贷方余额，则表示企业尚未补付的款项（负债）。该账户应按照对方单位（或个人）进入明细账户，进行明细核算。

企业因购货而预付的款项，借记“预付账款”账户，贷记“银行存款”账户；收到所购的原材料或商品等货物时，按应支付的金额，借记“原材料”、“应交税费”等账户，贷记“预付账款”账户；补付价款时，借记“预付账款”账户，贷记“银行存款”账户；退回多付的货款时，借记“银行存款”账户，贷记“预付账款”账户。

企业进行在建工程预付的工程价款，借记“预付账款”账户，贷记“银行存款”等账户，按工程进度结算工程价款，借记“在建工程”账户，贷记“预付账款”、“银行存款”等账户。

预付款项情况不多的企业，可不设置“预付账款”账户，将预付的款项直接记入“应付账款”账户核算。

【例 3-13】 兴业公司于本月 5 日，根据购货合同以存款向甲公司预付租入生产车间用固定资产两年的租金 36 万元。预付租金在租赁期内按月进行摊销。公司的账务处理为：

(1)5 日，预付租赁费：

借：预付账款——甲公司　　360 000

　贷：银行存款　　360 000

(2)租赁期内按月推销租金(360 000÷2÷12)＝15 000 元)：

借：制造费用　　15 000

　贷：预付账款——甲公司　　15 000

【例 3-14】 兴业公司于本月 6 日，根据购货合同向乙公司预付材料款 4 万元；本月 26 日所购材料验收入库，材料价款 90 000 元，增值税 15 300 元，并于当日向乙公司补付差额款。账务处理为：

(1)6 日，支付预付款：

借：预付账款——乙公司　　40 000

　贷：银行存款　　40 000

(2)26 日，材料验收入库：

借：原材料　　90 000

　应交税费——应交增值税(进项税额)　　15 300

　贷：预付账款——乙公司　　105 300

(3)26 日，补付差额款：

借：预付账款——乙公司　　65 300

　贷：银行存款　　65 300

课堂讨论：

(1)假定上述业务，兴业公司 3 月 20 日收到所购材料后，因缺乏货币资金，差价款无力及时补付。则“预付账款”账户的余额在哪方？表示什么？(资产？负债?)

(2)如果兴业公司的预付账款是并入“应付账款”账户核算的，则上述账务处理是怎样的？

(3)预付账款产生主要有哪方面的原因？预付账款确实无法收回列为什么处理？

二、其他应收款

(一)其他应收款的内容

其他应收款是指企业除应收票据、应收账款、预付账款、应收股利和应收利息等以外的其他各种应收及暂付款项。其他应收款的主要内容包括:应收各种赔款、罚款,如因企业财产等遭受意外损失而应向有关保险公司收取的赔款等;应向职工收取的各种垫付款项,如为职工垫付的水电费、医药费、伙食费等;存出保证金,如租入包装物支付的押金;出口产品或商品按规定应予退回的增值税款;其他各种应收、暂付款项。

(二)其他应收款的账务处理

企业应当设置"其他应收款"账户,核算其他应收款的增减变动及其结存情况。该账户借方登记实际发生的其他应收款项;贷方登记收回或转销的其他应收款。期末借方余额,反映企业尚未收回的其他应收款。该账户应按照对方单位(或个人)进行明细核算。

企业发生的其他各种应收款项,借记"其他应收款"账户,贷记"银行存款"、"库存现金"、"应交税费——应交增值税(出口退税)"等账户。企业收回各种其他应收款项,借:"银行存款"、"应付职工薪酬"、"库存现金"等账户。

【例 3-15】 兴业公司因购材料的需要租入包装箱一批,以银行存款支付出租方丙公司包装物押金 1 500 元。账务处理为:

借:其他应收款——丙公司　　1 500

　贷:银行存款　　1 500

【例 3-16】 兴业公司本月按照税法规定计算确定应予退回的增值税款 95 000 元。公司的账务处理为:

借:其他应收款——市国税局　　95 000

　贷:应交税费——应交增值税(出口退税)　　95 000

第四节　坏账损失

一、坏账及坏账损失的含义

由于市场经济的不确定性,企业的应收及预付款可能会发生不能收回的情况,即可能会发生坏账。坏账是指企业确实无法收回或收回可能性很小的应收及预付款项。企业由于发生坏账而产生的损失称为坏账损失。

企业应遵循会计核算的信息质量的要求,具体分析各项应收及预付款项的特征、金额大小、信用期限、债务人的信誉和当时的生产经营情况等因素,对应收及预付款项收回的可能性进行评价,并预计可能产生的坏账及其损失。这里所述的应收及预付款项应包括:应收账款、应收票据、预付账款、其他应收款、应收股利、应收利息、长期应收款等。

二、坏账的确认条件

企业应收及预付款项符合下列条件之一的，减除可收回的金额后确认的无法收回的应收及预付款项，作为坏账损失：

第一，债务人依法宣告破产、关闭、解散、被撤销，或者被依法注销、吊销营业执照，其清算财产不足清偿的。

第二，债务人死亡，或者依法被宣告失踪、死亡，其财产或者遗产不足清偿的。

第三，债务人逾期三年以上未清偿，且有确凿证据证明已无力清偿债务的。

第四，与债务人达成债务重组协议或法院批准破产重整计划后，无法追偿的。

第五，因自然灾害、战争等不可抗力导致无法收回的。

第六，国务院财政、税务主管部门规定的其他条件。

三、坏账损失的账务处理

根据《小企业会计准则》的规定，企业对于发生的坏账，采用直接转销法进行核算。即在有确凿证据表明该项应收及预付款项确实无法收回，应按照规定程序确认为坏账，企业确认坏账的损失，直接列为营业外支出。已转销的坏账损失，以后如果还能够收回的，在收回的时候作为营业外收入处理。

对于确实无法收回的应收及预付款，按管理权限和程序报经批准后作为坏账，转销应收款项时，借记“营业外支出”账户，贷记“应收账款”、“其他应收款”等账户。

已确认并转销的应收款项以后又收回的，应按实际收到的金额，借记“银行存款”等账户，贷记“营业外收入”账户。

【例 3-17】 兴业公司应收 A 公司的销售款 3 万元。A 公司已经于本月份按照法律程序宣告破产，兴业公司收回此项货款 2 万元存入银行，其余部分经批准确认为坏账。公司的账务处理为：

借：银行存款　　20 000
　　营业外支出——坏账损失　　10 000
　贷：应收账款——A 公司　　30 000

【例 3-18】 兴业公司上年度已转销的 B 公司应收账款的坏账损失 9 000 元，本年度又收回存入银行。公司的账务处理为：

借：银行存款　　9 000
　贷：营业外收入——收回已核销坏账　　9 000

相关链接：

执行《企业会计准则——具体准则》企业应收款项确认发生减值的，应按照规定计提坏账准备。计提的坏账准备（一般为年末调整计提）列为资产减值损失，并设置"坏账准备"账户进行核算。

企业确认坏账时，借记"坏账准备"账户，贷记"应收账款"等账户；收回已核销的坏账，借记"应收账款"账户，贷记"坏账准备"账户。同时，借记"银行存款"账户，贷记"应收账款"账户。

第四章

存　货

第一节　存货概述

一、存货的特点及确认

（一）存货的特点

存货是指企业在日常生产经营过程中以备出售或耗用而持有的各种产品、材料和物料等。具体地说是企业在日常生产经营过程中持有以备出售的产成品或商品、处在生产过程中的在产品、将在生产过程或提供劳务过程中耗用的材料和物料等，以及企业（农、林、牧、渔业）为出售而持有的、或在将来收获为农产品的消耗性生物资产。一般企业的存货主要包括原材料、在产品、半成品、产成品、商品、周转材料、发出商品、委托加工物资、消耗性生物资产等。

企业为了进行正常的生产经营活动，除了需要一定数量的货币性资产及长期资产外，也需要一定数量的存货资产。存货作为企业的一项重要的流动资产，它除了具有资产的特点之外，与其他资产相比，还具有以下特点：

1.存货是有形资产。存货是一种具有实物形态的资产，通常表现为用于加工或出售的各种货物或其他物品，这一特点不同于无形资产。

2.存货具有较强的流动性。在企业的生产经营过程中，存货总是处于不断地购买、耗用和销售之中，具有较强的变现能力，呈现出较强的流动性。流动性是存货区别于固定资产的重要特征，也使存货与企业储存用于工程建造的工程物资有区别。

3.存货具有时效性和潜在损失的可能性。在正常的生产经营活动下，存货通常能在1年或者超过1年的一个营业周期内转换为其他资产，但已经过时不能耗用或长期不能销售的存货就会失去效用，变成积压物资，造成资产的损失。

4.持有存货的目的是准备在日常经营活动中予以出售或耗用。

（二）存货的确认

确认一项货物是否属于企业的存货，要考虑两个方面：第一，需要符合存货的定义;第二,要符合存货确认的两个条件:(1)该存货包含的经济利益很可能流入企业,(2)该存货的成本能够可靠的计量。

存货的确认,实际工作中存货的确认着重需要考虑两个方面:一是看资产的所有权是否属于企业。凡是所有权属于企业的资产,无论其存放地点在何处,都应作为企业的存货。反之,企业已经销售的存货,因其所有权已经移交给购买方,不论其是否已经发运,均不应包括在本企业的存货之内;受托加工来料、受托代销商品,都不属于本企业的存货,应列为代管物资处理。二是看资产的目的和用途,如果企业取得的该项资产的目的或用途是为了销售或生产耗用,则该项资产属于存货;如果企业取得该项资产是为了其他用途(如工程建设等),则这项资产不属于存货。

二、存货分类

企业列入存货范围的物资种类繁多,不同的存货有各自不同的特点,它们在生产经营过程中的用途和作用往往不一。为了加强存货实物管理,正确地组织存货的会计核算,提供有用的会计信息,必须对存货进行科学的分类。

(一)存货按其经济内容分类

存货按其经济内容可以分为以备出售的存货、生产过程中的存货和以备耗用的存货三大类。具体包括以下内容:

1.原材料。指企业在生产过程中经加工改变其形态或性质并构成产品主要实体的各种原材料及主要材料、辅助材料、外购半成品(外购件)、修理用备件(备品备件)、包装材料、燃料等。

2.在产品。指企业正在制造尚未完工的产品。包括:正在各个生产工序加工的产品,以及已加工完毕但尚未检验或已检验但尚未办理入库手续的产品。

3.半成品。指企业经过一定生产过程并已检验合格交付半成品仓库保管,但尚未制造完工成为产品,仍需进一步加工的中间产品。

4.产成品。指企业已经完成全部生产过程并已验收入库,符合标准规格和技术条件,可以按照合同规定的条件送交订货单位,或者可以作为商品对外销售的产品。企业接受外来原材料加工制造的代制品和为外单位加工修理的代修品,制造和修理完成验收入库后应视同企业的库存商品。

5.商品。指商品流通企业(批发业、零售业)外购或委托加工完成并已验收入库用于销售的各种商品。

6.周转材料。指企业能够多次使用、逐渐转移其价值但仍保持原有形态且不确认为固定资产的材料。包括:包装物、低值易耗品、企业(建筑业)的钢模板、木模板、脚手架等。

7.消耗性生物资产。指企业(农、林、牧、渔业)生长中的大田作物、蔬菜、用材林以及存栏待售的牲畜等。

(二)存货按其存放地点分类

1.在途存货。指处于运输途中的存货,包括运入在途存货和运出在途存货。前者指已经付款,正在运输途中或尚未验收入库的存货;后者指按合同规定已经发出或送出,但尚未确认销售收入的存货(发出商品)。

2.库存存货。指企业经验收入库的各种材料、自制半成品和库存商品等。

3.委托加工存货。指企业自行生产加工以及委托外单位加工中的各种存货。

4.委托代销存货。指存放在受托单位,并委托其代为销售的存货。

(三)按存货来源分类

1. 外购存货。指企业购入的各种存货。如购入的原材料、库存商品、周转材料等。

2. 自制存货。指企业自行制造的存货。如自制半成品、产成品等。

3. 投资转入存货。指企业接受外单位投资而形成的存货。

4. 接受捐赠存货。指企业接受外单位捐赠而形成的存货等。

5. 抵债取得存货。指企业通过债务重组债务人用于抵债而取得的存货。

三、存货的初始计量

存货的计量就是指购入、发出存货价值的确定以及期末存货价值的确定,它是存货核算的一项重要内容,是存货核算的关键。

企业取得存货,应当按照成本进行初始计量。存货的成本,就是在取得存货的过程中发生的全部实际支出,它包括采购成本、加工成本和其他成本。存货以成本进行初始计量,主要是因为存货成本是基于过去的交易或事项而获得的,具有客观可靠性,可以进行验证。

存货取得的途径不同,其成本的构成也有所不同。企业取得存货的途径主要有外购、自制、委托外单位加工、投资者投入、接受捐赠等。

(一)外购存货

外购存货的成本,即购入存货的采购成本,包括下列项目:

1.买价。买价是指供货方发票所开列的货款金额(一般不包括增值税),即购买存货实际支付的不含增值税的价款。

2.采购费用。采购费用包括运杂费、运输途中的合理损耗、入库前挑选整理费用和其他可归属于存货采购成本的费用等。

(1)运杂费。运杂费是指存货购买后运达企业过程中发生的各项费用,包括运输费、包装费、装卸费、途中保险费、仓储费等。根据现行制度的有关规定,对于取得合法运输费发票的,可以按运输费的7% 列计增值税的进项税额。

(2)运输途中的合理损耗。这是指存货在运输过程中由于客观原因而发生的正常损耗。某些物资由于其特性所决定,运输途中可能会出现破损、挥发、散失、变质等损耗情况。对于这类运输中因客观原因带来的损失,由最终验收入库的存货来负担。因此，途中合理损耗只是减少入库存货的数量，增加入库存货的单位成本，并不影响购货总成本。

(3)入库前的挑选整理费用。这是指存货运达企业入库前，根据工艺加工的需要进行相应的挑选整理后才能使用，在挑选整理过程中所发生的费用，包括挑选整理中发生的工、费支出和必要的损耗，并扣除回收的下脚废料价值，应计入存货的成本。

3.税金。企业购入存货时，除了支付物资的买价和采购费用外，还要按规定交纳相关税金，如增值税、消费税、资源税和关税等。这些税金是否构成存货的入账价值，要视具体情况而定：

(1)价内税。价内税是价格的组成部分，应当构成存货的成本，如关税、消费税等。

(2)价外税。价外税主要是增值税，应区别情况处理：

第一，经确认为增值税小规模纳税人的企业，其采购货物支付的增值税，无论是否在发票账单上单独列明，是否取得增值税专用发票，一律记入所购货物的采购成本。

第二，经确认为增值税一般纳税人的企业，其采购货物支付的增值税，凡专用发票或完税凭证中注明的，不计入所购货物的采购成本，而作为“进项税额”单独记账；用于非应纳增值税项目或免征增值税项目以及未能取得增值税专用发票或完税凭证等不符合抵扣条件的增值税，则应计入购入货物的采购成本。

第三，增值税一般纳税人收购农产品，不能取得增值税专用发票，经批准可将其收购价格的一定比例(现为13%)视同增值税，作为进项税额单独核算。企业应以扣除这部分进项税额后的价款计入购入货物的采购成本。

提示：

根据《小企业会计准则第十二条》规定：外购存货的成本包括购买价款、相关税费、运输费、装卸费、保险费以及外购存货过程中发生的其他直接费用，但不含按照规定可以抵扣的增值税进项税额。

《小企业会计准则》：小企业(批发业、零售业)在购买商品过程中发生的费用(包括运输费、装卸费、包装费、保险费、运输途中的合理损耗和入库前段挑选整理费等)，在“销售费用”科目核算。

(二)自制存货

企业自制存货主要是指产成品、自制半成品，有些企业还包括自制的原材料、周转材料等。企业自制存货按其在制造过程中所发生的实际成本进行计量，包括在制造过程中所发生的直接材料、直接人工及按照一定方法分配的制造费用。

经过1年以上的制造才能达到预定可销售状态的存货发生的借款费用，也计入存货成本。

(三)委托加工存货

企业委托外单位加工完成的存货，应以实际耗用的原材料或者半成品的实际成本，支付的加工费、装卸费、保险费、往返运输费等及按规定应计入成本的税金，作为初始计量成本。

（四）投资者投入存货

企业收到投资者投入的存货，应按照评估价值确定其成本进行计量。

（五）接受捐赠存货

企业接受捐赠存货，按以下规定确定其成本：

1. 捐赠方提供了有关凭据（如发票、报关单、有关协议）的，按凭据上标明的金额加上应支付的相关税费，作为实际成本。

2. 捐赠方没有提供有关凭据的，应参照同类或类似存货的市场价格估计的金额，加上应支付的相关税费，作为实际成本。

四、发出存货的计量

发出存货的计价方法是指对发出存货和每次发出后的存货价值的计算确定方法。由于企业存货品种繁多，收发频繁，同一种存货的单价会因为其取得的方式、或采购时间、地点的不同而不同。这样，在每次发出存货时，就会产生按哪一种单价计价的问题，即用什么方法确定该存货的单价，在发出存货与结存存货之间分配成本。按照现行制度规定，存货发出的计价方法主要有以下几种：

（一）个别计价法

个别计价法，又称个别认定法、具体辨认法。它是指以每一个特定货物或每一批特定货物的实际成本作为发出存货的成本的一种方法。这是假设存货的成本流转与实物流转相一致的方法。采用这一方法，一般需具备两个条件：一是存货项目必须是可以辨别认定的；二是必须要有详细的记录，包括每一存货的品种规格、入账时间、单位成本、存放地点等情况。

采用这种方法，反映的发出存货的实际成本最为准确，而且可以随时结转成本。但需分批认定和记录存货的批次及各批的单价和数量，因此，对于存货购销频繁，数量、品种多的企业，采用这种方法的工作量就太大了。

个别计价法一般适用于容易识别品种、存货品种数量不多、单位成本较高的存货，如房产、船舶、珠宝等贵重物品。企业不能替代使用的存货、为特定项目专门购入或制造的存货以及提供的劳务，也应采用个别计价法确定发出存货的成本。

【例 4-1】 兴业公司 9 月份存货甲材料的收、发、存数据资料如表 4-1 所示。

表 4-1 **甲材料收、发、存资料表**

日期	摘要	收入		发出		结存数量（件）
		数量（件）	单位成本（件/元）	数量（件）	单位成本（件/元）	
9月1日	结存					500（单价10元）
9月8日	购入	400	11			900
9月16日	发出			600		300
9月20日	购入	600	12			900
9月28日	发出			400		500
9月30日	购入	400	15			900

经具体认定，若9月16日发出的甲材料中，属于期初结存的有500件，属于9月8日购入的有100件，9月28日发出的甲材料中，属于9月8日的有100件，属于9月20日购入的有300件。9月份甲材料的发出实际成本和期末结存成本可计算如下：

本月甲材料发出实际成本＝500×10＋100×11＋100×11＋300×12＝10 800（元）

月末甲材料结存成本＝200×11＋300×12＋400×15＝11 800（元）

（二）加权平均法

加权平均法，又称全月一次加权平均法，是指以本月期初结存存货数量和本月全部收入存货数量作为权数，去除本月期初结存存货成本和本月全部收入存货成本，计算出存货的加权平均单价，从而确定存货发出成本和库存成本的一种方法。

计算公式如下：

$$\text{加权平均单价}=\frac{\text{期初结存存货实际成本}+\text{本期收入存货实际成本}}{\text{期初结存存货数量}+\text{本期收入存货数量}}$$

本期发出存货成本 ＝ 本期发出存货数量×加权平均单价

期末结存存货成本＝期末结存存货数量×加权平均单价

如果计算出加权平均单价不是整数，就要将小数点后二位以下的数字四舍五入，为了保持账面数字之间的平衡关系，可以采用倒挤成本法计算发出存货的成本，即：

期末结存存货成本＝期末结存存货数量×加权平均单价

本期发出存货成本＝期初结存存货成本＋本期收入存货成本
　　　　　　　　　－期末结存存货成本

采用加权平均法，只在月末一次计算加权平均单价，能简化核算工作，而且在市场价格上涨或下跌时所计算出来的单位成本平均化，对存货成本的分摊较为折中。但是，这种方法只有在期末才能计算出加权平均单价，从而确定发出存货成本和结存存货成本，平时无法从账簿上反映发出和结存存货的单价和金额，不利于对存货加强日常管理。

【例 4-2】 仍以例 4-1 资料为例，采用加权平均法计算甲材料本期发出成本和期末结存成本。见表 4-2。

表 4-2 **存货明细账**

名称及规格:甲材料 计量单位:件

××年		摘要	收入			发出			结存		
月	日		数量	单价	金额	数量	单价	金额	数量	单价	金额
9	1	结存							500	10	5 000
9	8	购入	400	11	4 400				900		
9	16	发出				600			300		
9	20	购入	600	12	7 200				900		
9	28	发出				400			500		
9	30	购入	400	15	6 000				900	11.89	10701
9	30	本月合计	1 400		17 600	1 000	11.89	11 899	900	11.89	10701

表 4-2 中有关资料的计算如下:

$$加权平均单价=\frac{5\ 000+17\ 600}{500+1\ 400}\approx 11.89(元)$$

月末结存材料成本$=900\times 11.89=10\ 701$(元)

本月发出材料成本$=5\ 000+17\ 600-10\ 701=11\ 899$(元)

(三)移动平均法

移动平均法是指每次收到存货以后,立即根据库存存货的数量和总成本,计算出新的平均单位成本,并对发出存货进行计价的一种方法。移动平均法与加权平均法的计算原理基本相同,只是要求在每次收入存货时都要重新计算加权平均单价。

计算公式如下:

$$移动平均单价=\frac{以前结存存货实际成本+本批收入存货实际成本}{以前结存存货数量+本批收入存货数量}$$

发出存货成本=本次发出存货数量×移动平均单价

期末存货成本=期末结存存货数量×移动平均单价

采用移动平均法,其优点是在存货发出时,可直接以新确定的加权平均单价乘以发出数量确定发出成本,并可以随时转账,便于加强存货的日常管理;大量核算工作分散在平时进行,减轻了月末工作量;而且计算的加权平均单价以及发出和结存存货的成本较客观,企业亦不能任意挑选存货成本以调整当期利润。但是,由于每次收入存货都要重新计算一次加权平均单价,计算工作量较大。

【例 4-3】 仍以例 4-1 资料为例,采用移动平均法计算甲材料发出成本和结存成本。见表 4-3。

表 4-3　　　　　　　　　　　　　　　**存货明细账**

名称及规格：甲材料　　　　　　　　　　　　　　　　　　　　　　　　计量单位：件

××年		摘　要	收　入			发　出			结　存		
月	日		数量	单价	金额	数量	单价	金额	数量	单价	金额
9	1	结存							500	10	5 000
9	8	购入	400	11	4 400				900	10.44	9 400
9	16	发出				600	10.44	6 264	300	10.44	3 136
9	20	购入	600	12	7 200				900	11.48	10 336
9	28	发出				400	11.48	4 592	500	11.48	5 744
9	30	购入	400	15	6 000				900	13.05	11 744
9	30	本月合计	1 400		17 600	1 000		10 856	900	13.05	11 744

表 4-3 中有关资料的计算如下：

第一批购货后的平均单位成本$=\frac{5\ 000+4\ 400}{500+400}\approx 10.44$(元)(第二、第三批计算略)

本月发出材料成本$=600\times 10.44+400\times 11.48=6\ 264+4\ 592=10\ 856$(元)

月末结存材料成本$=5\ 000+17\ 600-10\ 856=11\ 744$(元)

(四)先进先出法

先进先出法是假定"先入库的存货先发出"，并根据这种假定的成本流转程序对发出存货和期末结存存货计价的一种方法。

采用先进先出法，存货成本是按最近的购货成本确定的，期末的存货价值接近现行成本。其优点是期末存货的账面价值能反映最后购进存货的实际成本，使企业不能随意挑选存货成本以调整当期利润。缺点是核算工作量比较繁琐，对于在存货收发业务频繁和单价经常变动的企业，核算的工作量较大。另外，当物价上涨时，用早期较低的成本与现行收入相配比，会高估企业当期利润；反之则低估当期利润。

【例 4-4】　仍以例 4-1 资料为例，采用先进先出法计算甲材料发出成本和结存成本。见表 4-4。

表 4-4　　　　　　　　　　　　　　　**存货明细账**

名称及规格：甲材料　　　　　　　　　　　　　　　　　　　　　　　　计量单位：件

××年		摘　要	收　入			发　出			结　存		
月	日		数量	单价	金额	数量	单价	金额	数量	单价	金额
9	1	结存							500	10	5 000
9	8	购入	400	11	4 400				500 400	10 11	5 000 4 400

续表

××年		摘要	收入			发出			结存		
月	日		数量	单价	金额	数量	单价	金额	数量	单价	金额
9	16	发出				500 100	10 11	5 000 1 100	300	11	3 300
9	20	购入	600	12	7 200				300 600	11 12	3 300 7 200
9	28	发出				300 100	11 12	3 300 1 200	500	12	6 000
9	30	购入	400	15	6 000				500 400	12 15	6 000 6 000
9	30	本月合计	1 400		17 600	1 000		10 600	500 400	12 15	12 000

表 4-4 中有关资料的计算如下：

本月发出材料成本＝(500×10＋100×11)＋(300×11＋100×12)＝10600(元)

月末结存材料成本＝5 000＋17 600－10 600＝12 000(元)

从以上分析可以看出，各种存货计价方法是以物价变动而产生的。若存货进价固定不变，不同存货计价方法将失去存在的必要。因此，对各种存货计价方法的评价也要以物价变动为背景。企业无论选用哪一种计价方法，都要考虑该计价方法所计算出来的结果与其关联的收入实现相匹配。按照我国会计准则及有关法规的规定，计价方法一经确定，不得随意变更。如确需变更的，应当在年度会计报告中对变更的内容和理由、变更的累积影响数以及累积影响数不能合理确定的理由等，在会计报表附注中予以说明。

第二节　原材料

一、原材料核算的内容

原材料是指企业用于制造产品并构成产品实体的各种物品，以及供生产耗用但不构成产品实体的辅助性物品，其价值一次性转移到产品的成本。原材料按其经济内容，包括以下六个方面：

(1)原料及主要材料。是指直接用于产品制造，经过加工后构成产品主要实体的各种原料和材料。

(2)辅助材料。是指不构成产品的主要实体,但直接用于产品生产有助于产品形成的各种材料。

(3)外购半成品(外购件)。是指从外部购入需要本企业进一步加工或装配的已完成一定生产步骤的半成品。对购入企业而言,外购半成品如同材料。如果外购半成品数量不大时,也可列作原料及主要材料。

(4)修理用备件(备品备件)。是指为修理本企业的机器设备等从外部购入的专用零部件。

(5)包装材料。是指包装产品用的,除包装物以外的各种材料。如纸、绳、铁丝等。

(6)燃料。是指在工艺技术过程中用于燃烧取得热能的各种材料。包括各种固体、液体和气体燃料。

二、原材料按实际成本计价的核算

原材料日常核算可以按实际成本核算,也可以按计划成本核算,具体采用哪一种方法,由企业根据生产经营特点及管理要求决定。原材料按实际成本计价核算的特点是:原材料收入、发出和结存的总分类和明细分类核算,全部都按实际成本计价反映。

(一)账户设置

1."原材料"账户。用于核算企业库存的各种材料的实际成本。该账户借方登记验收入库的各种原材料的实际成本;贷方登记发出的各种原材料的实际成本;期末借方余额反映企业库存各种原材料的实际成本。该账户应按材料的保管地点(仓库)、材料的类别、品种和规格进行明细分类核算。

2."在途物资"账户。用于核算企业在采用实际成本计价进行材料、商品等物资的日常核算时,已经采购但尚未到达或尚未验收入库的各种物资的实际采购成本。该账户借方登记购入材料、商品等物资的实际成本;贷方登记已验收入库材料、商品的实际成本;期末借方余额反映企业在途材料、商品的实际成本。该账户应按供应单位和物资品种设置明细账,进行明细分类核算。

(二)总分类核算

1.外购材料。企业外购材料,由于结算方式和采购地点的不同,材料入库和货款的支付在时间上不一定完全同步,其账务处理也有所不同。

(1)货款付清,材料入库。企业应根据发票账单和收料单等确定的材料实际成本,借记"原材料"账户,根据取得的增值税专用发票上注明的税额,借记"应交税费—— 应交增值税(进项税额)"账户,根据实际支付或应支付的金额贷记"银行存款"、"应付票据"、"其他货币资金"等账户。

【例4-5】 兴业公司购入甲材料一批,货款20万元,增值税额34 000元,和平公司开出的发票账单等结算凭证已收到,材料已验收入库,价税款采用商业汇票结算。公司账务处理为:

借:原材料——原料及主要材料(甲材料)　　200 000

　应交税费——应交增值税(进项税额)　　34 000

　贷:应付票据——和平公司　　234 000

(2)款项已付,材料未收。企业购入材料,先收到发票账单,并据以通过银行付款或开出承兑商业汇票,但材料尚未收到或尚未验收入库的,应将这部分材料作为在途物资处理,借记“在途物资”账户、“应交税费——应交增值税(进项税额)”账户,贷记“银行存款”等账户。待收到材料并验收入库后,再由“在途物资”账户转入“原材料”账户。

【例 4-6】 兴业公司从宏大公司购入乙材料一批,价款 4 万元,增值税额 6 800 元,发生运输费 1 000 元(按 7%计算增值税),保险费 400 元,全部款项均已用银行汇票支付,但材料尚未收到。公司在付款时的账务处理为:

购入材料,以银行汇票支付价税款时:

借:在途物资——宏大公司　　(40 000+930+400)　41 330

　应交税费——应交增值税(进项税额)　(6 800+1 000×7%)　6 870

　贷:其他货币资金——银行汇票　　48 200

上述材料验收入库时:

借:原材料——原料及主要材料(乙材料)　　41 330

　贷:在途物资——上海远大公司　　41 330

(3)材料已收,款项未付。企业购入材料已收,款未付应分别按两种情况处理:

第一种情况:材料已验收入库,发票账单也已到达,因企业货币资金不足,款项尚未支付。

【例 4-7】 假设例 4-6 中购入材料的业务,材料已验收入库,发票等结算凭证也已收到,但企业无款支付。公司的账务处理为:

借:原材料——原料及主要材料(乙材料)　　41 330

　应交税费——应交增值税(进项税额)　　6 870

　贷:应付账款——宏大公司　　48 200

第二种情况:材料已验收入库时,因为发票账单未到,所以未付款。具体处理方法为:①如果发生在月份内的,为简化核算手续,可以暂不进行总分类核算,只将收到的材料的数量登记明细分类账,待收到发票账单时,再进行总分类核算。②如果到月末结算凭证和发票账单尚未收到,已经验入库材料,可以按材料的合同价格或计划成本计价,暂估入账,借记“原材料”账户,贷记“应付账款——暂估应付账款”账户,下月初,用红字作同样的记账凭证冲回,等结算凭证和发票账单到达时,按正常情况购入材料进行处理。

【例 4-8】 假设例 4-7 中购入材料的业务,材料已验收入库,但发票账单尚未到达,货款尚未支付。至月末仍未收到发票账单,暂估价为 41 000 元入账。公司的账务处理为：

月末暂估入账时：

借:原材料——原料及主要材料(乙材料) 41 000

贷:应付账款——暂估应付账款 41 000

下月初用红字冲销上月末暂估入账记录：

借:原材料——原料及主要材料(乙材料) [41 000]

贷:应付账款——暂估应付账款 [41 000]

实际收到有关结算凭证,以银行汇票支付款项时：

借:原材料——原料及主要材料(乙材料) 41 330

应交税费——应交增值税(进项税额) 6 870

贷:其他货币资金——银行汇票 48 200

(4)采用预付货款的方式采购材料。企业采用预付账款方式购入材料业务,应通过“预付账款”账户进行核算;不设置“预付账款”账户的企业,应通过“应付账款”账户进行核算。

【例 4-9】 假设例 4-6 购入材料的业务,材料已验收入库,发票等结算凭证也已收到,假如兴业公司上月已向宏大公司预付货款 5 万元,现收到材料,予以结转。公司的账务处理为：

借:原材料——乙材料 41 330

应交税费—— 应交增值税(进项税额) 6 870

贷:预付账款——宏大公司 48 200

预付款余额 1 800 元收回,已划入存款户

借:银行存款 1 800

贷:预付账款——宏大公司 1 800

(5)购料短缺与损耗的处理。对于采购材料在途中发生的短缺和毁损,应根据造成短缺和毁损的原因,分别进行处理：

第一,定额内合理的途中损耗,计入材料采购成本；

第二,能确定由供应单位负责赔偿的,从“在途物资”账户转入“应付账款”账户,并按规定结转增值税进项税额；

第三,能确定由运输单位、保险公司或其他过失人负责赔偿的,从“在途物资”账户转入“其他应收款”账户,并按规定结转增值税进项税额；

第四,凡尚待查明原因或需要报经批准才能转销处理的损失(价税款),应将其损失从“在途物资”账户转入“待处理财产损溢”账户,查明原因后再分别情况进行处理：

①属于应由供货单位、运输单位、保险公司或其他过失人负责赔偿的,将其损失从“待处理财产损溢”账户转入“应付账款”或“其他应收款”账户；

②属于自然灾害、意外事故造成的损失，应按扣除残料价值和保险公司赔偿后的净损失，从“待处理财产损溢”账户转入“营业外支出——非常损失”账户。

【例 4-10】 兴业公司上月末向上宇公司购入甲材料 3 000 吨，每吨 10 元，增值税率 17%，款已付，材料未收。现收到材料后，经验收发现短缺 100 吨，其余验收入库。

①若查明上述短缺系供应单位责任。收料时应作如下账务处理：

借：原材料——原料及主要材料（甲材料）　　29 000

　　应付账款——上宇公司

　　　　［10×100×（1+17%）］　　1 170

　贷：在途物资——上宇公司（甲材料）　　30 000

　　　应交税费——应交增值税（进项税额转出）　　170

• 如收到供应单位补发材料经验收入库，应作如下账务处理：

借：原材料——原料及主要材料（A 材料）　　1 000

　　应交税费——应交增值税（进项税额）　　170

　贷：应付账款——上宇公司　　1 170

• 如收到供应单位退回的款项已存入银行，应作如下账务处理：

借：银行存款　　1 170

　贷：应付账款——上宇公司　　1 170

②若短缺 100 吨系意外事故造成。收料时作如下账务处理：

借：原材料——原料及主要材料（甲材料）　　29 000

　　待处理财产损溢——待处理流动资产损溢　　1 170

　贷：在途物资——上宇公司（甲材料）　　30 000

　　　应交税费——应交增值税（进项税额转出）　　170

• 如经确认应收保险赔款 500 元，其余经批准予以转销，账务处理为：

借：其他应收款——应收保险赔款　　500

　　营业外支出——非常损失　　617

　贷：待处理财产损溢——待处理流动资产损溢　　1 170

（6）购进免税农产品。企业购进免税农产品，应按购入农产品的收购价和规定的扣除率（13%）计算进项税额。购入材料成本按收购价减去可以抵扣的增值税进项税额后计价。

【例 4-11】 兴业公司购进免税农产品一批，收购价 100 000 元，材料验收入库，价款以银行存款支付。公司的账务处理为：

借：原材料——原料及主要材料　　87 000

　　应交税费——应交增值税（进项税额）　　（100 000×13%）13 000

　贷：银行存款　　100 000

（7）小规模纳税人购入材料。小规模纳税人购入材料（货物）支付的货款和增值税额，均应直接计入材料(货物)的成本。

【例 4-12】 某企业系小规模纳税人，本月购入 A 材料一批，货款20 000元，增值税额3 400元，支付运杂费 800 元，途中保险费 200 元。材料已验收入库，价税款以银行存款支付。该企业账务处理为：

借：原材料——原料及主要材料(甲材料)　　　　24 400

　贷：银行存款　　　　24 400

2.其他方式取得的材料。

(1)自制材料。企业生产车间自制材料，应设置“生产成本——基本生产成本(辅助生产成本)”账户核算其发生的料、工、费支出，自制完成的材料验收入库时，应填制“材料交库单”，并按其实际生产成本，借记“原材料”账户，贷记“生产成本”账户。

(2)废料入库。企业回收的交库废料应填制“材料交库单”，办理入库手续。①若是生产中回收的下脚废料，应借记“原材料”账户，贷记“生产成本”；②若是低值易耗品报废交回的残料，应借记“原材料”账户，贷记“制造费用”或“管理费用”账户；③对于固定资产报废清理回收的残料，应借记“原材料”账户，贷记“固定资产清理”账户。

企业其他方式收入材料的核算，如委托加工收回、投资者投入、接受捐赠等，其账务处理将在以后有关章节中介绍。

企业收入材料的总分类核算，可根据不同情况确定总分类账的登记方法。对于材料收入业务较少的企业，可以根据收料凭证逐日编制记账凭证，并据以登记总分类账；对于收料业务较多的企业，则可以根据收料凭证，整理汇总，定期(或月终一次)编制“收料凭证汇总表”。并据以编制记账凭证，登记总分类账，进行总分类核算。“收料凭证汇总表”一般格式见表 4-5。

表 4-5　　　　**收料凭证汇总表**

单位：元

<table>
<tr><td colspan="2" rowspan="2">应借账户
应贷账户</td><td colspan="7">原材料</td><td rowspan="2">应交税费</td><td rowspan="2">总计</td></tr>
<tr><td>原料及主要材料</td><td>辅助材料</td><td>外购半成品</td><td>修理用备件</td><td>包装材料</td><td>燃料</td><td>合计</td></tr>
<tr><td rowspan="4">在途物资</td><td>1—10日</td><td></td><td></td><td></td><td></td><td></td><td></td><td></td><td></td><td></td></tr>
<tr><td>11—20日</td><td></td><td></td><td></td><td></td><td></td><td></td><td></td><td></td><td></td></tr>
<tr><td>21—31日</td><td></td><td></td><td></td><td></td><td></td><td></td><td></td><td></td><td></td></tr>
<tr><td>小计</td><td></td><td></td><td></td><td></td><td></td><td></td><td></td><td></td><td></td></tr>
<tr><td colspan="2">生产成本</td><td></td><td></td><td></td><td></td><td></td><td></td><td></td><td></td><td></td></tr>
<tr><td colspan="2">……</td><td></td><td></td><td></td><td></td><td></td><td></td><td></td><td></td><td></td></tr>
<tr><td colspan="2">合　计</td><td></td><td></td><td></td><td></td><td></td><td></td><td></td><td></td><td></td></tr>
</table>

3.材料的发出。

企业发出的材料，不管其用途如何，均应办理相关手续和填制发料凭证，据以进行发出材料的核算。由于企业发料业务一般都比较频繁，发料凭证数量大，为了简化核算工作，平时可根据发料凭证登记材料明细分类账，不直接根据发料凭证填制记账凭证，而是在月末根据当月的发料凭证，按领用的部门和用途进行归类汇总，编制“发料凭证汇总表”，据以进行材料发出的总分类核算，格式见表 4-6。

发出材料应根据不同用途，借记有关账户，贷记“原材料”账户。借记的账户主要有：

(1)用于生产产品领用的应记入“生产成本——基本生产成本”账户；

(2)用于辅助生产领用的应记入“生产成本——辅助生产成本”账户；

(3)用于车间管理及一般消耗领用的应记入“制造费用”账户；

(4)用于厂部管理部门耗用的应记入“管理费用”账户；

(5)专设销售机构领用的应记入“销售费用”账户；

(6)直接对外销售的记入“其他业务成本”账户；

(7)职工集体福利领用的记入“应付职工薪酬——非货币性福利”账户；

(8)专项工程领用的应记入“在建工程”账户；

(9)专项用于无形资产研发的，应记入“研发支出”账户。

当企业购入材料用于在建工程(不动产建设工程)和职工生活福利时，属购进货物改变用途，如为一般纳税人的企业，应按使用材料的规定税率，计算结转应转出的应交增值税，借记“在建工程”、“应付职工薪酬”账户，贷记“应交税费—— 应交增值税(进项税额转出)”账户。

【例 4-13】 兴业公司 9 月份，根据发料凭证，汇总编制“发料凭证汇总表”见表 4-6，据以进行本月材料发出的总分类核算。

表 4-6 **发料凭证汇总表**

××× 年 9 月 单位：元

类别 用途	原料及主要材料	辅助材料	燃料	外购半成品	合计
生产产品领用	40 000	5 000		60 000	105 000
辅助生产车间领用	17 000	2 000			19 000
车间一般性消耗		1 000	5 000		6 000
厂部管理部门领用		2 000	3 100		5 100
在建工程领用(设备安装)		1 500			1 500
对外销售	13 000				13 000
职工集体福利部门领用	5 000				5 000
合计	75 000	11 500	8 100	60 000	154 600

根据发料凭证汇总表，作如下账务处理：

借：生产成本——基本生产成本　　105 000

　　　　　　——辅助生产成本　　19 000

　　制造费用　　6 000

　　管理费用　　5 100

　　在建工程　　1 500

　　其他业务成本　　13 000

　　应付职工薪酬　　5 000

　贷：原材料——原料及主要材料　　75 000

　　　　　　——辅助材料　　11 500

　　　　　　——燃料　　8 100

　　　　　　——外购半成品　　60 000

同时应结转增值税税额的，作如下账务处理：

借：应付职工薪酬——职工福利　　(5 000×17%) 850

　贷：应交税费——应交增值税(进项税额转出)　　850

(三)材料的明细分类核算

材料的明细分类核算包括数量核算和金额核算两部分。材料收发、库存的数量核算，由仓库保管人员负责，而金额核算由企业财会人员负责。根据这一要求，材料的明细分类核算通常有以下两种形式。

1."两套账"形式。也称为"账卡分设"。即企业的仓库和财会部门各自设置一套材料账簿进行材料的明细分类核算。仓库设置"材料卡片"核算各种材料收发结存的数量，卡片的一般格式见表4-7。材料卡片根据品种规格设置，并按材料类别和编号顺序排列，或按类别装订成活页账，以便保管。财会部门设置材料明细账，核算各种材料收发结存的数量和金额。财会部门设置的材料明细账，应采用数量金额式明细账，按材料品种、规格设置，采用收、发、余三栏，分别记录"数量"、"单价"和"金额"三项内容，其收入栏根据收料凭证序时逐笔登记；发出栏中的数量可根据发料凭证序时逐笔登记，但单价和金额应根据发出材料计价方法来加以确定，进行登记。这种方式的使用可以起到仓库和会计部门相互制约的作用，但核算工作量较大，而且存在重复记账的情况。

表 4-7　　　　　　　　　　　　材料卡片

材料账户:原材料　　　　　　　　　材料编号:56　　　　　　　　最高储备量:

材料类别:原料及主要材料　　　　　卡片编号:　　　　　　　　　最低储备量:

材料名称规格:甲材料　　　　　　　存放地点:　　　　　　　　　计量单位:公斤

××年		凭证		收入数量	发出数量	结存数量	稽核	
月	日	名称	编号				日期	签章
9	1	略	略			500		
9	8			400		900		
9	16				600	300	16	×××
9	20			600		900		
9	28				400	500		
9	30			400		900	30	×××
9	30			1 400	1 000	900	30	×××

2."一套账"形式,也称"账卡合一"。即将仓库设置的材料卡片与会计部门设置的材料明细分类账合并为一套数量金额式的"材料明细账"进行材料明细核算。这套账平时放在仓库,由仓库管理员根据收发凭证序时逐笔登记收、发数量,并逐日结出结存数;会计部门的材料会计定期到仓库稽核、收单,并在材料收发凭证上标价和在材料明细账上登记金额。

三、原材料按计划成本计价的核算

原材料按计划成本进行日常核算,就是原材料的总分类核算和明细分类核算均按计划成本计价。其核算的特点是:所有原材料收发凭证按预先确定计划成本计价,总分类账及明细分类账按计划成本登记;原材料的实际成本与计划成本的差异,通过"材料成本差异"账户核算。月份终了,通过分配材料成本差异,将发出材料的计划成本调整为实际成本。

(一)账户设置

原材料按计划成本的总分类核算,企业除应设置"原材料"账户外,还应设置"材料采购"、"材料成本差异"账户。

1."原材料"账户。用来核算企业库存的各种材料的计划成本。

2."材料采购"账户。用来核算企业采用计划成本进行材料日常核算,购入材料的采购成本。借方登记购入材料的实际成本和结转实际成本小于计划成本的节约差异;贷方登记验收入库物资的计划成本和结转实际成本大于计划成本的超支差异,期末余额在借方,反映企业在途材料的采购成本。该账户应按供应单位和材料品种进行明细核算。

3."材料成本差异"账户。用来核算企业采用计划成本进行日常核算的材料计划成本与实际成本的差额。它是材料类账户的调整账户,借方登记入库材料实际成本大于计划成本的差异(超支差)和发出材料应负担的节约差异,贷方登记入库材料实际成本小于计划成本的差异(节约差)和发出材料应负担的超支差异。期末余额在借方,反映库存材料的超支差异;若在贷方,则反映库存材料的节约差异。该账户可以分别以"原材料"、"周转材料"等按照类别或品种进行明细核算。

(二)总分类核算

在计划成本计价的情况下,企业收入材料时,一般采用"材料采购"账户核算采购的实际成本,因此,企业不论材料是否入库,都必须先通过这个账户进行核算。待材料验收入库后,再转入"原材料"账户,同时结转材料成本差异。其核算内容包括三个方面:一是反映材料采购成本的发生;二是按计划成本反映材料验收入库;三是结转入库材料的成本差异。

1.外购材料。

(1)货款两清,材料入库。企业购入材料支付价税款时,先借记"材料采购"、"应交税费——应交增值税(进项税额)"账户,贷记"银行存款"等账户;然后根据验收入库材料的计划成本,借记"原材料"等账户,贷记"材料采购"账户,同时结转验收入库材料实际成本与计划成本的差异。如为实际成本大于计划成本的超支差异,借记"材料成本差异"账户,贷记"材料采购"账户;如为实际成本小于计划成本的节约差异,则作相反的账务处理。

【例 4-14】 兴业公司购入甲材料一批,货款 125 000 元,增值税 21 250 元,发票账单已收到,计划成本为 120 000 元,材料已验收入库,价款以银行存款支付。

①按实际价款支付时:

借:材料采购——原材料　　125 000

　　应交税费——应交增值税(进项税额)　　21 250

　　贷:银行存款　　146 250

②材料验收入库时:

借:原材料——原料及主要材料(甲材料)　　120 000

　　贷:材料采购——原材料　　120 000

③结转入库材料成本差异:

借:材料成本差异——原材料　　5 000

　　贷:材料采购——原材料　　5 000

(2)款项已付,材料未收。这种情况下,企业购入材料支付价税款,应借记"材料采购"、"应交税费——应交增值税(进项税额)",贷记"银行存款"等账户。待以后材料验收入库时,再作按计划成本验收入库及结转材料成本差异的账务处理。若到月末材料仍未收到,则"材料采购"账户有借方余额,表现为在途材料的实际成本。

【例 4-15】 兴业公司用银行存款购入乙材料一批，货款 59 000 元，增值税 10 030 元，发票账单已收到，计划成本 60 000 元，材料尚未入库。账务处理为：

借：材料采购——原材料　　59 000
　应交税费——应交增值税（进项税额）　　10 030
　贷：银行存款　　69 030

待以后材料验收入库时，再按计划成本验收入库，同时结转材料成本差异。若到月末材料仍未收到，则"材料采购"账户表现为借方余额，视作在途材料成本。

(3)材料已收，款项未付。这类业务包括两种情况：

第一、发票账单已经到达，企业无力支付价款。这种情况下企业购料业务已发生，尚未支付的价款形成企业的负债。

【例 4-16】 假设例 4-14 中的材料采购业务，企业因存款不足，尚未付款，则账务处理为：

借：材料采购——原材料　　125 000
　应交税费——应交增值税（进项税额）　　21 250
　贷：应付账款　　146 250

第二、尚未收到发票账单，无法支付价款。对于发票账单未收到的，平时暂不进行总账处理，至月末仍未收到发票账单的，按计划成本暂估入账，下月初用红字冲回，其账务处理与按实际成本计价的账务处理基本相同。下月付款或开出承兑商业汇票后，按正常程序通过"材料采购"账户核算。

【例 4-17】 兴业公司月末从 A 公司购入甲材料一批，材料已验收入库，发票账单尚未到达，计划成本为 72 000 元。

月末按计划成本暂估入账时：

借：原材料——原料及主要材料（甲材料）　　72 000
　贷：应付账款——暂估应付款（A 公司）　　72 000

下月初用红字冲销：

借：原材料——原料及主要材料（甲材料）　　72 000
　贷：应付账款——暂估应付款（A 公司）　　72 000

上述购入甲材料于次月收到发票账单时，按正常程序进行账务处理。

课堂讨论：

①例 4-17 与例 4-8 的账务处理完全一致吗？

②这里的暂估入账为什么不考虑材料成本差异？

(4)材料短缺和毁损的处理。材料验收入库时发现的短缺与损耗，其账务处理与按实际成本计价的核算大致相同。对于运输途中的合理损耗，应计入材料的实际成本；对于应由供应单位、外部运输机构或有关责任人负责赔偿的材料短缺与损耗，应按照材料的实际成本及负担的增值税，借记“应付账款”、“其他应收款”等账户，贷记“材料采购”、“应交税费——应交增值税”账户；尚待查明原因和需要报经批准才能核销的损失，先记入“待处理财产损溢”账户，查明原因报经批准后再作处理。

当企业外购材料较多时，为简化日常核算，外购材料计划成本和成本差异的结转也可放在月终进行。月份终了，财会部门根据仓库转来的收料凭证，将其中已经付款的，或已开出并承兑的商业汇票部分，按计划成本和实际成本分别汇总，按汇总的计划成本借记“原材料”账户，贷记“材料采购”账户；同时结转实际成本与计划成本的差异额。若实际成本大于计划成本(超支差)，则借记“材料成本差异”账户，贷记“材料采购”账户；若实际成本小于计划成本(节约差)，则借记“材料采购”账户，贷记“材料成本差异”账户。

2. 自制材料和废料入库。企业收到自制材料和废料，应按计划成本借记“原材料”账户，按其实际成本贷记“生产成本”账户，同时结转材料成本差异。

3. 发出材料。为了简化日常核算工作，企业可于月终编制“发料凭证汇总表”，据以进行发出材料的总分类核算。在按计划成本计价的方式下，原材料发出的总分类核算包括以下两方面内容：

(1)结转发出材料的计划成本。根据“材料发出汇总表”中材料的计划成本，按发出材料的用途进行分配。

(2)结转本月发出材料应分配的成本差异额。发出材料的成本差异额，是根据发出材料的计划成本和材料成本差异率计算确定的，分配的去向与材料计划成本的去向一致。企业材料应分配成本差异的账务处理为：超支差异的，借记有关账户，贷记“材料成本差异”账户；节约差异的，借记“材料成本差异”账户，贷记有关账户。

【例 4-18】 兴业公司各部门本月领用甲材料如下：基本生产车间制造产品领用 256 000 元，辅助生产车间领用 38 600 元，车间管理部门领用 12 000 元，企业管理部门领用乙材料 8 000 元，材料成本差异率为－1%。账务处理为：

分录	借方	贷方
(1)借：生产成本——基本生产成本	256 000	
——辅助生产成本	38 600	
制造费用	12 000	
管理费用	8 000	
贷：原材料——甲材料		306 600
——乙材料		8 000
(2)借：材料成本差异——原材料	3 146	
贷：生产成本——基本生产成本		2 560
——辅助生产成本		386
制造费用		120

管理费用　　80

(三)材料的明细分类核算

采用计划成本计价核算材料,应对库存材料、材料采购、材料成本差异率分别进行明细分类核算。

1.库存材料的明细分类核算。在按计划成本计价情况下,库存材料的明细核算与按实际成本计价下材料的明细核算基本相同,由仓库管理人员和财会部门的材料核算员配合进行。可以采用"账卡合一"的明细核算和材料二级分类明细核算,但都必须按计划成本计价反映。在材料明细账登记时,因为用计划价格反映材料的增减变动情况,所以,该账户平时只需登记材料收发的数量,其金额在期末结账时计算登记。其格式见表4-8。

表4-8　　材料明细账

材料类别:原材料　　存放地点:　　材料编号:

材料名称规格:甲材料　　最高储备量:　　最低储备量:

计划单价:5元/公斤

××年		凭证编号	摘　要	收入数量	发出数量	结　存	
月	日					数　量	金　额
5	1					2 000	10 000
	5	略	购入	6 000		8 000	
	10		领用		4 000	4 000	
	20		购入	5 000		9 000	
	25		领用		2 000	7 000	
	31		合 计	11 000	6 000	7 000	35 000

2.材料采购的明细分类核算。材料采购明细核算,是通过"材料采购"明细账来进行的。"材料采购"明细账是用来提供外购材料的实际成本与计划成本的详细核算资料的。一般情况下,材料采购明细账可按材料的类别,如原材料、周转材料等设置,若材料储备量较大,材料费用在产品成本中所占的比重也较大,可按材料类别或品种设置。材料采购明细账的一般格式见表4-9。

材料采购明细账采用横线登记法进行登记,即同一批外购材料的付款和收料业务在同一行中登记。登记的依据是审核后的发票账单和收料单等有关凭证。月终,将已在借方栏和贷方栏登记的材料成本差异结转到"材料成本差异"账户。对于只有借方金额而无贷方金额的,即已付款(或已开出、承兑商业汇票)尚未验收入库的在途材料,应逐笔转入下月物资采购明细账内,以便材料验收入库时进行账务处理。

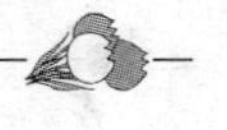

表 4-9

材料采购明细账

明细账户:原材料　　××年 6 月　　单位:元

07 年		记账凭证号数	发票账单	供应单位或采购人员姓名	摘　要	借方(实际成本)				××年		记账凭证号数	收料凭证号数	摘要	贷　方			
月	日					买价	运杂费	其他	合计	月	日				计划成本	成本差异	其他	合计
6	5			济南钢铁厂	A 钢材	26 000			26 000	6	6			入库	25 000	1000		26 000
	10	(略)	(略)	大同钢铁厂	B 钢材	56 000	1 000		57 000	6	15	(略)	(略)	入库	60 000	－3000		57 000
	25			新兴钢铁厂	A 钢材	5 000	200		5 200									
					本月发生额	87 000	1 200		88 200					本月发生额	85 000	－2 000		83 000
					月末余额(在途材料)				5 200									

3. 材料成本差异的明细分类核算。为了计算各种材料成本差异率，反映各种材料实际发生的成本差异，将发出材料的计划成本调整为实际成本，应进行材料成本差异的明细分类核算。材料成本差异明细核算是通过"材料成本差异"账户进行的。材料成本差异明细账与物资采购明细账的设置应该一致，一般也是按材料类别设置。材料成本差异明细账的一般格式见表4-10。

表4-10　　材料成本差异明细账

明细账户：原材料：　　××年6月　　单位：元

××年		凭证号数	摘要	收入			发出			结存		
月	日			计划成本	借方差额（超支）	贷方差额（节约）	差异率（%）	计划成本	成本差异	计划成本	借方差额（超支）	贷方差额（节约）
6	1		期初余额							30 000	390	
	30		购入	85 000		2 000				115 000		1 610
	30		领用				−1.4	80 000	−1 120	35 000		490
			本月合计	85 000		2 000	−1.4	80 000	−1 120	35 000		490

材料成本差异明细账中本月收入和发出材料的计划成本，应分别根据收料凭证汇总表和发料凭证汇总表的有关汇总数字填列；本月收入和本月发出材料的成本差异，应分别根据有关凭证登记，实际成本大于计划成本的差额为超支，记在"借方差额"栏内，实际成本小于计划成本的差额为节约，记在"贷方差额"栏内。

发出材料成本差异率是指材料成本差异与计划成本之间的比率。发出材料的成本差异，应根据发出材料计划成本乘以材料成本差异率计算。超支差异用"＋"表示，节约差异用"－"表示。计算公式为：

$$\text{材料成本差异率}=\frac{\text{月初结存材料成本差异}\pm\text{本月收入材料成本差异}}{\text{月初结存材料计划成本}+\text{本月收入材料计划成本}}\times 100\%$$

发出材料应负担的成本差异＝发出材料的计划成本×材料成本差异率

发出材料的实际成本＝发出材料的计划成本±发出材料应负担的成本差异

结存材料的实际成本＝结存材料的计划成本±结存材料应负担的成本差异

【例4-19】 兴业公司材料成本差异明细账如表4-9所示，月初结存材料的计划成本为30 000元，本月收入材料的计划成本为70 000元；月初结存材料的成本差异为超支差异390元，本月收入材料的实际成本为68 000元；本月发出材料的计划成本为80 000元。则：

$$\text{材料成本差异率}=\frac{390-2\,000}{30\,000+85\,000}\times 100\%=-1.4\%$$

发出材料应分摊的成本差异＝80 000×（－1.4%）＝－1 120（元）

发出材料实际成本＝80 000－1 120＝78 880（元）

发出材料应负担的成本差异，也可以按上月的材料成本差异率计算。一般只有在物价较为稳定，各月材料成本差异变动幅度不大的情况下，才可以按上月材料成本差异率计算结转成本差异。但计算方法一经确定以后，就不得任意改变。

$$上月材料成本差异率=\frac{月初结存材料的成本差异}{月初结存材料的计划成本}\times 100\%$$

提示：

材料按计划成本计价，有利于简化材料核算的计价工作，能比较有效地避免按实际成本计价的不足。但由于材料成本差异一般只能按材料类别计算，所以会影响材料成本计算的准确性，从而影响企业成本费用与损益确定的正确性。这种计价方法适用于材料品种规格多，收发业务频繁，且具备材料计划成本资料的企业。

第三节　周转材料

周转材料是指能够多次使用、逐渐转移其价值但仍然保持原有实物形态且不确认固定资产的材料。包括包装物、低值易耗品，以及小企业（建筑业）的钢模板、木模板、脚手架等。

一、低值易耗品

低值易耗品是指单位价值较低，使用年限较短，不能作为固定资产的各种用具物品，如工具、管理用具、玻璃器皿以及在经营过程中周转使用的包装容器等。低值易耗品从其性质上看属于劳动资料，可以多次参与生产经营活动而不改变其实物形态，但由于其价值较低，且易于损坏，为便于核算和管理，在会计上把它归入存货类，视同存货进行实物管理。低值易耗品的低值与易耗是相对固定资产而言的，即不符合固定资产条件的劳动资料就可以确认为低值易耗品。

（一）低值易耗品的核算特点

1. 具有固定资产相同的特征。低值易耗品属于企业的劳动资料，多次参加生产经营周转而不改变其原有的实物形态，价值随着实物的磨损逐渐地转移到成本、费用中去，存在着价值分摊；并且在使用过程中需要进行维修，报废时有一定的残值等。

2. 具有材料相似的特点。低值易耗品价值较低、使用年限较短、品种多、数量大、容易损坏、收发频繁，不符合固定资产确认条件，其价值的损耗以摊销的方式进行补偿，有的甚至一次摊入成本、费用中，因此，低值易耗品被作为存货进行核算和管理。

企业购入、自制、委托外单位加工完成验收入库，以及清查的低值易耗品的核算，与材料的核算基本相同。可比照原材料的核算方法进行相应的会计处理。

（二）低值易耗品核算的账户设置

为了反映各种低值易耗品的收发和结存情况，应设置“周转材料——低值易耗品”账户进行核算（也可以设置“低值易耗品”账户进行核算）。低值易耗品可以按实际成本或计划成本进行核算。该账户的借方登记验收入库的低值易耗品成本；贷方登记企业领用、摊销以及盘亏的低值易耗品成本；期末余额在借方，反映企业在库低值易耗品的计划成本或实际成本以及在用低值易耗品的摊余价值。该账户应分别“在库”、“在用”和“摊销”进行明细核算。

采用计划成本计价核算的企业，低值易耗品实际成本与计划成本差异的形成及分摊，应设置“材料成本差异——周转材料”账户进行核算。

（三）低值易耗品摊销的账务处理

低值易耗品采购、入库的核算，不论是按实际成本计价，还是按计划成本计价，均与原材料的账务处理基本相同。根据低值易耗品使用的特点，主要介绍低值易耗品摊销的账务处理。

企业领用、发出低值易耗品的价值，可以根据低值易耗品的特点和企业的实际情况，分别采用“一次摊销法”、“分次摊销法”进行摊销。

1. 一次摊销法。它是指在领用低值易耗品时，就将其价值一次全部计入当期的成本费用中去的方法。一次摊销法核算比较简便易行。但低值易耗品的价值虽然一次转为成本费用，而它的实物形态并未随其价值转移而消失。这样势必发生账外资产，不利于实物管理，而且价值一次结转也影响成本费用的均衡性。所以，这种方法适用于一次领用数量不多、价值较低、使用期限较短或者容易破损的低值易耗品的核算。

由于采用一次摊销的方法，会形成一定的账外资产，所以，必须加强在用低值易耗品的实物管理，建立低值易耗的领用、报废、以旧换新、定额管理等制度。

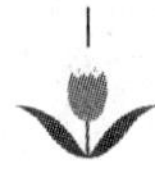

【例 4-20】 兴业公司生产车间领用专用工具一批，实际成本 2 000 元；厂部领用办公用具一批，实际成本 3 000 元。账务处理为：

借：制造费用	2 000	
管理费用	3 000	
贷：周转材料——低值易耗品（在库）		5 000

低值易耗品报废，应按报废低值易耗品的残料价值，借记“原材料——辅助材料”等账户，贷记“制造费用”、“管理费用”等账户。

2. 分次摊销法，也称分期摊销法。它是将领用低值易耗品的价值按使用期限，分月摊入成本、费用的方法。这种摊销方法克服了一次摊销法各期成本费用负担不均衡的缺点，使各期负担的费用较均衡，但核算较繁，因此该方法适用于一次领用数量较大或使用期限较长、单位价值较高的低值易耗品的核算。

领用分次摊销的低值易耗品，应先将低值易耗品账面价值，由“在库”转为“在用”；分次或分期摊销时，借记有关成本费用账户，贷记“周转材料——低值易耗品（摊销）”

账户。低值易耗品报废时，按残料价值减冲相应的成本、费用，并转销全部已摊销额，借记"周转材料——低值易耗品（摊销）"账户，贷记"周转材料——低值易耗品（在用）"账户。

【例 4-21】 兴业公司行政部门领用工具一批，实际成本 24 000 元，预计使用 1 年。使用期满，工具报废，残料入库计价 100 元。账务处理为：

(1)领用时：

借：周转材料——低值易耗品（在用）　　24 000

　贷：周转材料——低值易耗品（在库）　　24 000

(2)当月及以后各月摊销时：

借：管理费用　　(24 000÷12)2 000

　贷：周转材料——低值易耗品（摊销）　　2 000

(3)报废时，按回收残料价值：

借：原材料——辅助材料　　100

　贷：管理费用　　100

(4)结转全部摊销额：

借：周转材料——低值易耗品（摊销）　　24 000

　贷：周转材料——低值易耗品（在用）　　24 000

低值易耗品采用计划成本进行日常核算的，领用的低值易耗品，还应在领用月份结转应分摊的成本差异。

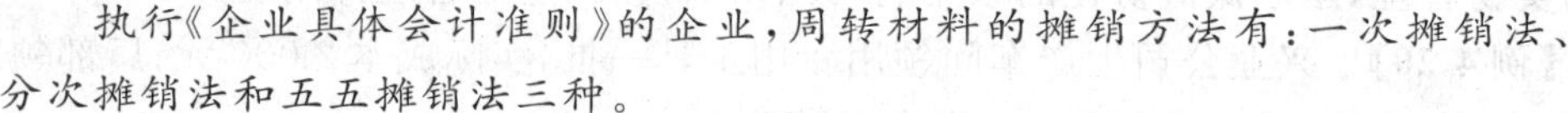

相关链接：

执行《企业具体会计准则》的企业，周转材料的摊销方法有：一次摊销法、分次摊销法和五五摊销法三种。

五五摊销法。它是指在低值易耗品领用时，摊销其价值的50%，报废时再摊销剩余的50%的方法。

二、包装物

（一）包装物的核算内容

包装物是指企业在生产经营活动中为包装本企业商品而储备的各种包装容器，如桶、箱、瓶、坛、袋、匣等。具体包括：

(1)生产过程中用于包装产品作为产品组成部分的包装物；

(2)随同商品出售而不单独计价的包装物；

(3)随同商品出售而单独计价的包装物；

(4)出租给购货单位的包装物；

(5)出借给购货单位的包装物。

企业各种包装材料，如纸、绳、铁丝、铁皮等，应在“原材料——辅助材料”账户核算；用于储存和保管商品、材料而不对外出售的包装物，应按其确认的条件，分别作为“固定资产”或“低值易耗品”进行管理和核算；单独列作企业商品产品的自制包装物，应作为库存商品进行核算。

(二)包装物核算的账户设置

为了反映各种包装物的收发和结存情况，应设置“周转材料——包装物”账户进行核算(也可以设置“包装物”账户进行核算)。包装物可以按实际成本计价或计划成本计价进行核算。该账户借方登记验收入库包装物的成本；贷方登记企业领用、摊销、对外销售减少的包装物的成本；期末余额在借方，反映在库包装物的计划成本或实际成本以及在用包装物的摊余价值。该账户应分别“在库”、“在用”、“摊销”进行明细核算。

包装物收入的核算，同原材料收入的核算基本相同，包装物发出的核算，按其使用情况分别处理。

(三)生产领用和随同商品出售包装物的账务处理

1.生产领用包装物。企业生产过程中领用的用于包装本企业产品并构成产品组成部分的包装物，应根据领用包装物的实际成本或计划成本，借记“生产成本”等账户，贷记“周转材料——包装物”账户。

【例 4-22】 兴业公司生产车间为包装产品领用包装物一批，实际成本 2 800 元。应作如下账务处理：

借：生产成本——基本生产成本　　2 800

　贷：周转材料——包装物(在库)　　2 800

2.随同商品出售但不单独计价的包装物。随同商品出售但不单独计价的包装物，其不计价收费的实质是为了推销和扩大其商品产品的销售，提升销售服务质量，因此，包装物成本作为企业的销售费用处理，计入“销售费用”账户，即结转发出包装物成本时，借记“销售费用”账户，贷记“周转材料——包装物”账户。

【例 4-23】 兴业公司在商品销售过程中领用不单独计价的包装物一批，实际成本 2 500 元，账务处理为：

借：销售费用　　2 500

　贷：周转材料——包装物(在库)　　2 500

3.随同产品出售并单独计价的包装物。包装物随同商品出售并单独计价，其账务处理与出售材料相同。出售包装物取得的收入记入“其他业务收入”账户，出售包装物的成本记入“其他业务成本”账户。

【例 4-24】 兴业公司在商品销售过程中领用包装物一批，实际成本 2 100 元，该批包装物随同商品出售，单独计算售价为 2 800 元，应收取的增值税额 476 元，款项已收到。账务处理为：

(1)取得出售包装物收入时：

借:银行存款　　3 276

　贷:其他业务收入　　2 800

　　应交税费—— 应交增值税(销项税额)　　476

(2)结转出售包装物成本时：

借:其他业务成本　　2 100

　贷:周转材料——包装物(在库)　　2 100

(四)周转包装物的账务处理

企业周转使用的包装物，一般是指出租或出借方式向客户提供必要的配套服务或提供给外单位使用的包装物。周转的包装物存在价值分摊问题。

1.出租包装物的账务处理。出租包装物账务处理主要包括收取租金、成本分摊和收取押金三个方面。

企业出租包装物的租金，应按照应计制原则加以确认和收取，并将其列为营业外收入。企业确认或收到租金时，借记“银行存款”、“其他应收款”等账户，贷记“营业外收入”账户，并按规定计算确定增值税的销项税额，借记“应收税费——应交增值税(销项税额)”账户。

企业出租包装物。应按照一定标准收取押金，企业收到押金时，借记“库存现金”、“银行存款”等账户，贷记“其他应付款”账户。退回押金作相反的账务处理。对于逾期未退包装物，按没收押金，借记“其他应付款”账户，按应交的增值税，贷记“应交税费——应交增值税(销项税额)”账户，按其差额，贷记“营业外收入”账户。

出租包装物的成本，应按照周转材料的摊销方法，即一次摊销法或分次摊销法进行分摊，其分摊的价值列为营业外支出。采用一次摊销法时，按出租包装物的实际成本，借记“营业外支出”账户，贷记“周转材料——包装物”账户。采用分次摊销法的，应先借记“周转材料——包装物(在用)”账户，贷记“周转材料——包装物(在库)”账户，然后再按使用情况分次摊销，借记“营业外支出”账户，贷记“周转材料——包装物(摊销)”账户。摊销完毕包装物收回报废后借记“周转材料——包装物(摊销)”账户，贷记“周转材料——包装物(在用)”账户。

出租包装物不能使用而报废时，收回残料，应作价入账，冲销“营业外支出”。借记“原材料”等账户，贷记“营业外支出”等账户。

【例 4-25】 兴业公司在销售过程中，租给购货单位新包装物一批，实际成本 2 000 元，收取押金 2 500 元和租金 585 元(其中增值税 85 元)收存银行。租期 1 个月，期满未能收回包装物，没收押金。该项包装物采用一次摊销法。有关账务处理为：

(1) 出租包装物时：

借:营业外支出　　2 000

贷:周转材料——包装物(在库) 2 000

(2)收到押金和租金存入银行时:

借:银行存款 3 085

贷:其他应付款——存入保证金 2 500

营业外收入 500

应交税费——应交增值税(销项税额) 85

(3)逾期不能收回包装物,没收押金时:

借:其他应付款——存入保证金 2 500

贷:营业外收入 [2 500÷(1+17%)] 2 136.75

应交税费——应交增值税(销项税额) 363.25

2.出借包装物的账务处理。出借包装物是企业因销售产品,以出借的形式无偿提供给购货单位的包装物。企业出借包装物的账务处理与出租包装物的账务处理大体相同,所不同的是,出借不会取得收入。出借包装物成本摊销及相关费用应直接列为销售费用。

【例 4-26】 兴业公司发出包装物一批,出借给购货单位使用,包装物的实际成本8000元,包装物分4次分摊,该包装物报废时收回残值100元入库。公司的账务处理为:

(1)出借包装物,结转成本:

借:周转材料——包装物(在用) 8 000

贷:周转材料——包装物(在库) 8 000

(2)每次摊销时:

借:销售费用 2 000

贷:周转材料——包装物(摊销) 2 000

(3)4次摊销后,这批包装物成本已全部摊销,冲减包装物账面价值:

借:周转材料——包装物(摊销) 8 000

贷:周转材料——包装物(在用) 8 000

(4)收回残料验收入库,作价100元:

借:原材料——辅助材料 100

贷:销售费用 100

如果企业的包装物采用计划成本计价进行核算,其核算方法同原材料按计划成本计价核算基本相同。

提示：

根据《小企业会计准则》规定，小企业的包装物、低值易耗品，也可以单独设置“1412 包装物”、“1413 低值易耗品”科目。

对于周转材料，采用一次摊销法进行会计处理；在领用时按其成本计入生产成本或当期损益；金额较大的周转材料，也可以采用分次摊销法进行会计处理。

出租或出借周转材料，不需要结转其成本，但应当进行备查登记。

第四节　自制半成品和库存商品

一、自制半成品的核算

自制半成品是指企业部分完工的产品；是经过一定生产过程并已检验合格交付半成品仓库，但尚未制造完成为商品产品，仍需继续加工的中间产品。自制半成品是企业介于在产品和产成品之间的一种存货，它也可以继续加工成为产成品，也可以作为商品直接对外销售。

由于企业生产过程的特点不同，因而对自制半成品的管理也有所不同，有的半成品从一个生产车间加工完成后，直接转移给另一个车间继续进行加工，不需送交半成品仓库。有的半成品在完成了某一生产过程后，经检验合格交入半成品仓库，留待下一生产车间(工序)需要时再领用。在会计核算上，对于这两种不同情况的自制半成品有不同的核算方法，前一种情况的自制半成品，在会计上视为在产品，在“生产成本”账户核算，不需要单独核算；后一种情况的自制半成品，即验收入库的自制半成品，一般应设置“生产成本——自制半成品”账户进行核算。

企业外购的半成品，应作为原材料处理，不属于自制半成品范畴；加工完成，准备出售的自制半成品也不属于自制半成品，应列为库存商品。

(一)自制半成品核算的账户设置

为了核算自制半成品的实际成本，企业应设置“生产成本——自制半成品”账户进行核算。该账户借方登记验收入库自制半成品的实际成本，贷方登记领用、发出和对外销售的自制半成品的实际成本，期末借方余额表示库存自制半成品的实际成本。该账户应按类别或品种设置明细账，进行明细分类核算。

(二)自制半成品的账务处理

1. 对于完成一定生产过程并验收入库的自制半成品，应按其实际成本，借记“生产成本——自制半成品”账户，贷记“生产成本”账户。

【例 4-27】 兴业公司本月已经生产完成自制半成品一批，实际成本 35 800，已检验合格入库。

借：生产成本——自制半成品(库存半成品)　35 800

　贷：生产成本——基本生产成本　35 800

2. 从仓库领用自制半成品继续加工，按其实际成本，借记"生产成本"账户，贷记"生产成本——自制半成品"账户。

【例4-28】 兴业公司本月领用自制半成品一批，实际成本30 000元，用于继续加工。

借：生产成本——基本生产成本　30 000

　贷：生产成本——自制半成品(库存半成品)　30 000

3. 委托外单位加工的自制半成品，应设置"生产成本——自制半成品(委托加工半成品)"账户进行明细核算。

【例4-29】 兴业公司发出一批半成品，实际成本为50 000元，委托外单位加工。

借：生产成本——自制半成品(委托加工半成品)　50 000

　贷：生产成本——自制半成品(库存半成品)　50 000

二、库存商品的核算

(一)库存商品的核算内容

库存商品是指企业库存的各种商品。它包括库存产成品、外购商品、存放在门市部准备出售的商品、发出展览的商品及寄存在外的商品等。

(二)工业企业库存商品的核算

1. 工业企业库存商品的核算内容。工业企业库存商品主要是库存产成品，产成品是指企业已经完成全部生产过程并已验收入库合乎标准规格和技术条件，可以按照合同规定的条件送交订货单位，或者可以作为商品对外销售的产品。

企业接受来料加工制造的代制品和为外单位加工修理的代修品，在制造和修理完成验收入库后，也视同企业的产成品；准备出售的自制半成品，应列为产成品；可以降价出售的不合格品，也作为产成品核算，但应当与合格商品分开记账。

已经完成销售手续，但购买单位在月末未提取的库存商品，应作为代管商品处理，单独设置代管商品备查簿，不再在本账户核算。

2. 工业企业库存商品的计价方法。工业企业的库存商品一般应按实际成本计价。库存商品收入和发出，平时只登记数量不登记金额；月度终了，企业生产完工验收入库的产成品按成本计算单中确定的实际成本计价入账；代外单位制造、修理完工入库的代制品、代修品，应按代制、代修过程中实际发生的加工成本入账，但不包括代制品的原材料价值和代修品的原价值。对发出和销售的库存商品，可以采用先进先出法、加权平均法、移动平均法或者个别计价法等方法确定其实际成本，其计算方法与存货发出计价相同。

3. 库存商品收发的核算。为了反映企业库存商品的收入、发出和结存情况，企业应设置“库存商品——产成品”账户，该账户的借方登记验收入库产成品的实际成本，以及盘盈产成品的实际成本；贷方登记发出产成品的实际成本，以及盘亏、毁损产成品的实际成本。期末借方余额表示期末产成品的实际成本。企业库存商品应按品种、规格设置明细账，进行明细分类核算。

(1)产成品入库的账务处理。产成品生产完工经检验合格后，应由生产车间按照交库数量，填写“产成品入库单”交仓库点收数量并登记明细账。月终，根据产成品入库单和成本计算资料编制“产成品入库汇总表”，并据以借记“库存商品——产成品”账户，贷记“生产成本”账户。

【例 4-30】 兴业公司月终根据产成品入库单及产品成本计算单，当月甲产品 400 件完工并验收入库，单位成本为 100 元；乙产品 450 件完工并验收入库，单位成本 120 元。

借：库存商品——产成品(甲产品)　　40 000
　　　　　　——产成品(乙产品)　　54 000
　贷：生产成本——基本生产成本　　94 000

(2)库存商品发出的账务处理。采用委托代销方式销售的产成品，在商品发给受托代销单位时，借记“发出商品”账户，贷记“库存商品”账户。实现销售月份，结转销售产品成本时，借记“主营业务成本”账户，贷记“发出商品”账户。

采用其他方式销售的产成品，月份终了，结转当月销售产品成本时，借记“主营业务成本”账户，贷记“库存商品”账户。

【例 4-31】 兴业公司本月向外单位销售甲产品 10 万件，单位成本 9.8 元，同时，采用委托代销方式销售乙产品 2 000 件，单位成本 10 元，结转销售产品成本。

(1)借：主营业务成本　　980 000
　　贷：库存商品——产成品(甲产品)　　980 000
(2)借：主营业务成本　　20 000
　　贷：发出商品——××××(乙产品)　　20 000

4.库存商品的明细分类核算。企业应按产成品的品种和规格设置产成品明细账，反映各种产成品实物的收发结存的数量以及成本的增减变动情况，既提供数量指标，又提供价值指标。

为了简化核算工作，企业可以只在仓库设置一套既有数量又有金额的产成品明细分类账，由仓库保管人员根据产成品的收发凭证登记数量，会计人员定期到仓库进行稽核，同时根据产成品收发凭证，登记金额。在实际工作中，产成品明细分类账在平时只登记数量不登记金额，月末再根据成本计算资料核算登记入库产成品的单位成本和金额，并计算发出和结存产成品的单位成本和金额。

(三)商品流通企业库存商品的核算

1.商品流通企业库存商品的核算内容。商品流通企业的库存商品主要是指外购或委托加工完成验收入库用于销售的各种商品。具体包括库存的外购商品、自制商品产品、存放在门市部准备出售的商品、发出展览的商品以及寄存在外的商品等。

2.商品流通企业库存商品的计价。

(1)商品流通企业的库存商品一般为外购,应按照商品采购成本计价入账。商品采购成本包括购买价、应负担的相关税费等。

(2)进货费用的内容和处理方法。商品采购过程中发生的进货费用包括采购过程中发生的运输费、装卸费、保险费、包装费、仓储费、运输途中的合理损耗、入库前的整理挑选费用等,在发生时直接计入"销售费用"账户。

3.商品流通企业库存商品的核算。商品流通企业库存商品核算的方法有两种:进价金额核算法和售价金额核算法。

进价金额核算方法,是指按商品品名、规格同时用数量和进价金额反映其收、发、存情况的一种核算方法,商品按进价金额核算的方法,主要用于商品批发企业库存商品的核算。售价金额核算法,也称售价金额核算制,是指对库存商品按售价和实物负责人进行核算和监督的一种核算方法和管理制度。主要用于商品零售企业库存商品的核算。

由于进价金额核算方法与原材料按实际成本计价的收发核算基本相同。所以主要介绍售价金额法核算。在售价金额核算法下,应设置"在途物资"、"库存商品"和"商品进销差价"账户进行核算。

1."在途物资"账户,该账户与存货按实际成本计价核算基本相同。

2."库存商品"账户,该账户用来核算库存商品按售价反映的收入、发出和结存情况。借方登记按售价反映的库存商品的增加,贷方登记按售价反映的库存商品的减少,借方余额反映期末库存商品的售价。这里的售价是指商品的含税零售价。在售价金额法下,"库存商品"按商品种类、名称、规格和存放地点(柜组)等设置明细账,按售价核算。

3."商品进销差价"账户,该账户用来核算采用售价进行日常核算的商品售价与进价之间的差额。贷方登记入库商品售价大于进价的差额;借方登记分摊已销商品的进销差价和因商品发出加工、出租、发生损失等减少的进销差价;期末贷方余额反映尚未摊销的商品的进销差价。"商品进销差价"账户是用来调整"库存商品"账户的。"库存商品"账户期末借方余额减去"商品进销差价"账户期末贷方余额的差额,就是期末库存商品的实际成本(进价)。该账户应按商品种类、品种和规格等进行明细分类核算。

(1)商品收入的账务处理。商品流通企业因外购、委托加工等方式取得的库存商品,应在验收入库时,借记"库存商品"账户,贷记有关账户。已经外购的商品,尚未验收入库,应通过"在途物资"账户核算。

【例 4-32】 某零售商店从大成批发公司购入商品一批,专用发票列明商品价款 20 万元,增值税 34 000 元,应付运杂费 1 000 元,已用银行存款支付,商品尚未收到。账务处理为：

借：在途物资——大成批发公司　　200 000

　销售费用　　930

　应交税费——应交增值税（进项税额）　　34 070

　贷：应付票据——大成公司　　235 000

【例 4-33】 上述向大成批发公司购入的商品已验收入库，售价为 230 000 元。账务处理为：

借：库存商品——家用电器　　230 000

　贷：在途物资——大成批发公司　　200 000

　　商品进销差价　　30 000

（2）商品发出的账务处理。零售企业商品发出业务主要是销售，销售商品的账务处理包括三个方面的内容：一是按商品售价反映主营业务收入和销货款的收取情况；二是按已销商品的售价结转主营业务成本并注销库存商品；三是月末采用一定的方法计算已销商品的进销差价，并将按售价结转的主营业务成本调整为进价成本。计算本月已销商品进销差价的计算公式如下：

$$进销差价率=\frac{月末分摊前商品进销差价账户余额}{“库存商品”账户月末借方余额+本月“主营业务收入”账户贷方发生额}\times 100\%$$

本月销售商品应分摊的商品进销差价＝本月“主营业务收入”账户贷方发生额×商品进销差价率

【例 4-34】 某商业大厦 10 日销售各种商品，货款为 30 万元，增值税 51 000 元，款项已于当日送存银行。账务处理为：

（1）销售商品取得收入时：

借：银行存款　　351 000

　贷：主营业务收入　　300 000

　　应交税费——应交增值税（销项税额）　　51 000

（2）按售价结转销售成本时：

借：主营业务成本　　300 000

　贷：库存商品　　300 000

【例 4-35】 某零售商店月末有关账户资料为：“商品进销差价”账户月末结转前余额为 14 万元；“库存商品”账户月末余额为 32 万元；“主营业务收入”账户本月贷方发生额为 48 万元。月末，结转已销商品进销差价的账务处理为：

进销差价率＝140 000÷（320 000＋480 000）×100％＝17.5％

本月已销商品应分摊的进销差价＝480 000×17.5％＝84 000（元）

借：商品进销差价　　84 000

　贷：主营业务成本　　84 000

提示：

根据《小企业会计准则》规定，小企业的商品进销差价率各月之间比较均衡的，也可以采用上月商品进销差价率计算分摊本月的商品经销差价。年度终了，应对商品进销差价进行复核调整。

第五节　委托加工物资

一、委托加工物资的概述

企业为满足生产活动的需要，往往还会将原有的材料物资进行再加工或改制。对原材料的再加工或改制的途径一般有两种：一是由企业内部有关部门加工改制；二是委托外单位改制。委托加工物资就是将一些物资，如材料、半成品等委托外单位进行加工，制造成具有另一种性能和用途的存货。此存货既可以作为产品出售，也可以作为原材料继续生产，还可以自用。

委托加工物资一般要经过材料物资发出—加工改制—完成入库这一过程，委托加工物资发出时虽然存放在外单位，但其所有权属委托企业，而且在其加工过程中要消耗原材料，发生各种费用支出等，所以，加工收回的委托加工物资，不仅实物形态、性能会发生变化，价值相应也会增加。企业进行委托加工物资的核算就是要正确反映和监督委托加工材料的发出、加工费用的发生、加工完工以后的验收入库等，以保证加工物资的安全完整和成本计算的准确。

企业委托外单位的加工物资应按照实际成本计价核算，其实际成本包括以下几个方面：

(1)实际耗用发出加工材料、半成品或商品的实际成本。

(2)支付的加工费及往返运杂费。

(3)支付的有关税金(包括应由委托加工物资成本负担的增值税和消费税)。

二、委托加工物资核算的账户设置

为了核算企业委托外单位加工的各种材料物资的实际成本，应设置“委托加工物资”账户进行核算。该账户借方登记发出加工物资的实际成本、支付的加工费、应负担的运杂费和应计入委托加工物资成本的税费等；贷方登记加工完成收回物资和退回剩余物资的实际成本；期末借方余额，反映企业委托外单位加工但尚未完成的物资的实际成本。

企业应按加工合同、委托加工单位以及品种设置“委托加工物资”明细账进行明细核算。该明细账应反映加工单位名称、加工合同号数、发出加工物资的名称和数量、发生的加工费和运杂费、加工完成物资的实际成本及退回剩余物资的数量、实际成本等资料。

三、委托加工物资的账务处理

委托加工物资的账务处理包括以下五个环节。

(一)发出委托加工物资

企业发出委托外单位加工的物资时,应按发出材料物资的实际成本,借记“委托加工物资”账户,贷记“原材料”、“库存商品”等账户,如果发出的材料物资是采用计划成本核算的,同时还应结转发出材料物资的成本差异。

(二)支付加工费和往返运杂费

企业支付加工费用、往返运杂费等,应计入委托加工物资成本。借记“委托加工物资”等账户,贷记“银行存款”、“应付账款”等账户。

(三)支付应负担的增值税

企业支付的增值税,应视不同情况进行处理:

第一,凡属加工物资用于应缴增值税项目并取得增值税专用发票的一般纳税人,支付的增值税不计入加工物资的成本,而作为进项税额处理。支付时,借记“应交税费——应交增值税(进项税额)”账户,贷记“银行存款”、“应付账款”等账户。

第二,凡属加工物资用于非应纳增值税项目或免征增值税项目的,以及未取得增值税专用发票的一般纳税人或小规模纳税人的加工物资,应将支付的增值税计入加工物资的成本。支付时,借记“委托加工物资”账户,贷记“银行存款”、“应付账款”等账户。

(四)应缴纳的消费税

如果企业委托加工物资属于应纳消费税的应税消费品,应由受托方向企业交货时代收代缴消费税。企业缴纳的消费税,应区别不同情况处理:

第一,委托加工物资收回后用于连续生产应税消费品的,所纳税款按规定准予抵扣,企业应按受托方代收代缴的税款,借记“应交税费——应交消费税”账户,贷记“银行存款”、“应付账款”等账户。

第二,委托加工物资收回后直接销售的,应将受托方代收代缴的消费税,计入委托加工物资的成本,借记“委托加工物资”账户,贷记“银行存款”、“应付账款”等账户。

(五)加工完成收回加工物资和退回剩余物资

委托加工物资加工完毕收回后,应按加工收回物资的实际成本,借记“原材料”、“库存商品”等账户,贷记“委托加工物资”账户。如果有剩余物资退回,还应按退回剩余物资的实际成本,借记“原材料”账户,贷记“委托加工物资”账户。

如果企业按计划成本计价进行材料物资的核算,还应按实际成本与计划成本的差异额,结转材料成本差异。

【例 4-36】 兴业公司发出甲材料一批，委托深发公司加工成 H 材料（属于应税消费品）。甲材料的实际成本为 40 万元，以银行存款支付的加工费 35 000 元（不含增值税）、运杂费 500 元和代扣代缴的消费税为 48 333 元，增值税税率为 17%，H 材料加工完成收回后继续用于生产应税消费品。公司的账务处理为：

(1)发出委托加工材料时：

借：委托加工物资——深发公司　　400 000

　贷：原材料——原料及主要材料（甲材料）　　400 000

(2)支付加工费和运杂费时：

借：委托加工物资——深发公司　　(35000＋500) 35 500

　应交税费——应交增值税（进项税额）　　(35000×17%)5 950

　应交税费——应交消费税　　48 333

　贷：银行存款　　89 783

(3)加工完成收回委托加工原材料时：

借：原材料——原料及主要材料（H 材料）　　(400 000＋35 500) 435 500

　贷：委托加工物资——深发公司　　435 500

提示：

假如 H 材料加工完成收回后直接用于销售，则应作如下会计分录：

(1)借：委托加工物资——深发公司　　83 833

　　应交税费——应交增值税（进项税额）　　5 950

　贷：银行存款　　89 783

(2)借：原材料——原料及主要材料（H 材料）　　483 833

　贷：委托加工物资——深发公司　　483 833

第六节　消耗性生物资产

生物资产是指有生命的动物和植物，分为消耗性生物资产、生产性生物资产和公益性生物资产。消耗性生物资产，是指为出售而持有的、或在将来收获为农产品的一类生物资产，包括小企业（农、林、牧、渔业）生长中的大田作物、蔬菜、用材林以及存栏待售的牲畜等。一般来说，消耗性生物资产通常是一次性消耗并终止其服务能力或未来经济利益，因此在一定程度上具有存货的特征，所以应作为存货进行核算。

一、消耗性生物资产的初始计量

自行栽培、营造、繁殖或养殖的消耗性生物资产的成本，应当按下列规定确定：

1. 自行栽培的大田作物和蔬菜后的成本，包括在收获前耗用的种子、肥料、农药等材料费、人工费和应分摊的间接费用等必要支出。

2. 自行营造的林木类消耗性生物资产的成本，包括郁闭前发生的造林费、抚育费、营林设施费、良种试验费、调查设计费和应分摊的间接费用等必要支出。

3. 自行繁殖的育肥畜的成本，包括出售前发生的饲料费、人工费和应分摊的间接费用等必要支出。

4. 水产养殖的动物和植物的成本，包括在出售或入库前耗用的苗种、饲料、肥料等材料费、人工费和应分摊的间接费用等必要支出。

二、消耗性生物资产的账务处理

小企业应设置"消耗性生物资产"账户，核算小企业（农、林、牧、渔业）持有的消耗性生物资产的实际成本。该账户借方登记应计入消耗性生物资产成本的金额，贷方登记消耗性生物资产转出的实际成本。期末借方余额，反映小企业（农、林、牧、渔业）消耗性生物资产的实际成本。该账户可以按照消耗性生物资产的种类、群别等进行明细核算。

（一）消耗性生物资产取得

1. 外购消耗性生物资产。外购消耗性生物资产的成本，包括购买价款、相关税费、运输费、保险费以及可直接归属于购买该资产的其他支出。企业外购的消耗性生物资产，按应计入消耗性生物资产成本的金额，借记"消耗性生物资产"账户，贷记"银行存款"、"应付账款"、"应付票据"等账户。

【例 4-37】 源源林业公司一次性购买 2 000 株幼苗，支付的价款共计 80 000 元，同时，发生的运输费为 1 000 元，保险费为 500 元，装卸费为 800 元，款项全部以银行存款支付。公司账务处理为：

借：消耗性生物资产——绿化苗木 82 300

　贷：银行存款 82 300

2. 自行栽培、营造、繁殖或养殖的消耗性生物资产。这类方式取得的消耗性生物资产，主要应区别两种情况处理：

①自行栽培的大田作物和蔬菜，应按照收获前发生的必要支出；自行营造的林木类消耗性生物资产，应按照郁闭前发生的必要支出；自行繁殖的育肥畜、水产养殖的动植物，应按照出售前发生的必要支出，均计入"消耗性生物资产"账户。

②林木类消耗性生物资产成本的确定通常存在一些特殊问题，这类消耗性生物资产郁闭前的相关支出应予资本化，郁闭后的相关支出计入当期费用。

【例 4-38】 源源林业公司对某用材林择伐地进行更新造林，郁闭前领用材料 50 000元，应支付临时人员工资 25 000 元，郁闭后发生了管护费用 12 000 元，并以银行存款支付。公司账务处理为：

借:消耗性生物资产——用材林　　75 000
　贷:应付职工薪酬　　25 000
　　原材料　　50 000
借:管理费用　　12 000
　贷:银行存款　　12 000

【例 4-39】 源源林业公司某月使用一台拖拉机翻耕土地,200 公顷用于玉米的种植,该拖拉机原值为 83 000 元,预计净残值为 3 000 元,按照工作量法计提折旧,预计可以翻耕土地 10 000 公顷。公司账务处理为:

玉米应当分配的机械作业费即为应计提的拖拉机折旧 =(83 000－3 000)÷10 000×200

=1 600(元)

借:消耗性生物资产——玉米　　1 600
　贷:累计折旧　　1 600

(二)消耗性生物资产收获与处置

1. 消耗性生物资产的收获。消耗性生物资产的收获,是指消耗性生物资产生长过程的结束,如收割小麦、采伐用材林等。对于消耗性生物资产,应当在收获或出售时,借记"银行存款"等账户,贷记"主营业务收入"等账户,并按照其账面价值结转成本。

(1)对于需要通过入库销售的农产品,小企业应当在收获时将消耗性生物资产的账面价值结转为农产品成本,借记"农产品"账户,贷记"消耗性生物资产"账户。

(2)对于不通过入库直接销售的产品,应在出售时按实际成本,借记"主营业务成本"账户,贷记"消耗性生物资产"账户,并按照实际收到的金额记账。

【例 4-40】 新光农场种植了 200 公顷的小麦,收获后,入库小麦成本为 75 000 元。公司账务处理为:

借:农产品——小麦　　75 000
　贷:消耗性生物资产——小麦　　75 000

消耗性生物资产转换为生产性生物资产,如育肥畜转为产畜或役畜的,应按照其账面余额,借记"生产性生物资产"账户,贷记"消耗性生物资产"账户。

【例 4-41】 大宏牛场养了一批黑白花牛,作为肉牛,账面价值为 500 000 元,饲养几个月后部分黑白花牛作为种牛,公司账务处理为:

借:生产性生物资产　　500 000
　　贷:消耗性生物资产　　500 000

2. 消耗性生物资产的处置。消耗性生物资产出售时,应按实收金额,借记"银行存款"等账户,贷记"主营业务收入"等账户;应按其账面余额,借记"主营业务成本"等账户,贷记"消耗性生物资产"账户。

【例 4-42】 昌盛养猪场将育成的 200 头仔猪出售给某肉类加工厂,价款总额为

180 000元，货款已收到。出售时仔猪的账面余额为120 000元。公司账务处理为：

借：银行存款　　180 000

　贷：主营业务收入　　180 000

借：主营业务成本　　120 000

　贷：消耗性生物资产　　120 000

提示：

根据《小企业会计准则》规定，小企业（农、林、牧、渔业）可将“库存商品”科目改为“1405 农产品”科目。

第七节　存货清查

存货应当定期盘点，每年至少盘点一次，企业的存货在日常收发、保管过程中，由于计量不准，错登漏记等核算错误，或由于管理不善，发生盗窃私分等失职行为等，都可能发生盘盈、盘亏和毁损现象，从而造成存货账实不符。为了保证各项存货登记的准确性、真实性，保证各项存货的安全完整，加速资金周转，加强资金管理，企业应定期或不定期地对存货进行清查。

一、存货的盘存制度

存货盘存制度，即存货数量的盘存方法。存货的盘存制度有两种方法：一种是永续盘存制，另一种是实地盘存制。

永续盘存制也称账面盘存制，是指通过设置详细的存货明细账，逐笔或逐日地记录存货收入、发出的数量、金额，以随时结出结余存货的数量、金额的一种存货盘存方法。采用这一存货盘存方法时，要求对企业的存货分品种、规格等设置存货明细账，逐笔或逐日地登记存货收入、发出的数量、金额，并结出期末存货的数量和金额。通过会计账簿资料，就可以完整地反映存货的收入、发出和结存情况。

实地盘存制也称定期盘存制，是指会计期末通过对全部存货进行实地盘点，以确定期末存货的数量，然后分别乘以各项存货的盘存单价，计算出期末存货的总金额，记入各有关存货账户，倒轧出本期已耗用或已销售存货成本的一种存货盘存方法。采用这种方法，平时对有关存货账户只记借方，不记贷方，每一会计期末，通过实地盘点确定存货数量，据以计算期末存货成本，然后计算出当期耗用或销售成本，记入有关存货账户的贷方。由于采用“以存计耗”和“以存计销”倒挤出发出成本，可能使存货非正常损失、差错等原因所引起的短缺，全部挤入耗用或销货成本中，容易掩盖存货管理中存在的问题。

二、存货实物的清查方法

存货实物的清查方法主要有实地盘点法、技术测量法和估算法。实地盘点法就是通过点数、过磅、测量、计算等方法点清存货的数量，并鉴定其质量。对于大堆、廉价和笨重的物资，可以采用技术测量法或估算法确定其实存数量，并与账面记录相核对，从而确定存货实有数与账存数是否相符。

在存货清查过程中，企业应认真做好清查记录，并将清查结果逐项登记在“存货盘点报告表”中。注明盘盈盘亏的真实原因，并总结存货管理的经验和存在的问题，提出处理意见，同时上报审批，存货盘点报告表应由清查人员和仓库保管人员签章。

三、存货清查结果的账务处理

存货清查结果的账务处理分两个步骤：

第一步，在报请有关部门处理前，根据“存货盘点报告表”，将盘盈、盘亏和毁损的存货先记入“待处理财产损溢——待处理流动资产损溢”账户，使存货达到账实相符。

第二步，报请有关部门批准后，根据存货盘盈、盘亏和毁损的不同原因和处理结果，将待处理的财产损溢分别进行转销，以落实经济责任。

为了核算企业在财产清查中所查出各种财产物资的盘盈、盘亏和毁损情况，应设置“待处理财产损溢”账户进行核算。该账户借方登记各种财产物资的盘亏金额和批准转销的盘盈金额，贷方登记发生的各种财产物资的盘盈金额和批准转销的盘亏金额。企业的财产损溢，应查明原因，在期末结账前处理完毕，处理后该账户应无余额。“待处理财产损溢”账户下应设置“待处理固定资产损溢”和“待处理流动资产损溢”两个明细账户。

提示：

根据《小企业会计准则》第十五条，存货发生毁损、处置收入、可收回的责任人赔偿和保险赔款，扣除其成本、相关税费后的净额，应当计入营业外支出或营业外收入。

盘盈存货实现的收益应当计入营业外收入。

盘亏存货发生的损失应当计入营业外支出。

1. 存货盘盈的账务处理。企业存货发生盘盈实现的收益，审批后作为营业外收入处理。

【例 4-43】 年末，兴业公司对原材料进行盘点，发现盘盈甲种材料 500 公斤，实际单位成本 1.20 元。经查属于材料收发计量方面的错误。公司的账务处理为：

(1) 批准处理前：

借：原材料——原料及主要材料（甲材料）　600

　贷：待处理财产损溢——待处理流动资产损溢　600

(2) 批准处理后：

借：待处理财产损溢——待处理流动资产损溢　600

　贷：营业外收入　600

2. 存货盘亏和毁损的账务处理。企业存货发生盘亏形成的损失，审批后作为营业外支出处理。

如果存货属于非正常盘亏和毁损，还应按规定税率计算增值税作进项税额转出处理。

【例 4-44】 兴业公司在年末进行存货清查，发现甲材料盘亏 200 公斤，单位实际成本 40 元，乙材料盘亏 1 000 公斤，单位实际成本 20 元；经查甲材料属管理不善毁损，应收过失人赔偿 1 000 元，乙材料属自然灾害损毁，应收保险公司赔偿款 12 000 元。公司应作如下账务处理：

(1)批准处理前：

借：待处理财产损溢——待处理流动资产损溢　32 760

　贷：原材料——原料及主要材料（甲材料）　8 000

　　　　——原料及主要材料（乙材料）　20 000

　　应交税费——应交增值税（进项税额转出）　4 760

(2)批准处理后：盘亏损失扣除过失人、保险公司赔偿后就，全部计入“营业外支出”账户。

借：其他应收款——过失人　1 000

　　　　——保险公司　12 000

　营业外支出　19 760

　贷：待处理财产损溢——待处理流动资产损溢　32 760

如果清查的各种存货的损溢，在期末结账前尚未经批准的，在对外提供财务会计报告时，先按上述规定进行处理，并在会计报表附注中说明；如果其后批准处理的金额与已处理的金额不一致的，调整会计报表相关项目的年初数。

第五章

对外投资

第一节　对外投资概述

投资有广义和狭义之分，广义的投资包括对外的各项权益性投资、债权性投资、房地产投资，还包括对内的存货投资、固定资产投资、无形资产投资等；狭义的投资一般仅指企业对外的权益性投资、债权性投资、房地产投资等。会计核算中的投资，一般是指狭义的投资，即对外投资。对外投资是指企业为通过分配来增加财富，或为谋求其他利益，而将资产让渡给其他单位所获得的另一项资产。

一、对外投资的特点

(一)对外投资的目的性

企业对外投资的目的是为了增加财富，或谋求其他利益。如获取分利、利息或转让价差，控制、影响被投资单位，分散经营风险等。

(二)资产的让渡性

对外投资是通过让渡一项资产而换取另一项资产。企业将所拥有的货币资金、固定资产、存货、无形资产等让渡给其他单位使用，以获取债权投资或股权投资等。

(三)获取收益的间接性

企业除对外投资以外的资产，通常能为企业带来直接的经济利益，如企业出售商品等，可以直接获得利润。企业对外投资同样能给企业带来未来的经济利益，但投资所产生的经济利益在形式上通常是间接的，即通过被投资单位运用企业投入的资产所创造的效益后分配取得，或通过投资改善贸易关系，参与或被投资控制单位的生产经营活动等达到获取利益的目的。

想一想：

公司的下列交易或事项，哪些属于会计核算中的对外投资：

1. 筹资200万元用于扩建厂房、更新机器设置；

2. 从证券市场购买股票，准备随时出售；

3. 以公司结余资金购买三年期国库券；

4. 从银行贷款50万元，用于购买存货，增加商品库存。

二、对外投资的分类

（一）按对外投资的性质分类

对外投资按投资性质不同，可分为权益性投资、债权性投资和混合性投资。

1. 权益性投资是指为了获取另一企业的净资产要求权而进行的投资。如购买普通股股票并准备长期持有、参股、合营、联营等，都属于权益性投资。企业进行权益性投资主要的目的，是为了获得另一企业的控制权、参与权或对其实施重大影响等。

2. 债权性投资是指为了获得债权而进行的投资。如购买公司债券，就是属于债权性投资。企业进行债权性投资的主要目的，是为了获得高于银行存款利率的利息，并能按期收回本金。

3. 混合性投资是指既有权益性又有债权性的投资。如购买优先股股票、购买可转换公司债券等，就属于混合性投资。优先股当被投资企业清算时，可以在普通股之前获得清偿。它具有股权性质，同时，每年又可获得相对固定的股利收入，所以又具有债权性。

（二）按对外投资目的的分类

企业对外投资按投资的目的，可分为短期投资和长期投资。

1. 短期投资。短期投资是指能够随时变现并且持有时间不准备超过一年（含一年）的各种投资，包括企业购入不准备长期持有的股票、债券、基金等。

企业进行短期投资的目的，主要是对暂时闲置的资金加以利用，以谋求一定的收益，并在企业需要运用资金时，能及时地出售变现。

2. 长期投资。长期投资是指持有时间准备超过一年（不含一年）的各种投资，主要包括长期债券投资和长期股权投资。

企业进行长期投资不仅是为了谋求一定的投资收益，其目的通常包括：(1)为了积累整笔资金以供特定用途；(2)为了从事多元化经营以分散经营风险；(3)为了对受资企业进行控制或兼并；(4)为了对受资企业的经营决策、财务决策施加重大影响等。因此，长期投资通常具有投资期限长、变现能力弱、投资金额大、获取利益多等特点。但长期投资的风险也是较高的，当受资单位财务状况恶化或经营业绩较差，往往会给投资企业带来较大的经济损失。

必须强调，企业一项对外投资属于短期投资还是长期投资，不在于期限，而取决于企业决策者的意图。在取得投资时就准备随时出售或确定持有时间不准备超过一年的，就应列为短期投资，反之则作为长期投资。一项短期投资因种种客观原因导致企业持有时间超过一年的，只要不改变投资目的，仍应作为短期投资。

课堂讨论：

夏新公司用结余资金购买了一家上市公司的股票，准备在股价上涨后出售，但是购买该股票以来，价格没有太大的涨幅，夏新公司一直没有出售。请问夏新公司的这项投资属哪类投资？

此外，按企业投资转出资产的内容，可以分为实物性资产投资、货币性资产投资、无形资产投资等。

相关链接：

根据具体会计准则的相关规定，企业对外投资按照其对外投资的目的，可以分为交易性金融资产、持有至到期投资、长期股权投资、投资性房地产、可供出售金融资产等。这就是说执行《企业会计准则——具体准则》的企业和执行《小企业会计准则》的企业，对外投资核算上是有较大区别的。

第二节　短期投资

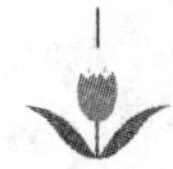

一、短期投资的确认

短期投资是指能够随时变现并且持有时间不准备超过一年(含一年)的各种投资。企业以赚取差价为目的的从二级市场购入不准备长期持有的股票、债券、基金等均为短期投资。

短期投资是企业利用闲散资金获利的一种投资方式，其确认必须同时符合两个条件：一是能够在公开市场上交易并且有明确市价；二是持有时间不准备超过一年。企业进行投资是作为闲散资金的存放形式，并保持其流动性和获利性。所以，短期投资具有能够随时变现、持有期限较短、不以控制其他单位为目的等特点。

二、短期投资的业务流程

短期投资的业务流程以从证券市场购买列为短期投资的证券为例，用图示(见图

5-1)概括如下：

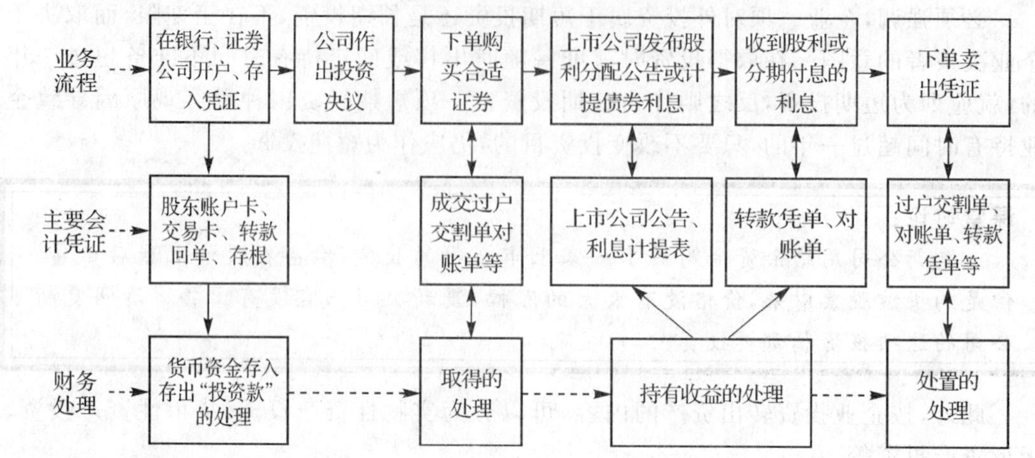

图 5-1 短期投资的基本业务流程

三、短期投资核算的账户设置

短期投资的核算主要应设置下列账户：

（一）“短期投资”账户

“短期投资”账户属于资产类账户，用于核算企业取得的各项短期投资。该账户借方登记企业取得各项短期投资的成本；贷方登记企业处置各项短期投资时应结转的投资成本，期末余额在借方，反映企业持有的各项短期投资的成本。该账户应按股票、债券、基金等短期投资的种类进行明细核算。

（二）“应收股利”账户

“应收股利”账户属资产类账户，核算企业因进行投资而应收取的现金股利或利润。该账户借方登记应收取的现金股利或利润，贷方登记实际收到的现金股利或利润；期末余额在借方，反映企业尚未收到的现金股利或利润。该账户应按照被投资单位进行明细核算。

（三）“应收利息”账户

“应收利息”账户属资产类账户，核算企业债券投资应收取的利息。该账户借方登记债券投资应收的债券利息；贷方登记实际收到的债券利息。期末余额在借方，反映企业尚未收到的债券利息。该账户应按照被投资单位进行明细核算。

（四）“投资收益”账户

“投资收益”账户属于损益类账户，用于核算企业对外投资确认的投资收益。该账户贷方登记确认的投资收益，借方登记发生的投资损失。期末将余额（贷方或借方）转入“本年利润”账户后，该账户应无余额。该账户应按照投资项目进行明细核算。

企业存入证券公司准备进行投资的货币资金，应先列为“其他货币资金”处理，待实际进行投资时，再按实付款项贷记“其他货币资金”账户。

四、短期投资的账务处理

(一)短期投资取得的账务处理

企业取得短期投资，应按照取得时发生的成本进行初始计量。短期投资取得时发生的成本包括购买价款和相关税费两大部分。购买价款是取得时按成交价支付的价款，相关税费是取得短期投资时支付的印花税、契税、交易手续费或佣金等。企业取得短期投资时，实际支付价款中包含的已宣告但尚未发放的现金股利或已到付息期，但尚未领取的债券利息，不计入短期投资成本，应当单独确认为应收股利或应收利息。

企业取得短期投资时，应按照确认的成本，借记“短期投资”账户，按已宣告但尚未发放的现金股利或已到付息期但尚未领取的债券利息，借记“应收股利”或“应收利息”账户，按照实际支付的购买价款和相关税费，贷记“银行存款”或“其他货币资金”等账户。

【例 5-1】 兴业公司于 2 月 10 日，以存入证券公司的专款从证券市场购入上海机场股票 2 万股，每股 13.20 元。1 月 25 日上海机场已宣告发放现金股利 0.10 元/股，拟定于 2 月 25 日按股东名册发放。购入股票一并支付的交易费用为 1500 元。公司购入的此项股票公司不准备长期持有，一旦价格合适就予以出售。公司的账务处理为：

(1)2 月 10 日，购入股票支付价款及相关税费时：

借：短期投资——股票投资(上海机场)

263 500 (2 万×13.20－2 000＋1 500)

应收股利——上海机场有限公司 2 000 (0.10×20 000)

贷：其他货币资金——存出投资款 265 500

(2)2 月 25 日，收到购入前已宣告发放的现金股利 2 000 元转入证券存款户时：

借：其他货币资金——存出投资款 2 000

贷：应收股利——上海机场有限公司 2 000

【例 5-2】 兴业公司于 7 月 1 日，以银行存款从证券市场购入同日发行的二年期、年利率为 6%的可上市流通的 A 公司债券 50 万元，并以存款支付交易费用 1 200 元。该债券每半年计付利息一次。此项债券公司不准备持有二年，一旦价格合适就予以出售。公司的账务处理为：

借：短期投资——债券投资(A 公司债券) 501 200

贷：银行存款 501 200

提示：

假定例 5-2 购入的 A 公司债券为本年 1 月 1 日发行的，公司于 7 月 1 日是购入此项债券支付的价款为511 200万元（其中1 200元为交易费用）。则公司的账务处理为：

7 月 1 日购入债券，支付价款时：

借：短期投资——债券投资（A 公司债券）　　496 200

　　应收利息——A 公司　　15 000

　贷：银行存款　　511 200

7 月 10 日股利此项债券上半年的利息 15 000 元存入银行时：

借：银行存款　　15 000（500 000×6%÷2）

　贷：应收利息——A 公司　　15 000

所以：债券成本≠债券面值

（二）短期投资持有收益的账务处理

企业持有短期投资期间所获得的现金股利或债券利息应当列为投资收益，其账务处理应分别两种情况进行。

1. 股票类短期投资的持有收益。股票类短期投资，持有期间被投资单位宣告发放现金股利，借记“应收股利”账户，贷记“投资收益”账户。收到此项现金股利时，应借记“银行存款”或“其他货币资金”账户，贷记“应收股利”账户。

【例 5-3】 承例 5-1 兴业公司持有的上海机场 2 万股票，本年 12 月 15 日上海机场宣告发放现金股利 0.15 元/股。12 月 25 日收到此项现金股利。公司的账务处理为：

借：应收股利——上海机场有限公司　　3 000

　贷：投资收益——股票投资　　3 000

12 月 25 收到上述现金股利 3000 元转入证券存款账户时：

借：其他货币资金——存出投资款　　3 000

　贷：应收股利——上海机场有限公司　　3 000

2. 债券类短期投资的持有收益。企业持有的债券类短期投资，在债务人应付利息日，按照分期付息、一次还本的债券投资的应计利息收入（根据债券面值和票面利率计算）确认投资收益，借记“应收利息”账户，贷记“投资收益”账户。收到此项债券利息收入时，借记“银行存款”或“其他货币资金”等账户，贷记“应收利息”账户。

【例 5-4】 承例 5-2 兴业公司于 7 月 1 日购入的二年期、年利率为 6% 的 50 万元不准备持有至到期债券，12 月 31 日满付息期，应计利息收入为 15 000 元（500 000×6%÷2）。公司的账务处理为：

借：应收利息——A 公司　　15 000

　贷：投资收益　　15 000

(三)处置短期投资的账务处理

处置短期投资主要是对短期投资进行出售变现。出售短期投资实际收到价款扣除该项短期投资账面余额和尚未收到的现金股利或利息的差额应列为投资收益。

企业处置短期投资，应按实际收到的金额，借记"银行存款"、"其他货币资金"等账户，按处置短期投资的账面余额，贷记"短期投资"账户，按尚未收到的现金股利或利息，贷记"应收股利"或"应收利息"账户，按其差额贷记或借记"投资收益"账户。

【例 5-5】 承例 5-1 和例 5-3，12 月 30 日兴业公司将持有的上海机场 2 万股股票予以出售，实收价款 286 000 元(扣除交易费用)转入证券存款户。公司的账务处理为：

借：其他货币资金——存出投资款　　286 000
　贷：短期投资——股票投资(上海机场)　　263 500
　　投资收益　　22 500

提示：

假定兴业公司是于 12 月 20 日出售上述上海机场股票 2 万股。取得价款也为 28 600 元。公司的账务处理是有所区别的。

12 月 15 日确认的现金股利 3 000 元，尚未收到，投资收益为：19 500(286 000－263 500－3 000)，账务处理为：

借：其他货币资金——存出投资款　　286 000
　贷：短期投资——股票投资(上海机场)　　263 500
　　应收股利——上海机场有限公司　　3 000
　　投资收益　　19 500

第三节　长期债券投资

一、长期债券投资的确认

长期债券投资是指企业购入、准备长期(一年以上)持有的债券投资。一项期限一年以上的债券投资，并不一定能确认为长期债券投资，关键是取决于企业的意图和能力。企业取得的一年期以上的债券，只有当准备长期持有的，才能确认为长期债券投资。

课堂讨论：

①公司购入一项债券：面值9万元，票面利率6%，期限为五年，每半年付息一次，到期还本，公司不准备持有至到期。

②公司购入一项股票，金额2万元，准备长期持有。

③公司购入一项债券，面值15万元，票面利率为7%，期限为三年，到期一次还本付息。公司准备持有至到期。

上述三项，哪几项应当确认为长期债券投资。

二、长期债券投资的基本业务流程

长期债券投资的基本业务流程以图示（见图5-2）概括如下。

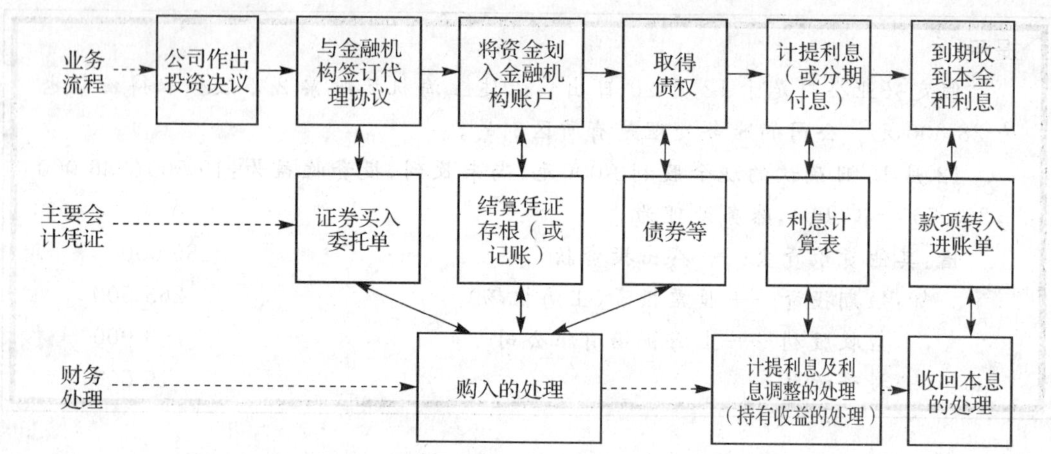

图5-2 长期债券投资基本业务流程

三、长期债券投资的账务处理

企业应设置"长期债券投资"账户核算各种长期债券投资。该账户属资产类账户，借方登记购入债券投资实际支付的购买价款和相关税费，一次还本付息的长期债券按票面利率计算的利息收入，贷方登记处置或到期收回长期债券投资的账面余额，期末余额在借方，反映企业持有的分期付息、一次还本债券投资的成本和到期一次还本付息债券投资的本息。该账户应按照债券种类和被投资单位，分别"面值"、"溢折价"、"应计利息"进行明细核算。

（一）长期债券投资取得的账务处理

企业取得长期债券投资应当按照支付的购买价款和相关税费作为成本进行初始计量。实际支付价款中包含的已到付息期但尚未领取的债券利息，应当确认为应收利息，不计入长期债券投资的成本。

企业购入债券列为长期投资的，应当按照债券票面价值，借记“长期债券投资（面值）”账户，按照实际支付的购买价款和相关税费，贷记“银行存款”等账户，按照其差额，借记或贷记“长期债券投资（溢折价）”账户。

【例 5-6】 兴业公司于 2012 年 1 月 1 日，购入新明公司同日发行的二年期、票面利率为 6%，到期一次还本付息的债券 60 万元（面值），应付交易费用为 2100 元，价款及交易费用以存款支付。此项债券公司准备持有至到期。公司的账务处理为：

借：长期债券投资——公司债券——新明公司（面值）　　600 000

　　　　　　　　——公司债券——新明公司（溢折价）　　2 100

　贷：银行存款　　602 100

企业购入债券列为长期投资，如果实际支付的购买价款中包含已到付息期但尚未领取的债券利息的，应当按照债券票面价值，借记“长期债券投资（面值）”账户，按照应收的债券利息，借记“应收利息”账户，按照实际支付的购买价款和相关税费，贷记“银行存款”等账户，按照其差额，借记或贷记“长期债券投资（溢折价）”账户。

【例 5-7】 兴业公司于 2012 年 7 月 1 日，从证券市场购入大成公司本年 1 月 1 日发行的五年期、票面利率为 7.2%的债券 50 万元。该债券为每半年付息一次，到期还本。购入时以存款支付价款为 51.80 万元，其中 1.8 万元（面值）为已到付息期但尚未领取的利息（此项利息定于 7 月 20 日支付）。公司的账务处理为：

①7 月 1 日购入债券时：

借：长期债券投资——公司债券——大成公司（面值）　　500 000

　　应收利息——大成公司　　18 000

　贷：银行存款　　518 000

②7 月 20 日收到应收利息 18000 元时：

借：银行存款　　18 000

　贷：应收利息——大成公司　　18 000

（二）长期债券投资持有收益的账务处理

长期债券投资持有期间应当按照面值和票面利率确认利息收入，确认的应计利息收入列为投资收益。确认应计利息收入的同时，应进行债券溢折价的摊销。长期债券投资的溢折价应在债券存续期间内在确认相关债券利息收入时采用直线法进行摊销。

1. 到期一次还本付息的长期债券投资。此类投资在债务人应付利息日，按确认的利息收入，借记“长期债券投资（应计利息）”账户，贷记“投资收益”账户，同时，按照应分摊的债券溢折价金额，借记或贷记“投资收益”账户，贷记或借记“长期债券投资（溢折价）”账户

【例 5-8】 承例 5-6，兴业公司 2012 年 1 月 1 日购入新明公司二年期债券，12 月 31 日，按照票面利率计提本年应计利息 36 000 元（60 万×6%），同时分摊溢折价（含交

易费用)700 元(2 100÷3)。公司的账务处理为：

借:长期债券投资——公司债券——新明公司(应计利息) 36 000

  贷:投资收益 36 000

同时：

借:投资收益 700

  贷:长期债券投资——公司债券——新明公司(溢折价) 700

2.分期付息、一次还本的长期债券投资。此类投资在债务人应付利息日，按确认的利息收入，借记“应收利息”账户，贷记“投资收益”账户。同时，按照应分摊的债券溢折价金额，借记或贷记“投资收益”账户，贷记或借记“长期债券投资(溢折价)”账户。企业收到债务人分期支付的债券投资利息时，借记“银行存款”等账户，贷记“应收利息”账户。

【例 5-9】 承例 5-7，兴业公司于 2012 年 7 月 1 日购入的大成公司的 50 万五年期债券，本年 12 月 31 日，按照票面利率 7.2%计提下半年的应计利息 18 000 元。下年度 1 月 20 日收到此利息收入。公司的账务处理为：

(1)本年 12 月 31 日确认应计利息收入时：

借:应收利息——大成公司 18 000

  贷:投资收益 18 000

(2)下年度 1 月 20 日收到此项利息收入存入银行时：

借:银行存款 18 000

  贷:应收利息——大成公司 18 000

(三)长期债券投资到期收回或处置的账务处理

1.长期债券投资到期收回。长期债券投资到期收回，应当按照收回的债券本金或本息，借记“银行存款”等账户，按照应收未收的利息收入，贷记“应收利息”账户，按照其账面余额，贷记“长期债券投资(面值、应计利息等)”账户。

【例 5-10】 承例 5-6 和例 5-8，兴业公司于 2012 年 1 月 1 日购入新明公司二年期债券，现已到期，收回本息 67.2 万元存入银行。公司的账务处理为：

借:银行存款 672 000

  贷:长期债券投资——公司债券新明公司(面值) 600 000

        公司债券新明公司(应计利息) 72 000

2.长期债券投资处置。长期债券投资处置主要是指将未到期的债券予以出售。处置长期债券投资，应当按照处置取得的净收入，借记“银行存款”等账户；按照其账面余额贷记“长期债券投资(面值、溢折价、应计利息等)”账户；按照应收未收的利息收入，贷记“应收利息”账户；按照其差额，贷记或借记“投资收益”账户。

【例 5-11】 承例 5-7 和例 5-9，兴业公司将于 2012 年 7 月 1 日购入大成公司的 50 万元、五年期债券予以出售，扣除交易费用后取得净收入 51 万元存入银行。该项债券于上年末计提的应计利息 18 000 元尚未收到。公司的账务处理为：

借:银行存款　510 000

　投资收益　8 000

　贷:长期债券投资——公司债券大成公司(面值)　500 000

　　应收利息　18 000

(四)长期债券投资损失的账务处理

长期债券投资按程序和要求确认后确实无法收回,应将其确认为长期债券投资损失。长期债券投资损失确认条件与坏账损失的确认条件一致(“六个条件”之一)。企业应将减除可收回余额后确实无法收回的长期债券投资损失列为营业外支出。

企业按照规定确认实际发生的长期债券投资损失,应当按照可收回金额,借记“银行存款”等账户,按照其账面余额,贷记“长期债券投资(面值、溢折价、应计利息等)”账户,按照其差额,借记“营业外支出”账户。

【例 5-12】 兴业公司购入达人公司发行的三年期债券,债券面值 20 万,年利率为 6%,到期一次还本付息,三年已计应计利息收入 3.6 万元。因自然灾害使达人公司无法正常经营,此项债券款无法收回,公司按规定程序确认为长期债券投资损失。公司的账务处理为:

借:营业外支出——长期债券投资损失　236 000

　贷:长期债券投资——公司债券——达人公司(面值)　200 000

　　　　　　　　　　　　　　　——达人公司(应计利息)　36 000

第四节 长期股权投资

一、长期股权投资的确认

长期股权投资是指企业准备长期(一年以上)持有的权益性投资。包括购入股票准备长期持有,以及以联营、合营等方式取得的其他长期股权投资。

企业进行长期股权投资,是通过投资取得被投资单位的股权,投资企业成为被投资单位的股东,有权按所持股权比例享有被投资单位的权益,并承担相应的责任。

二、长期股权投资的基本业务流程

长期股权投资的基本业务流程以图示(见图 5-3)概括如下。

三、长期股权投资的账务处理

企业应设置“长期股权投资”账户核算各种长期股权投资。该账户属资产类账户,借方登记取得长期股权投资的成本,贷方登记收回长期股权投资的成本,期末余额在

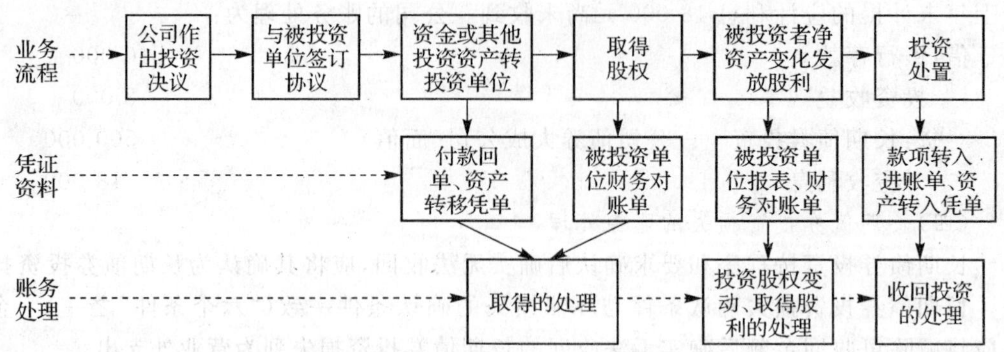

图 5-3　长期股权投资的基本业务流程

借方，反映企业持有的长期股权投资的成本。该账户应按照被投资单位进行明细核算。

（一）取得长期股权投资的账务处理

1. 以支付货币资金方式取得长期股权投资。企业以支付货币资金方式取得的长期股权投资，应当按照购买价款和相关税费作为成本进行初始计量。实际支付价款中包含的已宣告但尚未发放的现金股利，应当单独列为应收股利，不计入长期股权投资成本。

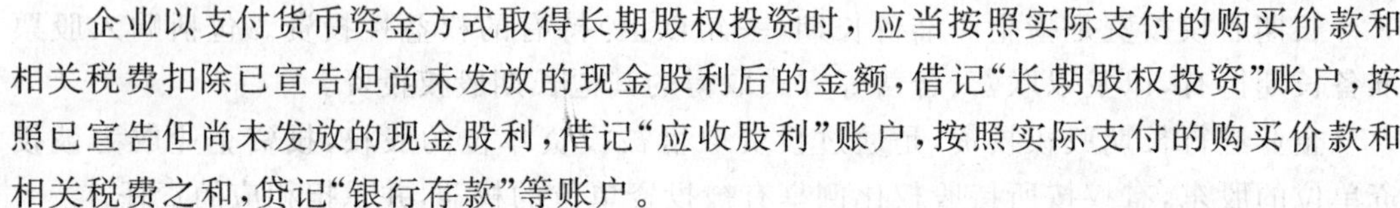

课堂讨论：

2 月 10 日，新科公司购入远大公司股票 10 万股以备长期持有，支付购买价款 300 000 元，2 月 5 日远大公司已宣告发放现金股利 0.60 元/股，并定于 2 月 25 日按股东名册进行支付。另支付手续费、印花税等 5 000 元。此项长期股权投资的初始投资成本为多少？

企业以支付货币资金方式取得长期股权投资时，应当按照实际支付的购买价款和相关税费扣除已宣告但尚未发放的现金股利后的金额，借记“长期股权投资”账户，按照已宣告但尚未发放的现金股利，借记“应收股利”账户，按照实际支付的购买价款和相关税费之和，贷记“银行存款”等账户。

【例 5-13】 兴业公司于 2012 年 2 月 10 日以银行存款购入长信公司股票 2 万股，准备长期持有。该股票每股 15 元，2 月 1 日该股票发行公司已宣告发放现金股利 0.20 元/股，定于 2 月 20 日按股东名册发放，购入股票时并以存款支付相关税费 3 000 元。公司的账务处理为：

(1)2 月 10 日，兴业公司购入股票时：

投资成本＝2 万×15＋3 000－2 万×0.20＝299 000(元)

借：长期股权投资——长信公司　　　　299 000

应收股利——长信公司　　4 000(2万×0.20)

贷:银行存款　　303 000

(2)2月20日,兴业公司收到2月1日宣告发放的现金股利存入银行时:

借:银行存款　　4 000

贷:应收股利——长信公司　　4 000

2.通过非货币性资产交换取得的长期股权投资。这种方式取得的长期股权投资应当按照换出非货币性资产的评估价值和相关税费之和作为成本进行计量。

企业通过非货币性资产交换取得长期股权投资,应当按照换出非货币性资产的评估价值与相关税费之和,借记"长期股权投资"账户,按照换出非货币性资产的账面价值,贷记"固定资产清理"、"无形资产"等账户,按照应支付的相关税费,贷记"应交税费"、"银行存款"等账户,按照其差额,贷记"营业外收入"或借记"营业外支出"等账户。

【例5-14】 兴业公司于2012年3月5日以一项设备换入A公司持有的达能公司一项股权投资,准备长期持有,换入投资时以存款支付相关税费1 000元。换出设备原值为150 000元,已计提折旧50 000元,应计增值税17 000元(2009年1月1日后购入),换出设备的评估价值为120 000元。公司的账务处理为:

长期股权投资成本=评估价值+相关税费=120 000+1 000=121 000(元)

借:长期股权投资——达能公司　　121 000

贷:固定资产清理　　117 000(15万-5万+1.7万)

银行存款　　1 000

营业外收入　　3 000

(二)长期股权投资持有收益的账务处理

根据《小企业会计准则》的规定,小企业长期股权投资一律采用成本法进行核算。

成本法是指对长期股权投资按照投资成本进行核算的方法。成本法下,长期股权投资持有期间,被投资单位宣告分派现金股利或利润,企业应当按照应分得的金额确认为投资收益。被投资单位实现利润,或发生亏损等权益变动,投资企业均不必进行会计处理,这样,"长期股权投资"账户反映的是投资的成本,其余额一般是不发生变动的。

被投资单位宣告分派现金股利或利润时,投资企业按照应分得的金额,借记"应收股利"账户,贷记"投资收益"账户。实际收到现金股利或利润时,借记"银行存款"等账户,贷记"应收股利"账户。

相关链接：

执行《企业会计准则——具体准则》的企业，长期股权投资的核算方法有成本法和权益法两种。成本法适用：①投资企业能够对被投资单位实施控制的；②投资企业对被投资企业不具有共同控制或重大影响，并且在活跃市场中没有报价、公允价值不能可靠计量的长期股权投资。权益法适用：①投资企业对被投资单位具有共同控制的长期股权投资，如企业对合营企业的股权投资；②投资企业对被投资单位具有重大影响的长期股权投资，如企业对联营企业的股权投资。

权益法是长期股权投资企业按照享有被投资单位所有者权益份额进行核算的方法。企业长期股权投资的账面价值是随着被投资单位实现利润（或发生亏损）和其他所有者权益的变动而变动的。

【例 5-15】 承例 5-13，兴业公司 2012 年取得的长信公司的 2 万股股票投资，2013 年 2 月 10 日，长信公司宣告分派现金股利 0.35 元/股。2 月 25 日兴业公司收到此项现金股利存入银行。公司的账务处理为：

(1)2013 年 2 月 10 日，长信公司宣告分派现金股利时：

借：应收股利——长信公司　　7 000

　贷：投资收益　　7 000

(2)2013 年 2 月 20 日，收到此项现金股利存入银行时：

借：银行存款　　7 000

　贷：应收股利——长信公司　　7 000

提示：

收到被投资单位发放的股票股利，不能确认为投资收益，不必进行账务处理，但应在备查簿中进行登记。所以说股利有两种：一种是现金股利；另一种是股票股利。

(三)长期股权投资损失的账务处理

企业长期股权投资符合下列条件之一的，减除可收回的金额后，确认为无法收回的长期股权投资，作为长期股权投资损失：

1. 被投资方依法宣告破产、关闭解散、被撤销，或者被依法注销、吊销营业执照的。

2. 被投资方财务状况严重恶化，累计发生巨额亏损，已连续停止经营 3 年以上，且无重新恢复经营改组计划的。

3. 对被投资方不具有控制权，投资期限届满或者投资期限已超过 10 年，且被投资

单位因连续3年经营亏损导致资不抵债的。

4. 被投资方财务状况严重恶化，累计发生巨额亏损，已完成清算或清算期超过3年以上的。

5. 国务院财政、税务主管部门规定的其他条件。

企业发生的长期股权投资损失列为营业外支出。

企业按照规定和程序确认实际发生的长期股权投资损失时，应当按照可收回的金额，借记"银行存款"等账户，按照其账面余额，贷记"长期股权投资"账户，按照其差额，借记"营业外支出"账户。

【例5-16】 承例5-14，兴业公司于2012年3月5日取得长期股权投资，若干年后因达能公司财务状况严重恶化，累计发生巨额亏损，已连续停止经营3年以上，且无重新恢复经营改组的计划，此项投资确实无法收回，经审批确认为长期股权投资损失。公司的账务处理为：

借：营业外支出——无法收回的长期股权投资损失　　121 000

　贷：长期股权投资——达能公司　　121 000

（四）长期股权投资处置的账务处理

处置长期股权投资主要是指将持有的长期股权投资予以出售或转让。处置长期股权投资处置取得价款扣除其成本、相关税费后的净额，列为投资收益。

企业处置长期股权投资，应当按照处置取得的价款（扣除税费后的净额），借记"银行存款"等账户，按照其账面成本，贷记"长期股权投资"账户，按照应收未收的现金股利或利润，贷记"应收股利"账户，按照其差额，借记或贷记"投资收益"账户。

【例5-17】 兴业公司三年前取得的对诚信公司的一项长期股权投资，现予以出售，取得价款（扣除税费后）156 000元存入银行。此项投资的账面成本为135 000元，一个月前诚信公司宣告分配利润12 000元，款项尚未收到。公司的账务处理为：

借：银行存款　　156 000

　贷：长期股权投资——诚信公司　　135 000

　　应收股利——诚信公司　　12 000

　　投资收益　　9 000

第六章

固定资产

第一节 固定资产概述

一、固定资产的特点

固定资产指为生产产品、提供劳务、出租或经营管理而持有的、使用寿命超过一个会计年度的有形资产。从固定资产定义理解，固定资产的特点可以概括为：

第一，持有的目的，是生产经营活动使用的需要。企业持有固定资产的目的是为了生产商品、提供劳务、出租或经营管理，而不是直接用于出售，从而明显区别于流动资产。

第二，是有形资产，并且在使用过程中保持原有实物形态。固定资产具有实物形态，而且在使用中能保持其原有实物形态不变，这是固定资产“固定”的体现。有些无形资产虽然符合固定资产的其他特征，但是，由于没有实物形态，所以，不属于固定资产。

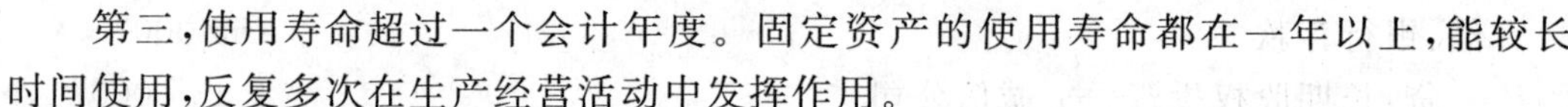

第三，使用寿命超过一个会计年度。固定资产的使用寿命都在一年以上，能较长时间使用，反复多次在生产经营活动中发挥作用。

固定资产是企业主要的劳动资料。企业的固定资产主要包括：房屋、建筑物、机器设备、运输工具以及其他与生产经营有关的设备、器具、工具等。企业购置计算机硬件所附带的、未单独计价的软件，也作为固定资产进行核算。企业临时性租入的固定资产，应另设备查簿进行登记，不作为固定资产核算。

二、固定资产的确认

某一资产项目，要作为固定资产加以确认，在符合固定资产定义的前提下，应同时满足以下两个条件：

（一）与该固定资产有关的经济利益很可能流入企业

资产最基本的特征是预期能给企业带来经济利益，如果某一项目预期不能给企业带来经济利益就不能确认为企业的资产。对固定资产的确认来说，如果某一固定资产预期不能给企业带来经济利益就不能确认为企业的固定资产。在实务工作中，首先需要判断该项固定资产所包含的经济利益是否很可能流入企业，如果该项固定资产包含的经济利益不是很可能流入企业，那么，即使其满足固定资产确认的其他条件，企业也不应将其确认为固定资产。如果该项固定资产包含的经济利益很可能流入企业，并同时满足固定资产确认的其他条件，那么企业应将其确认为固定资产。

（二）该固定资产的成本能够可靠地计量

成本能够可靠地计量，是资产确认的一项基本条件。固定资产作为企业资产的重要组成部分，要予以确认，其为取得该固定资产而发生的支出也必须能够可靠地计量。如果固定资产的成本能够可靠地计量，并同时满足其他确认条件，就可以加以确认；否则，企业不应加以确认。

企业在确定固定资产成本时，应取得可靠的资料，但有时需要根据所获得的最新资料，对固定资产的成本进行合理的估计或调整。如企业已达到可使用状态，但尚未办理竣工决算的固定资产，需要根据工程预算、工程造价等资料，按估计成本确定固定的成本，待办理竣工决算后，再按实际成本调整原来的暂估入账的价值。

固定资产的确认还需要注意以下三个问题：

1.有助于企业从相关资产获得经济利益，或者将减少企业未来经济利益的流出，符合固定资产定义的资产应将其确认为固定资产。如企业环保设备、安全设备等资产。

2.对于构成固定资产的各组成部分，如果各自具有不同的使用寿命或者以不同的方式为企业提供经济利益，从而适用不同的折旧率或者折旧方法，此时，各组成部分实际上是以独立的方式为企业提供经济利益，因此，企业应将各组成部分单独确认为固定资产。例如，流水生产线的设备和控制系统；房屋建筑物的房屋和强电（弱电）系统具有不同的使用寿命，从而适用不同的折旧率或折旧方法，则企业应将其单独确认为固定资产。

3.对于工业企业所持有的工具、模具、管理用具、玻璃器皿等资产，施工企业所持有的模板、挡板、架料等周转材料，以及地质勘探企业所持有的管材等资产，企业应当根据实际情况进行核算和管理。如果这些资产项目符合固定资产的定义及其确认条件，就应当作为固定资产进行核算和管理。否则，应列为流动资产进行核算与管理。

课堂讨论：

判断下列能否确认为固定资产：

①与房地产商签订了购房(办公用房)预售合同，并预计总价为720万元，并以存款支付首付款216万元。楼盘将下月开盘定价，预计一年后可交付使用。

②购建固定资产，购入设备交付安装价款9万元，安装工程成本待结算。

③企业购买办公用计算机。

④企业购置的消防设施、排污设施、供电设施。

三、固定资产的分类

企业的固定资产种类繁多，为加强管理和便于核算，应对其进行科学的分类。根据管理的不同需要，固定资产可以按不同标准进行分类，主要有以下几种：

(一)按经济用途分类，可将其分为生产经营用固定资产和非生产经营用固定资产。

1.生产经营用固定资产，是指直接服务于小企业生产经营过程中的各种固定资产。如厂房、办公楼、建筑物、机器设备、运输、工具等。

2.非生产经营用固定资产，是指不直接服务于企业生产经营过程的各种固定资产。如职工宿舍、医务设施、食堂、浴室、理发室等使用的房屋、设备和其他固定资产等。

按固定资产的经济用途分类，可以归类反映和监督企业生产经营用固定资产和非生产经营用固定资产之间，以及生产经营用各类固定资产之间的组成和变化情况，借以考核和分析企业固定资产的利用情况，促使企业合理配置固定资产，充分发挥其效用。

(二)按使用情况分类，可将其分为使用中固定资产、未使用固定资产和不需用固定资产。

1.使用中固定资产，是指正在使用中生产经营性和非生产经营性固定资产。由于季节性生产经营或大修理等原因，暂时停止使用的固定资产仍属于企业使用中的固定资产；企业出租给其他单位使用的固定资产和内部替换使用的固定资产，也属于使用中的固定资产。

2.未使用固定资产，是指已完工或已购建的尚未交付使用的新增固定资产以及因进行改建、扩建等原因暂停使用的固定资产。如企业购建的尚待安装的固定资产、经营任务变更停止使用的固定资产以及主要的备用设备等。

3.不需用固定资产，是指本企业多余不用或不再适用而准备处置的各项固定资产。

按固定资产的使用情况分类，有利于分析和考核固定资产的有效利用情况，为固定资产的存量调整提供依据，促使企业有效地使用。

(三)按所有权分类，可将其分为自有固定资产和租入固定资产。

1.自有固定资产，是指企业拥有的可供企业自由支配使用的固定资产。

2. 租入固定资产，是指小企业采用租赁方式从其他单位租入的固定资产。小企业对租入固定资产只拥有使用权，同时要履行支付租金的义务。租入固定资产可分为经营性租入固定资产和融资租入固定资产。

按所有权分类，有利于了解获得固定资产的具体途径，便于分析和考核自有和租入固定资产的经济效益。

（四）按经济用途和使用情况综合分类，可把小企业的固定资产分为以下七大类：

1. 生产经营用固定资产；

2. 非生产经营用固定资产；

3. 出租固定资产。是指在经营性租赁方式下出租给外单位使用的固定资产；

4. 不需用固定资产；

5. 未使用固定资产；

6. 土地。指过去已经估价单独入账的土地。因征地而支付的补偿费，应计入与土地有关的房屋、建筑物的价值内，不单独作为土地价值入账。企业取得的土地使用权不能作为固定资产管理；

7. 融资租入固定资产。指企业以融资方式租入的固定资产，在租赁期内，应视同自有固定资产进行管理。

按经济用途和使用情况综合分类，能反映固定资产的用途结构及使用情况，有利于加强固定资产的核算与管理。

企业的经营性质不同，经营规模各异，对固定资产的分类不可能完全一致。但在实际工作中，企业大多数采用综合分类的方法作为编制固定资产目录、进行固定资产核算的依据。

四、固定资产的初始计量

（一）固定资产的计量基础

固定资产计价，是指用货币计量单位表示固定资产的价值。企业的固定资产一般按历史成本作为计价基础，但是，考虑到固定资产价值较大，其价值会随着服务能力的下降而逐渐减少，客观上需要揭示其现存价值，即净值。因此，在我国的会计实务中，一般采用以下三种计价标准对固定资产进行计价。

1. 原始价值计价。原始价值是指企业购置、建造某项固定资产达到预定可使用状态前所发生的一切合理、必要的支出。采用这种计价标准，是以实际发生并有支付凭证的支出为依据，具有客观可验证性，这种计价标准才成为固定资产的基本计价标准。在我国的会计实务中，固定资产的初始计量均采用原始价值，即历史成本计价。

2. 重置成本计价。重置成本是指按照现在的条件，购买相同或者相似资产所需支付的现金或者现金等价物的金额。在我国的会计实务中，盘盈的固定资产的计价就采用重置成本计价。

3.净值计价。固定资产净值，也称为折余价值，是指固定资产的原始价值或重置完全价值减去已提折旧后的余额。固定资产净值反映固定资产尚未损耗的价值，与原值对比可以反映企业固定资产的新旧程度。

(二)固定资产入账价值的确定

企业固定资产应当按照成本进行初始计量。由于企业取得固定资产的途径和方式不同，其初始计量的成本也是有区别的。主要情况有：

1.外购的固定资产。企业外购固定资产的成本，是固定资产达到竣工决算前的全部支出。包括购买价款、相关税费、使固定资产达到竣工决算前所发生的可归属于该项资产的运输费、装卸费、安装费和专业人员服务费等。按照税法规定可以抵扣的增值税进项税额的不计入固定资产成本。

以一笔款项购入多项没有单独标价的固定资产，应当按照各项固定资产或类似资产的市场价格或评估价值比例对总成本进行分配，分别确定各项固定资产的成本。企业以分期付款方式购入的固定资产，以实际支付的购买价款为基础进行计量。

相关链接：

根据财政部、国税总局[2008]170文件的规定，自2009年1月1日起，增值税一般纳税购进(包括接受捐赠、实物投资)或者自制(包括改扩建、安装)固定资产发生的进项税额，凭增值税扣税凭证(增值税专用发票、海关进口增值税专用缴款书和运输费用结算单据)从销项税额中抵扣。

这样一般纳税人企业取得固定资产，按规定可以抵扣的增值税是不列为固定资产价值的，应列为“应交税费——应交增值税(进项税额)”账户。但必须注意：企业购建房屋、建筑物等不动产发生增值税和取得无形资产发生的增值税是不能列为“进项税额”进行抵扣的。

2.自行建造的固定资产。企业自行建造固定资产的成本，按建造该项资产达到竣工决算前所发生的必要支出构成。包括工程用物资成本、人工成本、资本化的借款费用、交纳的相关税金以及应分摊的其他间接费用等。企业在建工程在试运转过程中形成的产品、副产品或者试车收入冲减在建工程成本。

3.在原有固定资产基础上进行改扩建的固定资产。按原固定资产的账面价值加上因改扩建过程中发生的使固定资产达到竣工决算前支出(不包括按规定可以抵扣的增值税)减去改扩建过程中发生的变价收入和被替换部分的账面价值，作为入账价值。

4.投资者投入的固定资产。投资者投入固定资产的成本，应当按照评估价值和相关税费确定，不包括按规定可以抵扣增值税进项税额。

5.融资租入的固定资产，应按照租赁合同约定的付款总额和在签订租赁合同过程

中发生的手续费、律师费、差旅费、印花税等相关税费作为租入固定资产的价值。

6. 盘盈固定资产，应当按照同类或者类似固定资产的市场价格或评估价值，扣除按照该项固定资产新旧程度估计的折旧后的余额确定，作为入账价值。

第二节 固定资产的取得

一、固定资产核算的账户设置

企业固定资产的核算，一般需要设置“固定资产”、“工程物资”、“在建工程”等账户。

“固定资产”账户，核算企业持有固定资产的原价。该账户借方登记增加的固定资产原价，贷方登记减少的固定资产原价，期末余额在借方，反映企业固定资产的原价。该账户应当按照固定资产类别和项目进行明细核算。

“工程物资”账户，核算企业为在建工程准备的各种物资的价值，包括工程用材料、尚未安装的设备以及为生产准备的器具等。该账户借方登记购入工程物资的实际成本；贷方登记领出工程物资的实际成本。期末余额在借方，表示企业为在建工程准备的各种物资的成本。该账户可按“专用材料”、“专用设备”、“工器具”等设置明细账户，进行明细分类核算。

“在建工程”账户，核算企业基建、更新改造等在建工程发生的支出。该账户借方登记企业在建造工程过程中发生的各项支出，包括领用工程物资、工资费用、安装设备、安装成本、出包工程价款和基建管理费等，贷方登记已验收交付使用在建工程成本。期末余额在借方，表示企业尚未达到竣工决算的在建工程的成本。该账户应按照工程项目设置明细账户，进行明细分类核算。

二、固定资产取得的账务处理

（一）购入固定资产

1. 购入不需要安装的固定资产。企业购置的不需要安装即可直接交付使用的固定资产，应按实际支付的购买价款、相关税费以及使固定资产达到竣工决算前所发生的可归属于该项资产的运输费、装卸费和专业人员服务费等，作为固定资产成本，借记“固定资产”账户，一般纳税人按照专用发票上注明的增值税额（如果购进固定资产涉及支付运输费用时，运输费用按照7%的扣除率计算增值税额），借记“应交税费——应交增值税（进项税额）”账户，贷记“银行存款”等账户。

【例 6-1】 兴业公司购入一台不需要安装的设备，取得的增值税专用发票上注明的设备价款为 9 万元，增值税为 15 300 元，发生的运输费为 5 000 元，款项全部付清。假定不考虑其他相关税费，公司的账务处理为：

借：固定资产　　94 650

应交税费——应交增值税(进项税额)　　15 650

贷:银行存款　　110 300

2.购入需要安装的固定资产。是指企业购置的需要经过安装以后才能交付使用的固定资产,应在购入的固定资产取得成本的基础上加上安装调试成本等,作为购入固定资产的成本,先通过"在建工程"账户核算,待安装完毕办理竣工决算,再由"在建工程"账户转入"固定资产"账户。

【例6-2】 兴业公司购入一台需要安装的机器设备,取得的增值税专用发票上注明的设备价款为30万元,增值税为51 000元,支付的运输费为9 000元,款项已通过银行支付;安装设备时,领用本公司原材料一批,价值25 000元,该批原材料的增值税进项税额为4 250元;支付安装工人的工资为12 000元。假定不考虑其他相关税费,公司的账务处理为:

(1)购入设备,直接交付安装:

借:在建工程——设备安装工程　　308 370

应交税费——应交增值税(进项税额)　　51 630

贷:银行存款　　360 000

(2)领用本公司原材料、应付安装人员薪酬等费用:

借:在建工程——设备安装工程　　37 000

贷:原材料　　25 000

应付职工薪酬　　12 000

(3)设备安装完毕,办理竣工决算:

借:固定资产——生产经营用固定资产　　3 345 370

贷:在建工程——设备安装工程　　3 345 370

实际工作中,可能存在以一笔款项购入多项没有单独标价的固定资产。如果这些资产均符合固定资产的定义,并满足固定资产的确认条件,则应将各项资产单独确认为固定资产,并按各项固定资产或类似资产的市场价格或评估价值比例对总成本进行分配,分别确定各项固定资产的成本。

(二)自行建造的固定资产

企业自行建造固定资产,应按建造该项资产达到竣工决算前所发生的必要支出,作为固定资产的成本。自建固定资产应先通过"在建工程"账户核算,工程达到竣工决算时,再从"在建工程"账户转入"固定资产"账户。企业自建固定资产,主要有自营和出包两种方式,由于采用的建设方式不同,其账务处理也有所区别。

1.自营方式建造固定资产。自营方式建造固定资产,是通过自营工程来完成的,自营工程是指企业自行组织工程物资采购、自行组织施工人员施工的建筑工程和安装工程。购入工程物资时,借记"工程物资"等账户,贷记"银行存款"等账户;领用工程物资时,借记"在建工程"账户,贷记"工程物资"账户;在建工程领用本企业原材料时,借记“在建工程(××工程)”账户,贷记“原材料”等账户;在建工程领用本企业生产的商品时,借记“在建工程(××工程)”账户,贷记“库存商品”、“应交税费——应交增值税(销项税额)”等账户;自营工程发生的其他费用(如分配工程人员工资等),借记“在建工程(××工程)”账户,贷记“银行存款”、“应付职工薪酬”等账户。自营工程完工,办理竣工决算时,按其成本,借记“固定资产”账户,贷记“在建工程(××工程)”账户。

【例 6-3】 兴业公司立项自建流水生产线,购入为工程准备的各种物资 50 万元,支付的增值税额为 8.5 万元,全部用于工程建设。领用本企业生产的 A 产品一批,实际成本为 8 万元,产品售价为 10 万元,增值税税率 17%;工程人员应计职工薪酬 10 万元。工程完工办妥竣工决算,设备交付生产使用。公司的账务处理为:

(1)购入工程物资时:

借:工程物资——专用材料　　500 000
　应交税费——应交增值税(进项税额)　　85 000
　贷:银行存款　　585 000

(2)工程领用工程物资时:

借:在建工程——自建流动生产线　　500 000
　贷:工程物资——专用材料　　500 000

(3)工程领用本企业生产的 A 产品:

借:在建工程——自建流水生产线　　97 000
　贷:库存商品 ——A 产品　　80 000
　　应交税费——应交增值税(销项税额)　　17 000

(4)分配工程人员职工薪酬:

借:在建工程——自建流水生产线　　100 000
　贷:应付职工薪酬　　100 000

(5)工程完工,办理竣工决算,结转工程总成本 697 000 元(500 000+97 000+100 000):

借:固定资产——生产经营用固定资产　　697 000
　贷:在建工程——自建流水生产线　　697 000

2.出包方式建造固定资产。出包方式建造固定资产是通过出包工程来完成的。出包工程是指企业通过招标等方式将工程项目发包给建造承包商,由建造承包商组织施工的建筑工程和安装工程。企业采用出包方式进行的固定资产工程,其工程的具体支出主要由建造承包商核算,在这种方式下,“在建工程”账户主要是企业与建造承包商办理工程价款的结算账户,企业支付给建造承包商的工程价款作为工程成本,通过“在建工程”账户核算。

企业以出包方式建造固定资产,按规定向承建企业预付工程价款时,借记“预付账款”账户,贷记“银行存款”等账户;按工程进度、结算工程进度款时,借记“在建工程”账

户，贷记“预付账款”、“银行存款”等账户；工程完成，按规定补付工程款时，借记“在建工程”账户，贷记“银行存款”账户；工程完工，办理竣工决算，结转工程成本，借记“固定资产”账户，贷记“在建工程”账户。

【例 6-4】 兴业公司将新车间建造工程出包给丙公司承建，5 月 10 日按合同规定先向承建单位预付工程款 50 万元；7 月 5 日，按合理估计的工程进度结算工程应付进度款 80 万元；8 月 10 日，工程竣工决算时，收到承包单位工程结算单工程总造价 120 万元，补付工程款 40 万元。公司的账务处理为：

(1)5 月 1 日，按合同以存款预付工程款时：

借：预付账款——丙公司　　500 000

　贷：银行存款　　500 000

(2)7 月 5 日，结算工程进度款 80 万元，并以存款支付工程进度款 30 万元：

借：在建工程——新车间建设　　800 000

　贷：预付账款——丙公司　　500 000

　　银行存款　　300 000

(3)8 月 10 日，工程完工，以存款补付工程款 40 万元：

借：在建工程——新车间建设　　400 000

　贷：银行存款　　400 000

(4)8 月 10 日，工程完工，经验交付使用，并办妥竣工决算：

借：固定资产——生产经营用固定资产　　1 200 000

　贷：在建工程——新车间建设　　1 200 000

(三)投资者投入固定资产

投资者投入的固定资产，应当按照评估价值加上应支付的相关税费作为固定资产的入账成本，借记“固定资产”账户，按约定投资者在被投资企业资本所占的份额，贷记“实收资本”账户，按应支付的相关税费，贷记“银行存款”、“应交税费”等账户，其差额，记入“资本公积”账户。

【例 6-5】 兴业公司接受乙公司以一项专用设备进行投资。该台设备的原价为 56 万元，已计提折旧 16 万元，经评估确认价值为 43 万元，并约定此项投入占兴业公司的注册资本为 30 万元。假定不考虑其他相关税费，公司的账务处理为：

借：固定资产——生产经营用固定资产　　430 000

　贷：实收资本——乙公司　　300 000

　　资本公积——资本溢价　　130 000

三、固定资产取得的明细核算

为了详细核算和监督固定资产的增减变动情况，企业应在做好固定资产总分类核算的基础上，设置“固定资产卡片”、“固定资产登记簿”等进行固定资产的明细分类核算。而对经营租入的固定资产,应另设“固定资产备查簿”进行登记。

(一)固定资产卡片

固定资产卡片是进行固定资产明细分类核算的账簿,它是按每一独立的固定资产项目为对象分别设置的。企业每新增一项固定资产都应根据有关凭证为其建立一张卡片,并按固定资产的类别和使用单位顺序排列。固定资产投资转出、出售或报废清理时,应根据有关凭证将相应的卡片注销,另行保管。卡片通常一式两份,分别由固定资产使用部门和财会部门保管。其格式如表 6-1、6-2 所示。

表 6-1　　　　固定资产卡片(正面)

形　式		停用记录						
制造国家		原因	日期	原因	日期	原因	日期	备注
制造厂商								
制造日期								
制造号码								
使用年限								
购置日期								
原　值								
其中:安装费					大修记录			
净残值率					日期	凭证号	摘要	金额
折　旧	年　月							
折旧额								

表 6-2　　　　固定资产卡片(背面)

附属物品	名称	规格	数量		设备变动	安装地址	用途	变动年月	
部件备品	名称	规格	数量	单价	最大外形	长	厘米	清理记录	
						宽	厘米	清理日期	
						高	厘米	累计折旧额	
								清理费用	
						总重量	公斤	变价收入	
会计科长		动力设备科长				复核		登记	设卡日期

企业为防止固定资产卡片丢失，固定资产管理部门还应设立“固定资产卡片登记簿”，逐一登记卡片的开设和注销情况。

（二）固定资产登记簿

财会部门为了分类反映固定资产的使用、保管和增减变动情况，并控制固定资产卡片，还应设置“固定资产登记簿”，即固定资产的二级账。固定资产登记簿是按固定资产类别、使用部门和每项固定资产进行明细分类核算的。每年初按其类别、使用部门将固定资产的年初余额记入登记簿，每月将固定资产的增减情况序时登记，只记金额，不记数量，并结出月末余额，以反映各类固定资产的使用及其增减变动和结存情况。其格式如表6-3所示。

表6-3　　固定资产登记簿

日期		摘要	凭证号	增加									减少						余额
月	日			外购	自建	投资者投入	融资租入	接受捐赠	盘盈	改扩建	其他	合计	出售	盘亏	投资转出	毁损	其他	合计	

（三）固定资产备查簿

固定资产备查簿主要用来登记企业经营租入固定资产的使用和租金支付情况的备查账簿。

固定资产卡片、固定资产登记簿与固定资产总分类账应定期进行核对，固定资产登记簿上各类固定资产余额的合计数必须与固定资产总分类账上的余额核对相符；固定资产卡片上的分类合计数必须与固定资产登记簿上各类固定资产的余额核对相符。这样才能保证会计记录的正确性和全面性，做到账账相符。

第三节　固定资产折旧

一、固定资产折旧的影响因素

折旧是指在固定资产预计使用寿命内，按照确定的方法对应计折旧额进行的系统分摊。固定资产的一个显著特征是能够较长期参加生产经营过程并保持其原有实物形态，但其价值必然是随着固定资产的使用而逐渐转移到成本费用中去，所以固定资产折旧也就是固定资产在使用过程中，逐渐损耗而转移的那部分价值。固定资产折旧的过程，实际上是一个持续的成本费用分摊过程，是将固定资产的取得成本在其使用寿命内进行合理分摊，使之与各期的收入相配比，以正确确认企业的损益。影响固定资产折旧的因素主要有以下几个方面：

（一）固定资产折旧的计提基数。计提固定资产折旧基数，是指应当计提折旧的固定资产原价。它表明在固定资产的整个使用期内，应将其取得时发生的原始成本通过计提折旧的方式，从各期收入中收回，以实现固定资产价值的补偿和实物的更新。

（二）固定资产预计使用寿命。固定资产应当在使用寿命的年限内进行折旧。固定资产使用寿命不是简单意义上的日历年度，而是指固定资产预期使用的年限。有些固定资产的使用寿命也可以用该资产所能生产的产品或提供的服务的数量来表示。

相关链接：

关于固定资产的使用寿命和预计净残值，《小企业准则》要求小企业根据固定资产的性质和使用情况，并考虑税法的规定确定，即要求小企业的折旧政策基本与税法规定保持一致。

企业所得税实施条例中规定：除国务院财政、税务主管部门另有规定外，固定资产计算折旧的最低年限如下：

(1)房屋、建筑物，为20年；

(2)飞机、火车、轮船、机器、机械和其他生产设备，为10年；

(3)与生产经营活动有关的器具、工具、家具等，为5年；

(4)飞机、火车、轮船以外的运输工具，为4年；

(5)电子设备，为3年。

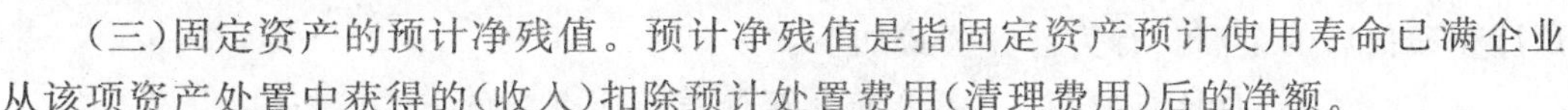

（三）固定资产的预计净残值。预计净残值是指固定资产预计使用寿命已满企业从该项资产处置中获得的（收入）扣除预计处置费用（清理费用）后的净额。

（四）固定资产的折旧方法。企业应当根据与固定资产有关的经济利益的预期实现方式，合理选择固定资产折旧方法。企业固定资产的折旧方法是：年限平均法（即直线法），小企业的固定资产由于技术进步等原因，确需加速折旧的，可以采用双倍余额递减法和年数总和法。

不同的折旧方法会对小企业的成本费用、利润产生不同的影响，企业应当根据固定资产的性质和使用情况，并考虑税法的规定，合理确定固定资产的使用寿命和预计净残值，固定资产的折旧方法、使用寿命、预计净残值一经确定，不得随意变更。

二、固定资产折旧的范围

(一)固定资产计提折旧的项目范围

1.应计提折旧的固定资产。企业拥有或控制的固定资产由于有形损耗或无形损耗的客观存在,一般均应计提折旧。应计提折旧的固定资产应包括:(1)生产经营用固定资产;(2)非生产经营用固定资产;(3)出租固定资产;(4)融资租入固定资产;(5)季节性、大修理停用固定资产;(6)未使用、不需要固定资产。

2.不应计提折旧的固定资产。根据会计核算的要求,对不发生价值损耗或已经得价值补偿的固定资产,则不应计提折旧,具体包括:(1)已提足折旧仍然继续使用的固定资产;(2)单独计价入账的土地;(3)提前报废固定资产,不再补提折旧。

(二)固定资产计提折旧的时间范围

企业固定资产应当按月计提折旧,同时为了保证固定资产计提折旧的可靠、稳妥、合理完整,计提固定资产折旧的时间范围统一规定为:当月增加的固定资产,当月不提折旧,从下月开始计提折旧;当月减少的固定资产,当月照提折旧,从下月起开始不提折旧。这一规定和要求,也可以理解为月初数额法。所以,企业计提折旧的固定资产可以概括为:月初应计提折旧的固定资产。

三、固定资产折旧的计算方法

固定资产折旧的计算方法包括年限平均法,工作量法、双倍余额递减法、年数总和法等。年限平均法和工作量法属直线折旧法;双倍余额递减法和年数总和法属于快速折旧法。折旧方法一经确定,不得随意变更。

(一)年限平均法

年限平均法又称直线法,是将固定资产的应计提折旧额在固定资产预计使用寿命内进行平均分摊的一种方法。应计折旧额是指应当计提折旧的固定资产原值扣除其预计净残值后的金额。有关计算公式如下:

$$\text{年折旧额}=\frac{\text{应计折旧额}}{\text{预计使用寿命}}=\frac{\text{固定资产原价}-\text{预计净残值}}{\text{预计使用寿命}}$$

$$=\frac{\text{固定资产原价}\times(1-\text{预计净残值率})}{\text{预计使用寿命}}$$

$$\text{月折旧额}=\text{年折旧额}\div 12$$

在实际工作中,为了反映固定资产在一定期间的损耗程度和便于计算折旧,每月应计提的折旧额一般是根据固定资产的原值乘以月折旧率计算确定的。固定资产折旧率是指固定资产折旧额与固定资产原值之比。其计算公式如下:

$$\text{年折旧率}=\frac{\text{固定资产原价}-\text{预计净残值}}{\text{预计使用寿命}\times\text{固定资产原价}}\times 100\%$$

或 $=\dfrac{1-\text{预计净残值率}}{\text{预计使用寿命}}\times100\%$

月折旧率＝年折旧率÷12

月折旧额＝固定资产原价×月折旧率

【例6-6】 兴业公司某项固定资产原价为12万元，预计净残值率为4%，预计使用寿命为16年，采用年限平均法计算该项固定资产的折旧。计算如下：

年折旧率＝(1－4%)÷16×100%＝6%

月折旧率＝6% ÷ 12＝0.5%

月折旧额＝120 000×0.5%＝600(元)

以上计算是按个别固定资产单独计算的折旧，在实际工作中，大多数企业是按类别计算固定资产折旧。计算公式如下：

某类固定资产年分类折旧率＝该类固定资产年折旧额之和÷该类固定资产原价之和×100%

月折旧率＝年折旧率÷12

月折旧额＝某类固定资产原价之和×该类固定资产月折旧率

年限平均法计算的折旧额每期是相等的，易于理解，便于掌握，因而得到广泛的运用。但它只是考虑固定资产的使用寿命，而没有考虑固定资产不同使用期间的负荷及损耗程度，仅以时期进行平均分摊，缺乏整体上的合理性。

(二)工作量法

工作量法是根据实际工作量计提固定资产折旧额的一种方法。其计算公式如下：

单位工作量折旧额＝固定资产应计提折旧额 ÷ 预计总工作量

＝固定资产原价×(1－预计净残率)÷预计总工作量

某项固定资产月折旧额＝该项固定资产当月实际工作量×单位工作量折旧额

【例6-7】 兴业公司的一台大型设备，原价为70万元，预计使用寿命为12年，预计完成生产时间为1.25万个台班，预计净残值率为5%，本月A产品生产实际开动设备80个台班。该台设备的月折旧额计算如下：

单件折旧额＝(700 000 —700 000×5%)÷12 500＝53.2(元/台班)

月折旧额＝80× 53.2＝4 256(元)

工作量法也是一种直线法，只是按工作量平均计算折旧，不同时期，完成工作量不相等，其计提的折旧额也不相同。工作量法的优点是根据各期间固定资产使用状况和工作负荷计提固定资产折旧，有一定合理性；但是这种方法不能充分有效地考虑无形损耗对固定资产服务潜力的影响。所以，这种方法适用于各期完成工作量不均衡的固定资产，例如一些独立的大型机构、运输设备等固定资产折旧的计提。

(三)双倍余额递减法

双倍余额递减法是在不考虑固定资产预计净残值的情况下，根据每年年初固定资产净值和双倍的直线法折旧率计算固定资产折旧额的一种方法。采用这种方法计算折旧额时，由于分期计算折旧固定资产净值没有扣除预计净残值，所以在计算固定资产折旧额时，应在其折旧年限到期前两年内，将固定资产净值扣除预计净值残值后的余额平均摊销。其计算公式如下：

年折旧率＝2÷预计使用寿命×100％

年折旧额＝固定资产期初账面净值×年折旧率

月折旧额＝每月月初固定资产账面净值×年折旧率÷12

【例 6-8】 兴业公司有一台机器设备，原价为 20 万元，预计使用寿命为 5 年，预计净残值为 8 000 元。按双倍余额递减法计算各年折旧额，见表 6-4。

年折旧率＝2÷5×100％ ＝ 40％

表 6-4 **各年折旧额计算表(双倍余额递减法)** 金额单位：元

年初账面净值	年折旧率	年折旧额	累计折旧	年末账面折余价值
200 000	40％	80 000	80 000	120 000
200 000－80 000＝120 000	40％	48 000	128 000	72 000
200 000－128 000＝72 000	40％	28 800	156 800	43 200
200 000－156 800＝43 200	/	(43 200－8 000)÷2＝17 600	174 400	25 600
200 000－174 400＝25 600	/	17600	192 000	8 000

(四)年数总和法

年数总和法，是将固定资产的原价减去预计净残值后的净额作为折旧基数，乘以一个逐年递减的分数计算各期固定资产折旧额的一种方法。这个分数的分子代表固定资产可使用寿命，分母代表预计使用寿命逐年数字总和。计算公式如下：

年折旧率＝(预计使用寿命－已使用年限)÷[预计使用寿命×(预计使用寿命＋1)÷2]×100％

＝尚可使用年限÷预计使用寿命的年数总和×100％

年折旧额 ＝(固定资产原价－预计净残值)× 年折旧率

月折旧额＝(固定资产原价－预计净残值)×年折旧率÷12

【例 6-9】 承例 6-8 资料，采用年数总和法计算的各年折旧额，见表 6-5。

表 6-5　　　　各年折旧额计算表(年数总和法)　　　　金额单位:元

时间	尚可使用寿命	原价－预计净残值（应计提折旧额）	年折旧率	年折旧额	累计折旧	年末账面折余价值
第 1 年	5	192 000	5/15	64 000	64 000	138 000
第 2 年	4	192 000	4/15	51 200	115 200	84 800
第 3 年	3	192 000	3/15	38 400	153 600	46 400
第 4 年	2	192 000	2/15	25 600	179 200	20 800
第 5 年	1	192 000	1/15	12 800	19 200	8 000

四、固定资产折旧的账务处理

企业计提的固定资产折旧，应设置“累计折旧”账户进行核算。“累计折旧”账户是“固定资产”账户的备抵账户。该账户贷方登记企业按月计提的固定资产折旧，借方登记处置等固定资产转出的累计折旧，期末余额在贷方，表示企业固定资产的累计折旧额。该账户可按固定资产的类别或项目进行明细核算。

企业按月计提的折旧，应根据固定资产的受益对象计入相关资产成本或者当期损益：车间固定资产折旧，应计入“制造费用”账户；厂部固定资产折旧，应计入“管理费用”账户；专设销售机构固定资产折旧，应计入“销售费用”账户；出租固定资产折旧，应计入“其他业务成本”账户；专项用于研究开发无形资产的固定资产折旧，应计入“研发支出”账户。

【例 6-10】 7 月份，兴业公司应计提固定资产折旧 12.6 万元，其中：生产车间 7 万元；管理部门 4 万元；专设销售机构 1 万元；研究开发无形资产的 6 000 元。公司的账务处理为：

借：制造费用　　　　70 000
　　管理费用　　　　40 000
　　销售费用　　　　10 000
　　研发支出　　　　　6 000
　贷：累计折旧　　　　126 000

第四节　固定资产的后续支出

企业在固定资产投入使用后，往往会发生相关的后续支出，要对其进行维护、改建或者扩建等以提高其使用效率。按固定资产后续支出对固定资产影响期限的长短可将其分为资本化后续支出和费用化后续支出。

一、资本化的后续支出

与固定资产相关的后续支出，如果同时满足下列两个条件的：(1)与该固定资产有关的经济利益很可能流入企业；(2)该项固定资产支出的成本是能够可靠地计量，应将其支出计入相关固定资产成本，即资本化。企业对原有固定资产的更新改造(改建)、装修工程等，一般属于固定资产资本化的后续支出。

固定资产的改建支出，是指改变房屋或者建筑物结构、延长使用年限等发生的支出，装修工程也是改变和计提固定资产的使用状态。这些支出，应当将其资本化计入固定资产账面价值，在以后使用过程中以折旧方式进行系统分摊。但改建入账后的固定资产账面价值不超过该项固定资产的可收回金额。

固定资产发生符合资本化条件的后续支出时，应将该固定资产的原账面价值与已提的累计折旧，转入“在建工程”账户，后续发生的各项支出先通过“在建工程”账户进行归集，当工程达到预定可使用状态后，将“在建工程”账户所归集的费用转入“固定资产”账户，同时应将被替换、拆除部分的账面价值扣除。

【例 6-11】 兴业公司三年前投产一条生产线，原建造成本为 900 万元，预计使用寿命为 10 年，已提折旧 270 万元。现决定对其进行技术改造，以提高其生产能力。技改工程历时 6 个月，共发生工程支出 150 万元，以存款支付；技改过程替换拆卸回收的残料取得变价收入 5 000 元(不考虑拆除部分固定资产原值的减少，也不考虑相关税费)。公司的账务处理为：

(1)生产设施交付技改时：

借：在建工程——技改工程	6 300 000	
累计折旧	2 700 000	
贷：固定资产——生产经营用固定资产		9 000 000

(2)以银行存款支付技改支出时：

借：在建工程——技改工程	1 500 000	
贷：银行存款		1 500 000

(3)回收残料变价收入转存银行时：

借：银行存款	5 000	
贷：在建工程——技改工程		5 000

(4)技改工程达到预定可使用状态，结转工程成本 7 795 000 元(6 300 000＋1 500 000－5 000)时：

借：固定资产——生产经营用固定资产	7 795 000	
贷：在建工程——技改工程		7 795 000

二、固定资产大修理费用

根据《小企业会计准则》，企业固定资产的大修理费用，是指同时符合下列两个条件的修理支出：

（一）修理支出达到取得固定资产时的计税基础50%以上；

（二）修理后固定资产的使尸寿命延长2年以上。

企业固定资产的大修理费用应列为长期待摊费用进行核算。列为长期待摊费用的大修理支出应按照固定资产尚可使用年限进行分期摊销。摊销的大修理支出，应按照固定资产的受益对象，计入“制造费用”、“管理费用”、“销售费用”等账户。

【例6-12】 兴业公司对生产车间设备进行大修理，大修理领用本企业材料一批80 000元，以银行存款支付修理费10 000元，大修理受益期限为3年。公司的账务处理为：

• 发生大修理支出时：

借：长期待摊费用——固定资产大修理支出　　90 000

　贷：原材料　　80 000

　　　银行存款　　10 000

• 受益期限3年内，按月进行摊销时：

借：制造费用　　2 500（90 000÷3÷12）

　贷：长期待摊费用——固定资产大修理支出　　2 500

三、费用化的后续支出

企业发生不符合资本化条件的固定资产后续支出，包括不能列为大修理费用的固定资产后续支出，例如：固定资产日常修理、固定资产维护性支出等，应当在费用发生时直接计入资产成本或者当期损益，这一部分后续支出只是起到维护作用，不能使流入企业的经济利益超过原来估计，因此在发生时直接计入当期损益，不计入固定资产成本。其主要列支账户是：企业生产车间发生固定资产日常修理费用等费用化后续支出，列入“制造费用”账户；行政管理部门发生固定资产日常修理费用等费用化的后续支出，列入“管理费用”账户；与专设销售机构相关的固定资产日常修理费用等费用化的后续支出，列入“销售费用”账户。

【例6-13】 兴业公司对公司一批房屋进行日常修理，修理过程中领用本企业材料一批，价值为2万元；应支付本企业维修人员的职工薪酬为26 000元。这批房屋车间和厂部各占一半。公司的账务处理为：

借：制造费用——基本生产车间（修理费）　　23 000

　　管理费用——修理费　　23 000

　贷：原材料　　20 000

应付职工薪酬 26 000

第五节 固定资产租赁

一、固定资产租赁的形式

租赁固定资产是企业取得资产的一种重要的方式。企业在生产经营过程中，由于生产经营的临时性或季节性需要，或者出于融资方面考虑，可以采取租赁的方式获得所需的固定资产。根据租赁的目的，以与租赁资产所有权有关的风险和报酬归属于出租人或承租人的程度为依据，将租赁按其性质可以分为融资租赁和经营租赁两种形式。

二、固定资产经营租赁

（一）租入固定资产

经营租赁方式下，租赁资产的风险通常没有转移给承租人，因此，承租人不需要将租赁资产资本化，只需将支付或应付的租金按一定的方法确认为费用。承租人对租入的固定资产不能作为企业资产计价入账，只能在“固定资产备查簿”中进行登记，也不计提折旧。租入企业如果一次性预付租金的，应在“预付账款”账户核算，企业应付未付的租金，应通过“其他应付款”账户核算。租入固定资产支付的押金，应在“其他应收款——存出保证金”账户中进行核算。承租人发生的初始直接费用，应当计入当期损益，列入“管理费用”等账户。承租人支付的租赁费，应按租入资产使用部门进行列支，属生产车间使用的，计入“制造费用”账户；属厂部使用的，计入“管理费用”账户；属专设销售机构使用的，计入“销售费用”账户；属研究开发无形资产使用的，计入“研发支出”账户。

【例 6-14】 兴业公司从和平公司租入全新办公用房一幢，租期为 3 年。房屋原账面成本为 3 000 万元，预计使用年限为 30 年。租入时，以存款支付相关直接费用 5 000 元。租赁合同规定，租赁开始日应向和平公司一次性预付租金 120 万元，第一年、第二年末分别支付租金 10 万元，第三年末支付租金 25 万元。租赁期满后预付租金不退回，和平公司收回房屋使用权。公司的账务处理为：

租赁资产的租金总额＝120＋10＋10＋25＝165（万元）

每年应分摊的租金＝165÷3＝55（万元）

（1）支付相关直接费用时：

借：管理费用 5 000

　贷：银行存款 5 000

(2)一次性预付租金时：

借：预付账款——和平公司(预付租金)　　1 200 000

　贷：银行存款　　1 200 000

(3)第一、第二年末分别记：

借：管理费用——租赁费　　550 000

　贷：银行存款　　100 000

　　预付账款——和平公司(预付租金)　　450 000

(4)第三年末应记：

借：管理费用——租赁费　　550 000

　贷：银行存款　　250 000

　　预付账款——和平公司(预付租金)　　300 000

(二)出租固定资产

经营租赁情况下，与资产所有权有关的主要风险和报酬仍然留在出租人一方，因此出租人应当作为自身拥有的资产在资产负债表中列示，账面不能减少该项固定资产。

出租人确认的租赁收入，应借记“银行存款”等账户，贷记“其他业务收入”账户；出租固定资产计提的折旧，应借记“其他业务成本”账户，贷记“累计折旧”账户；出租人为出租资产发生的直接费用(包括初始直接费用和租赁期内应由出租方承担的直接费用等)，应借记“其他业务成本”账户，贷记“银行存款”账户；租赁收入应交纳的营业税等税费，应借记“营业税金及附加”账户，贷记“应交税费”账户。

【例 6-15】　兴业公司出租一项固定资产，原值为 1 000 万元(全新未用)，租赁期为三年，租金总额为 150 万元；每年应确认的租金收入为 50 万元(收存银行)；公司于每年按月对此项出租资产计提折旧 3 万元，应按收入的 5%计算交纳营业税(其他税费略)。公司的账务处理为：

(1)出租固定资产时：

借：固定资产——出租固定资产　　10 000 000

　贷：固定资产——未使用固定资产　　10 000 000

(2)每年取得租金收入，存入银行时：

借：银行存款　　500 000

　贷：其他业务收入　　500 000

(3)按月计提折旧时：

借：其他业务成本　　30 000

　贷：累计折旧　　30 000

(4)每年租金收入应交营业税：

借：营业税金及附加　　25 000

　贷：应交税费——应交营业税　　25 000

(5)租赁期满收回固定资产(转为自用)时:

借:固定资产——生产经营用固定资产　　10 000 000

　贷:固定资产——出租固定资产　　10 000 000

三、融资租入固定资产的会计处理

采用融资租赁方式租入固定资产,尽管从法律形式上资产所有权在租赁期内仍然属于出租方,但是由于资产租赁期基本上包括了资产的有效使用期限,与资产所有权有关的全部风险和报酬实质上已经转移到了承租方。因此承租企业对融资租入固定资产应视同自有固定资产进行核算与管理。企业在融资租入固定资产时,应当按照租赁合同约定的付款总额和在签订租赁合同过程中发生的相关税费等确定固定资产计价入账,同时确认一项负债,并计提折旧。为了同企业其他自有资产区别,应对融资租入的固定资产,单独设置"固定资产——融资租入固定资产"明细账户进行核算。

【例 6-16】 兴业公司于本年 1 月 1 日以融资方式租入一台不需要安装生产设备,双方商定的租赁价款额为 150 万元,分 3 年于每一年年初分期等额付款,另以存款支付运杂费 3 万元,租赁期满此设备转归兴业公司所有。公司的账务处理为:

(1)取得融资租入固定资产时:

借:固定资产——融资租入固定资产　　1 530 000

　贷:长期应付款　　1 500 000

　　银行存款　　30 000

(2)每年支付租金

借:长期应付款　　500 000

　贷:银行存款　　500 000

(3)租赁期满,结转固定资产时:

借:固定资产——生产经营用固定资产　　1 530 000

　贷:固定资产——融资租入固定资产　　1 530 000

第六节　固定资产处置、清查

一、固定资产的处置

企业固定资产处置包括报废、毁损、出售、对外投资、债务重组、捐赠、非货币性资产交换等原因转出的固定资产,都属于固定资产的清理,固定资产清理处置应通过"固定资产清理"账户进行核算。

"固定资产清理"账户,用于核算企业清理、转出的固定资产价值以及在清理过程中发生的费用等,借方登记转出的固定资产价值、清理过程中应支付的相关税费及其他费用，贷方登记固定资产清理取得收入、残料价值和变价收入等，期末借方余额，反映企业尚未清理完毕固定资产清理净损失。该账户应按被处置固定资产项目设置明细账，进行明细核算。

企业固定资产清理处置的会计处理一般分为以下几个步骤：

(一)固定资产转入清理

处置固定资产转入清理，应按处置固定资产的净值，借记"固定资产清理"账户，按已计提的累计折旧，借记"累计折旧"账户，按固定资产账面原值，贷记"固定资产"账户。

(二)发生清理费用及应交税费

处置清理固定资产过程中发生的费用以及应交的税费，应借记"固定资产清理"账户，贷记"银行存款"、"应交税费"等账户。

(三)取得出售收入、残料收入和保险赔款等的处理

处置清理固定资产取得的出售收入、残料价值或保险赔款等各项收入，应按实收到或应收的金额，借记"银行存款"、"原材料"、"其他应收款"等账户，贷记"固定资产清理"账户。

(四)结转清理净损益

结转固定资产处置的净收益，按"固定资产清理"账户的贷方差额，借记"固定资产清理"账户，贷记"营业外收入——处置非流动资产收益"账户。结转固定资产处置的净损失，属于生产经营期间正常的处理损失，按"固定资产清理"账户的借方差额，借记"营业外支出——处置非流动资产损失"账户，贷记"固定资产清理"账户；属于自然灾害等非正常原因造成的损失，应借记"营业外支出——非常损失"，贷记"固定资产清理"账户。

相关链接：

根据财政部、国税局[2008]170号和[2009]9号文件规定：①纳税人销售自己使用过的2009年1月1日后购进或自制的固定资产按照适用税率征收增值税；②2008年12月31日以前未纳入扩大增值税抵扣范围试点的纳税人，销售自己使用过的2008年12月31日以前购进或自制的固定资产，按照4%征收率减半征收增值税；③一般纳税人销售自己使用过属于增值税条例第十条规定不得抵扣且未抵扣进项税额的固定资产，按简易办法依4%征收率减半征收增值税。

根据《小企业会计准则》("固定资产清理"科目说明)固定资产(机器设备等动产)出售、报废、毁损、对外投资、盘亏等应计算结转的增值税，均为"进项税额转出"。

【例6-17】 兴业公司在2013年3月出售一年前购入的电子生产设备一台，原值

200 000 元，增值税 34 000 元，该项设备预计折旧年限为 5 年，预计净残值率为 5%，采用直线法计算；出售价款（包含增值税）175 500 元，收到存入银行；无清理费用。公司的账务处理为：

一年累计折旧额＝[200 000×(1－5%)÷5]×1＝38 000(元)

(1)结转出售资产：

借：固定资产清理——出售电子设备　　162 000

　累计折旧　　38 000

　贷：固定资产　　200 000

(2)取得出售价款存入银行：

应交增值税额＝[175 500÷(1＋17%)]×17%＝25 500(元)

借：银行存款　　175 500

　贷：固定资产清理——出售电子设备　　150 000

　　应交税费——应交增值税（进项税额转出）　　25 500

(3)批准后结转净损益：

借：营业外支出——处置非流动损失　　12 000

　贷：固定资产清理——出售电子设备　　12 000

【例 6-18】　兴业公司由于火灾致使一台生产用机器设备严重损坏，不能使用，经查实发现该设备是 2009 年 1 月 1 日以后购入的，账面上有记录该项机器账面原值 240 000元，账面累计折旧 40 000 元，购进时已经抵扣进项税额 40 800 元，该项机器设备的增值税税率 17%。该设备的损失经批准由责任人承担 50%，由平安保险公司赔偿 50%，两项赔偿款待收。无清查费用发生，公司的账务处理为：

(1)结转毁损资产时：

进项税额转出金额＝固定资产净值×增值税税率

＝(240 000－40 000)×17%＝34 000(元)

借：固定资产清理——生产设备毁损清理　　234 000

　累计折旧　　40 000

　贷：固定资产　　240 000

　　应交税费——应交增值税（进项税额转出）　　34 000

(2)结转两项应收赔偿时：

借：其他应收款——责任人　　117 000

　　　　　　——保险公司　　117 000

　贷：固定资产清理——生产设备毁损清理　　234 000

(3)批准后结转净损失时：

借：营业外支出——非常损失　　105 300

　贷：固定资产清理——生产设备毁损清理　　105 300

【例 6-19】 兴业公司已使用 10 年(2008 年 12 月 31 日前购入)一项在用生产设备不能正常使用经批准予以报废。该设备原价 40 万元,已提折旧 38 万元。残料出售取得收入 52 000 元存入银行,发生的清理费用 1 万元,以存款支付。公司的账务处理为:

(1)将损毁的仓库转入清理时:

借:固定资产清理——生产设备报废清理　　20 000

　累计折旧　　380 000

　贷:固定资产——生产经营用固定资产　　400 000

(2)残料取得收入时:

应交增值税=52 000÷(1+4%)×2%=1 000(元)

借:银行存款　　52 000

　贷:固定资产清理——生产设备报废清理　　51 000

　　应交税费——应交增值税(进项税额转出)　　1 000

(3)支付清理费用时:

借:固定资产清理——生产设备报废清理　　10 000

　贷:银行存款　　10 000

(4)批准后结转报废固定资产发生的净损益时:

借:固定资产清理——生产设备报废清理　　21 000

　贷:营业外收入——处置非流动资产收益　　21 000

企业对外捐赠转出的固定资产的账务处理与固定资产出售、报废或毁损的处理基本一致,也要通过"固定资产清理"账户核算。但期末,应将"固定资产清理"账户的余额进行结转,借记"营业外支出——捐赠支出"账户,贷记"固定资产清理"账户。

二、固定资产的清查

企业于每年编制年度财务报告前,应当对固定资产进行全面的清查。平时,可根据需要进行局部的清查。固定资产的清查方法采用实地盘点,即把固定资产卡片与实物进行核对。对于盘盈、盘亏的固定资产,应填写盘存记录。清查结束后,应根据盘点的记录,编制"固定资产盘盈盘亏报告表",作为固定资产清查的账务处理依据。

企业如有盘盈的固定资产,按照同类或类似固定资产的市场价格或评估价值扣除按照该项固定资产新旧程度估计的折旧后的余额,借记"固定资产"账户,贷记"待处理财产损溢—— 待处理非流动资产损溢" 账户。盘亏的固定资产,按照该项固定资产的账面价值,借记"待处理财产损溢——待处理非流动资产损溢" 账户,按照已计提的累计折旧,借记"累计折旧"账户,按照其原价,贷记"固定资产"账户,对已查明原因的盘盈、盘亏的固定资产按照管理权限批准后处理时,将其盘盈、盘亏固定资产的净损益,转入营业外收支。

固定资产按规定涉及增值税进项税额的，还应进行相应的结转。

【例6-20】 兴业公司在财产清查中发现盘盈设备一台，其重置成本为15万元，估计折旧3万元。公司的账务处理为：

(1)发现盘盈时：

借：固定资产　　120 000

　贷：待处理财产损溢——待处理非流动资产损溢　　120 000

(2)经审核：

借：待处理财产损溢——待处理非流动资产损溢　　120 000

　贷：营业外收入——盘盈收益　　120 000

【例6-21】 兴业公司企业在财产清查中发现盘亏小汽车一辆，其原价为20万元，已提折旧12万元(小汽车盘亏不涉及增值税进项税额)。公司的账务处理为：

(1)发现盘亏时：

借：待处理财产损溢——待处理固定资产损溢　　80 000

　累计折旧　　120 000

　贷：固定资产——生产经营用固定资产　　200 000

(2)报经有关部门审批后，结转盘亏损失时：

借：营业外支出——盘亏损失　　80 000

　贷：待处理财产损溢——待处理固定资产损溢　　80 000

第七章

无形资产和长期待摊费用

第一节 无形资产

我们知道，成功的企业品牌、商标权、专利技术等是很有价值的，能成为财富，但它们没有实物形态，那就是人们常说的无形资产。

在科学技术日新月异的今天，无形资产在企业中占据重要的地位，作用显著，优秀的企业离不开良好无形资产的支撑。

课堂讨论：

(1)你对无形资产有哪些了解？你认为企业一般会有哪些方面的无形资产？无形资产的作用体现在哪些方面？

(2)据美国《商业周刊》发布全球 100 项顶级品牌榜，排在前 10 位的是：可口可乐、微软、IBM、通用电气、英特尔、迪斯尼、麦当劳、诺基亚、丰田、万宝路。其中可口可乐品牌的价值是 673.94 亿美元。你认为可口可乐品牌这么大的价值是怎样形成的？

一、无形资产概述

无形资产是指企业为生产产品、提供劳务、出租或经营管理而持有的，没有实物形态的可辨认非货币性资产。无形资产有如下基本特征：

第一，不具有实物形态。无形资产所体现的是一种由法律或合同关系所赋予的权利或获得超额利润的能力，通常表现为某种权利、技术或获取超额利润的综合能力。它没有实物形态，但却能够为企业带来经济利益，或者能使企业获得高于同行业一般水平的盈利能力。没有实物形态是无形资产最基本的特征，也是确认无形资产的基本依据。

第二，是可辨认的资产。可辨认资产是指能够与实体分开单独处置的资产，也就是具有专门名称、能个别取得和单独处置的资产。其存在无法与企业自身分离,不具有可辨性的、无实体形态的资产,不属于无形资产,如商誉。无形资产可辨认的标准是:它能够从企业中分离或者划分出来,并能单独或者与相关合同、资产或负债一起,用于出售、转移、授予许可、租赁或交换;它源自合同性权利或其他法定权利,无论这些权利是否可以从企业或其他权利和义务中转移或者分离。

第三,有偿取得。企业取得无形资产一般要付出代价,只有花费了支出的无形资产,才能作为无形资产入账;凡是没有作出专门支付行为的,一般不能作为无形资产入账。

第四,未来经济利益的不确定性。无形资产得以作为资产存在的前提条件是能为企业带来未来的经济利益,但是其所能带来的经济利益会受企业外部因素的影响,如相关新技术更新换代速度等,其预期的获利能力难以准确地加以确定;无形资产的取得成本并不代表其经济价值,一项取得成本较高的无形资产可能为企业带来较少的经济利益,而取得成本较低的无形资产则可能给企业带来较大的收益。

第五,能在较长的时期内为企业带来经济利益。无形资产一般可以在较长的时期内存在,企业可以长期受益。因而,无形资产属于非货币性长期资产,企业取得无形资产的支出,属于资本性支出,其支出应在各受益期间进行摊销。那些虽然具有无形资产的其他特征却不能在一年以上或超过一年的一个营业周期以上为企业服务的资产,不能作为无形资产。

二、无形资产的内容

企业无形资产一般包括专利权、商标权、土地使用权、著作权和非专利技术等。

(一)专利权

专利权是指国家专利机关授予发明人在一定期限内所享有的专制、专销和使用其发明创造成果的一种专门权利。专利权除具有无形资产基本特征外,还具有以下特征:

专利权特征
- 法定授权性——依法授予权利,受法律保护
- 专有性——也称独占性,拥有人独自享有权利
- 地域性——哪国授予,哪国有效,对其他国家没有效力
- 时间性——法定时间内有效,我国专利法规定:发明专利权20年,实用新型和外观设计专利权10年

专利权的有用性主要体现在可以降低成本,或者提高产品质量,或者将其转让取得转让收入等。但是专利权并不保证一定能给持有者带来经济效益。所以只有从外单位购入的和自行开发并按法定程序申请取得的专利权,才能列为无形资产进行核算。

（二）商标权

商标是用来辨认特定商品或劳务的标记。商标权是指企业专门在某种指定的商品上使用特定的名称、图案、标记的权利。我国商标法的规定，经商标局核准注册的商标称注册商标，商标注册人享有商标专用权，受法律保护。商标权的有效期限为十年，期满前可继续申请延长注册期。商标权的内容包括独占使用权和禁止使用权两个方面。

企业拥有的商标权是否均列为无形资产呢？应区分两种情况：

- 自创商标权——不列为无形资产
  - 直接成本难以确定
  - 广告费等相关在发生时列为当期损益
- 外购商标权——列为无形资产

提示：

①商标和商标权是两个不同的概念。②商标权具有与专利权相近的专有性、地域性和时间性的特征。③商标权它是商标所有人的财富，其价值主要体现在优质优价和商品的市场占有率等方面。

（三）土地使用权

土地使用权是指国家准许某一企业或单位在一定期间内对国有土地享有开发、利用、经营的权利。企业列为无形资产的土地使用权与其取得方式密切相关：

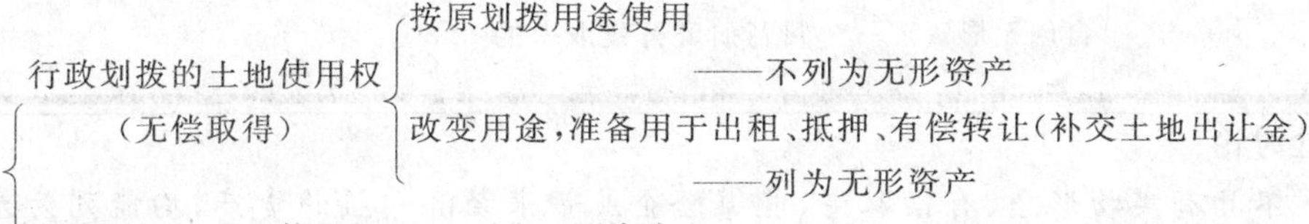

相关链接：

自行开发建造厂房等建筑物，相关的土地使用权与建筑物应当分别进行处理；外地土地及建筑物支付的价款应当在建筑物与土地使用权之间按合理的方法进行分配，分别列为无形资产和固定资产；难以合理分配的，则全部作为固定资产。

（四）著作权

著作权（也称版权）是指著作权人对其著作依法享有的出版、发行等方面的专有权利。著作权可以转让、出售或赠予。著作权包括发表权、署名权、保护作品完整权、发行权和获得报酬的权利等。这里所说的著作除了文学、艺术作品外，还应包括工程设计、产品设计图纸及其说明、计算机软件、美术作品、建筑作品、艺术作品、摄影作品等。

(五)非专利技术

非专利技术也称专有技术,是指发明人垄断的,不公开的,具有实用价值的先进技术、资料、技能、诀窍等。非专利技术具有经济性、秘密性和动态性等特点。非专利技术实际上具有专利权的效用,但是由于未申请取得专利权,所以不受法律保护。只要不泄密,非专利技术可以长期拥有。

企业自行开发研究非专利技术,可能成功也可能失败,所以,研究过程中所发生的费用,根据谨慎性原则,应将研究阶段的支出列入当期损益,不计入无形资产价值。只有符合确认条件的开发阶段的支出以及相关费用,才能列为无形资产。对于从外部购入的非专利技术,应将其实际发生的支出予以资本化,作为无形资产入账。

三、无形资产的分类

无形资产可以按照有无期限和来源进行分类,具体如下:

按照有无期限分类:
- 有期限无形资产——专利权、商标权、著作权等
  土地使用权
- 无期限无形资产——非专利技术

按照来源分类:
- 外来无形资产:
  - 外购
  - 接受投资
  - 接受捐赠等
- 自创无形资产——自行研究开发取得的

课堂讨论:

不具有实物形态、有偿取得、能够给企业带来经济利益的资产,均能列为无形资产吗?企业确认无形资产时,要同时考虑哪些因素?

四、无形资产的业务流程

无形资产基本业务流程以图示概括如下(见图 7-1)。

五、无形资产核算的账户设置

企业无形资产的核算,主要应设置以下几个账户:

(一)"无形资产"账户

"无形资产"账户用于核算企业持有的无形资产成本。该账户借方登记取得无形资产的成本,贷方登记出售、报废等处置无形资产的成本,期末借方余额,反映企业持有无形资产的成本。该账户应按无形资产项目进行明细核算。

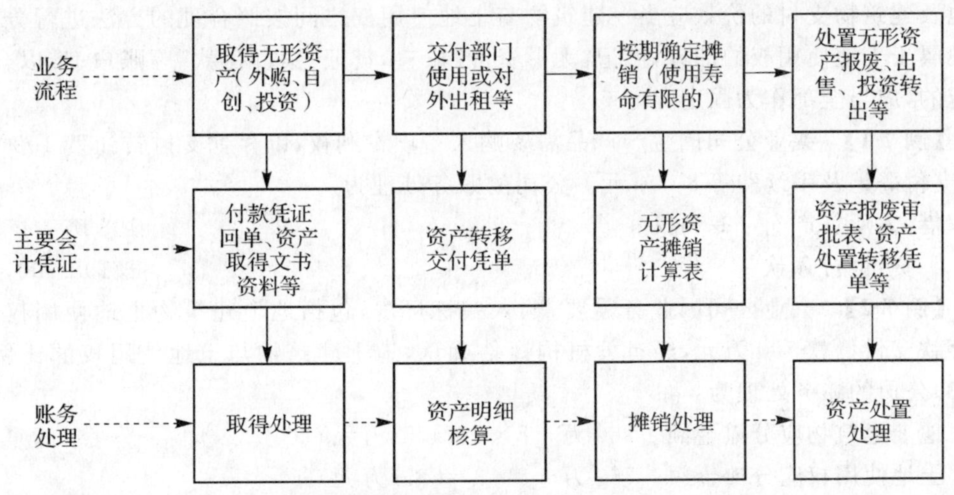

图 7-1　无形资产基本业务流程

（二）"累计摊销"账户

"累计摊销"账户属于资产类账户，是"无形资产"账户的备抵账户，用于核算无形资产计提的累计摊销。该账户贷方登记计提的无形资产摊销，借方登记出售、报废等处置无形资产结转的累计摊销。期末余额在贷方，反映企业持有无形资产的累计摊销额。

课堂讨论：

"无形资产"账户期末借方余额和"累计摊销"账户期末贷方余额之差，反映的是什么？

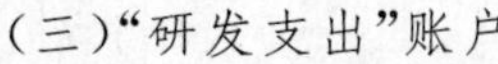

（三）"研发支出"账户

"研发支出"账户用于核算企业进行研究与开发无形资产过程中发生的各项支出。该账户借方登记研究与开发无形资产发生的各项支出，贷方登记研发项目形成无形资产转出的资本化支出和按期转出研发项目的费用化支出。期末借方余额，反映正在进行的无形资产开发项目满足资本化条件的支出。该账户应按照研究开发项目，分别"费用化支出"、"资本化支出"进行明细核算。

六、无形资产的账务处理

（一）无形资产的取得

1. 外购的无形资产。小企业外购无形资产，应按照购买价款、相关税费以及相关的其他支出（含相关的借款费用）确定其入账成本。企业外购无形资产时，借记"无形资产"账户，贷记"银行存款"、"应付利息"等账户。自行开发建造厂房等建筑物，外购土地及建筑物支付的价款应当在建筑物与土地使用权之间按照合理的方法进行分配，其中属于土地使用权的部分，借记“无形资产”账户，贷记“银行存款”等账户；难以合理分配的，应当全部作为固定资产。

【例 7-1】 兴业公司因生产产品需要购入一项专利权，以存款支付转让费 190 000 元，支付登记及手续费等 8 000 元。公司的账务处理为：

借：无形资产——专利权　　198 000

　贷：银行存款　　198 000

【例 7-2】 兴业公司因业务需要，购入一栋厂房，包括地上建筑物土地使用权，共以存款支付价款 760 万元，经有关机构评估确认，地上建筑物与土地使用权的比例为 5∶3。公司的账务处理为：

地上建筑物应分摊金额　760 万÷8×5＝475(万元)

土地使用权应分摊金额　760 万÷8×3＝285(万元)

借：固定资产——生产经营用固定资产(厂房)　　4 750 000

　　无形资产——土地使用权(厂房)　　2 850 000

　贷：银行存款　　7 600 000

2.投资者投入的无形资产。企业收到投资者投入的无形资产，应当按照评估价值和相关税费确定其入账成本。企业收到投资者投入的无形资产时，按照评估价值和相关税费之和，借记“无形资产”账户，按照确认资本额贷记“实收资本”账户，按照支付的相关税费，贷记“银行存款”等账户，按照其差额贷记“资本公积”账户。

【例 7-3】 兴业公司接受四通公司以一项专利权 A 进行投资，双方认可的评估价值为 15 万元，双方确认的资本额为 10 万元。取得专利权时，公司以存款支付相关费用 5000 元。公司的账务处理为：

借：无形资产——专利权(A)　　155 000

　贷：实收资本　　100 000

　　　资本公积　　50 000

　　　银行存款　　5 000

3.自行开发的无形资产。企业自行开发的无形资产，一般需经过一个研究和开发的过程，而且能否成功有很大的不确定性。所以，自行开发无形资产的支出，包括研究阶段和开发阶段发生的支出，均先通过“研发支出”账户进行核算。自行开发项目达到预定用途形成无形资产时，将开发阶段发生的符合资本化条件的支出，作无形资产成本，转入“无形资产”账户。自行开发项目研究过程中发生的费用以及开发阶段不符合资本化条件的支出均作为技术研究费用，直接列入当期损益。

企业自行研究开发项目，开发阶段的支出，同时满足下列五个条件的，才能确认为无形资产。

(1)完成该无形资产以使其能够使用或出售在技术上具有可行性；

(2)具有完成该无形资产并使用或出售的意图；

(3)能够证明运用该无形资产生产的产品存在市场或无形资产自身存在市场，无形资产将在内部使用的，应当证明其有用性；

(4)有足够的技术、财务资源和其他资源支持，以完成该无形资产的开发，并有能力使用或出售该无形资产；

(5)归属于该无形资产开发阶段的支出能够可靠地计量。

企业自行研究开发无形资产发生的研发支出，不满足资本化条件的，借记“研发支出(费用化支出)”账户，满足资本化条件的，借记“研发支出(资本化支出)”账户，贷记“原材料”、“银行存款”、“应付职工薪酬”、“应付利息”等账户。

研究开发项目达到预定用途形成无形资产的，应按“研发支出(资本化支出)”账户的余额，借记“无形资产”账户，贷记“研发支出(资本化支出)”账户。

月末，应将“研发支出(费用化支出)”账户归集的费用化支出转列为管理费用，借记“管理费用”账户，贷记“研发支出(费用化支出)”账户。

【例7-4】 兴业公司自行研究开发某项新技术，研究试制过程中领用原材料25 000元，应付人工费19 000元，存款支付其他相关费用12 000元。该项目研究取得初步成功，进入开发阶段发生的支出：应付人工费27 000元，以存款支付相关费用15 000元，应负担的固定资产折旧费11 000元。经确认开发阶段支出符合资本化条件，研究开发项目达到预定用途。公司的账务处理为：

(1)研究过程中发生的支出：

	借方	贷方
借：研发支出——费用化支出	56 000	
贷：原材料		25 000
应付职工薪酬		19 000
银行存款		12 000

(2)开发阶段符合资本化条件的支出：

	借方	贷方
借：研发支出——资本化支出	53 000	
贷：应付职工薪酬		27 000
累计折旧		11 000
银行存款		15 000

(3)期末，结转本期归集的费用化支出时：

	借方	贷方
借：管理费用——研究费用	56 000	
贷：研发支出——费用化支出		56 000

(4)自行研发专利权申请取得成功，结转资本化支出：

	借方	贷方
借：无形资产——专利权	53 000	
贷：研发支出——资本化支出		53 000

提示：

无形资产的入账价值，既不是无形资产的实际价值，也不是取得无形资产所发生的全部实际成本。无形资产入账实际成本至少不包括：(1)自行开发无形资产研究阶段的支出；(2)自行开发无形资产不符合条件的开发阶段的支出；(3)无形资产入账后发生的后续支出。

(二)无形资产的摊销

无形资产属于企业的长期资产，能在较长时期给企业带来经济效益。同时，无形资产通常也有一定的有效期限，在这个期限内，伴随着无形资产为企业经济利益的提供，其价值会发生转移，或具有价值的权利会终结或消失。因此，企业取得无形资产时，应分析判断其使用寿命，并将其在预计使用寿命内系统、合理地摊销。

1. 无形资产摊销的起止时间。无形资产的摊销，应当自无形资产可供使用时起，至停止使用或出售时止。所以，一般情况下，无形资产应当自取得当月起进行摊销。

2. 无形资产的摊销方法和摊销期限。企业无形资产应采用年限平均法(直线法)进行摊销。

无形资产的摊销期限为其预计使用寿命。预计使用寿命由企业根据有关规定，结合企业具体情况加以确定。企业确定无形资产预计使用寿命应当区别下列情况进行：

(1)有关法律或合同约定了使用年限的，可以按照规定或约定的使用年限分期摊销。

(2)合同或法律没有规定使用寿命的，企业应当综合各方面因素判断，以确定无形资产的摊销期限。如聘请专家进行论证、与同行业的情况进行比较、参考历史经验等方法确定。

(3)企业不能可靠估计无形资产使用寿命的，摊销期不得低于10年。

相关链接：

执行《企业会计准则——具体准则》的企业，无形资产摊销有所不同：

(1)需要摊销的无形资产仅是使用寿命有限的那部分；

(2)摊销无形资产的预计使用寿命由企业根据有关规定，结合企业具体情况加以确定；

(3)无形资产应摊销金额为其成本扣除预计残值后的金额，已经计提减值准备的无形资产的摊销金额还应扣除已计提减值准备。

3. 无形资产摊销的账务处理。企业按月计提的无形资产摊销，应根据其受益对象计入相关资产成本或者当期损益。企业生产过程中使用与产品制造密切相关的无形资产摊销，借记“制造费用”账户，企业一般生产经营及管理用的无形资产摊销，借记“管理费用”账户，出租无形资产的摊销，借记“其他业务成本”账户，按照摊销总金额，贷记“累计摊销”账户。

【例 7-5】 兴业公司××年 10 月份无形资产摊销情况如表 7-1。

表 7-1　　　　　　　　**无形资产摊销表**

××年 10 月　　　　　　　　单位：元

项　目	入账价值	预计使用寿命	每月摊销金额
土地使用权(厂部)	4 620 000	35 年	11 000
专利权(A)(生产过程中使用)	276 000	10 年	2 300
专利权(B)(出租)	180 000	5 年	3 000
合　计	5 076 000	/	16 300

根据上述“无形资产摊销表”，公司的账务处理为：

借：制造费用——基本生产车间　　2 300

　　管理费用——无形资产摊销　　11 000

　　其他业务成本　　3 000

　　贷：累计摊销——土地使用权(厂部)　　11 000

　　　　　　　　——专利权(B)　　3 000

　　　　　　　　——专利权(A)　　2 300

(三)无形资产的出租

出租无形资产，就是无形资产使用权(不包括土地使用权)的转让，这仅仅是将部分使用权让渡给其他单位或个人，出租方并不丧失对原有无形资产的所有权，因而仍拥有使用、取得收益和处置的权利。租入方只是取得无形资产的使用权，在合同规定的范围内合理使用。出租无形资产取得的租金收入按照让渡资产使用权所取得收入加以确认，列为其他业务收入；发生的与出租无形资产相关的摊销额和相关支出等，应列为其他业务成本；出租无形资产收入应交纳的营业税等税费，应计入“营业税金及附加”账户。

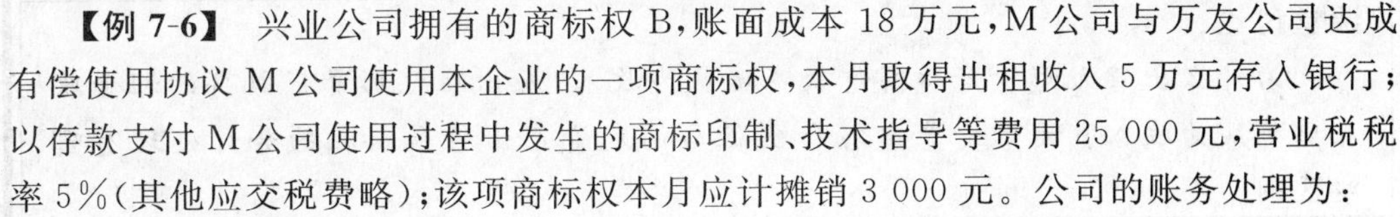

【例 7-6】 兴业公司拥有的商标权 B，账面成本 18 万元，M 公司与万友公司达成有偿使用协议 M 公司使用本企业的一项商标权，本月取得出租收入 5 万元存入银行；以存款支付 M 公司使用过程中发生的商标印制、技术指导等费用 25 000 元，营业税税率 5%(其他应交税费略)；该项商标权本月应计摊销 3 000 元。公司的账务处理为：

(1)取得出租收入时：

借：银行存款　　50 000

　　贷：其他业务收入　　50 000

(2)结转摊销额和应纳营业税时：

借：其他业务成本　　3 000

　营业税金及附加　　25 000

　贷：累计摊销——商标权　　3 000

　　应交税费——应交营业税　　25 000

(3)支付有关费用时：

借：其他业务成本　　25 000

　贷：银行存款　　25 000

(四)无形资产的处置

无形资产处置从其原因看，主要包括无形资产出售、报废、对外投资等情况。根据无形资产存在形式比较简单的特点，企业处置无形资产不必设置清理类账户，而是直接进行账务处理的。

1.无形资产出售。无形资产出售是企业处置无形资产的一种形式，是企业转让无形资产所有权(包括土地使用权)的行为。无形资产所有权是指企业在法律规定的范围内对拥有的无形资产享有的占有、使用和收益处置的权利。企业出售无形资产，一方面取得收入，另一方面是减少无形资产账面价值，同时按规定计算应交税费。企业出售无形资产的收入与该项无形资产的账面价值和应支付税费之和的差额，是出售处置这项资产的损益，应直接计入营业外收支。

【例 7-7】 兴业公司将拥有的一项专利权予以出售，取得收入 200 000 元存入银行，营业税率 5%(其他应交税费略)。该项专利权的账面成本为 276 000 元，累计摊销额 165 600 元。公司的账务处理为：

借：银行存款　　200 000

　累计摊销——专利权　　165 600

　贷：无形资产——专利权　　276 000

　　应交税费——应交营业税(200 000×5%)　　10 000

　　营业外收入——非流动资产处置净收益　　79 600

课堂讨论：

为什么出售无形资产所得价款不确认为收入，而出租无形资产取得的租金收入要确认为收入？无形资产出售和出租与固定资产出售和出租的会计处理有哪些区别？

2.无形资产报废。如果无形资产预期不能为企业带来经济利益时，从而不再符合无形资产的定义，企业应将该无形资产的账面价值予以转销，确认为转销当月的营业外支出。判断无形资产预期不能为企业带来经济利益，应根据下列迹象加以判断：

第一，该无形资产已被其他新技术等所替代，且已不能为企业带来经济利益；

第二，该无形资产不再受法律的保护，且不能给企业带来经济利益。

【例7-8】 兴业公司经核查发现，专利权H由于科技进步等原因已丧失使用价值，不能为企业带来经济利益，予以转销。该项专利权账面成本250 000元，累计摊销额195 000元。公司的账务处理为：

借：营业外支出——非流动资产处置净损失　　55 000

　　累计摊销——专利权H　　195 000

　贷：无形资产——专利权H　　250 000

3. 无形资产对外投资。企业将无形资产用于对外投资，属于非货币性资产交换取得长期股权投资等。应按照换出无形资产的评估价值和相关税费之和，借记"长期股权投资"等账户，按照已计提累计摊销，借记"累计摊销"账户，按照无形资产的账面成本，贷记"无形资产"账户，按照支付的相关税费，贷记"应交税费"等账户，按照其差额，贷记"营业外收入"或借记"营业外支出"账户。

第二节 长期待摊费用

一、长期待摊费用的内容

长期待摊费用是指企业已经发生，应由本期和以后各期负担的，摊销期在一年以上的各项费用。长期待摊费用本质上不属于资产，但由于它一般数额较大，受益期较长，所以将其列为资产项目，在受益期内转销或分期摊销。企业的长期待摊费用主要包括：

第一，已提足折旧固定资产的改建支出。是指固定资产虽然已提足折旧，但仍能使用，或经过必要改建，包括改装、装饰、改良等仍具有使用效益。这样由此而发生的相关改建支出就不必再列为固定资产价值，而作为长期待摊费用处理。

第二，经营租入固定资产改建支出。是指能改进以经营租赁方式租入固定资产的效用或延长其使用寿命的改装、装饰、改良等支出。这种改建支出是承租人在租赁期限和使用权限内发生的，它能改善或提高该项固定资产的使用效能，但不能列入租入固定资产的价值，因而应列为长期待摊费用处理。

第三，固定资产大修理支出。固定资产大修理因修理间隔期较长（一般在一年以上），支出数额也比较大，所以，符合"两个条件"的固定资产大修理支出的应列为长期待摊费用进行摊销处理。

第四，其他长期待摊费用。这是指不属于上述各项以外的各种摊销期超过一年的其他待摊费用。

企业已经交纳的税金、预付租金，应由本期负担的借款利息、租金等以及无法与未来收益相配比的其他各项支出，不能作为长期待摊费用处理。另外会计核算已按一定方法进行分摊处理的费用，如低值易耗品、包装物的摊销，也不能列为长期待摊费用。

长期待摊费用本身没有价值，并不属于资产的范畴，它所带来的效益要期待于未来实现，并且数额比较大，为正确反映当期经营成果，需要对其进行递延处理。

二、长期待摊费用的账务处理

企业发生的长期待摊费用，应设置“长期待摊费用”账户进行核算。该账户借方登记企业发生的各项长期待摊费用，贷方登记摊销的长期待摊费用，期末借方余额表示尚未摊销的长期待摊费用。该账户应按费用项目，进行明细核算。

(一)长期待摊费用的发生

企业发生长期待摊费用时，借记“长期待摊费用”账户，贷方“银行存款”、“原材料”、“应付职工薪酬”等账户。

【例 7-9】 兴业公司一项大型生产设备已提足折旧，但改建后仍能正常使用，现对其进行改建，改建过程中(不形成工程)领用原材料 27 800 元，结算应付职工薪酬 12 000元，以存款支付相关支出 7 000 元。工程已完工，此项工程预计可以延长固定资产使用寿命 3 年。公司的账务处理为：

借:长期待摊费用——已提足折旧固定资产改建支出　　46 800
　贷:原材料　　27 800
　　应付职工薪酬　　12 000
　　银行存款　　7 000

【例 7-10】 兴业公司年初向外单位租入一层办公用房，租赁期为 5 年，从承租日起，公司对该办公用房进行装修，出包工程款 120 000 元以银行存款付清，该办公用房尚可使用 15 年。公司的账务处理为：

(1)支付出包工程款时：

借:在建工程　　120 000
　贷:银行存款　　120 000

(2)装修完工结转工程成本时：

借:长期待摊费用——经营租入固定资产改建支出　　120 000
　贷:在建工程　　120 000

(二)长期待摊费用的摊销

企业的长期待摊费用应当在其摊销期限内采用年限平均法(直线法)进行摊销，其摊销期限应按照费用项目分别进行确定：

1.已提足折旧固定资产的改建支出，按照固定资产预计尚可使用年限分期摊销。

2.经营租入固定资产的改建支出，按照合同约定的剩余租赁期限分期摊销。

3.固定资产大修理支出，按照固定资产尚可使用年限分期摊销。

4.其他长期待摊费用，自支出发生月份的下月起分期摊销，摊销期不得低于3年。

企业按月摊销的长期待摊费用，应根据其受益对象计入相关资产的成本或期间费用等，借记“制造费用”、“管理费用”、“销售费用”等账户，贷记“长期待摊费用”账户。

课堂讨论：

“长期待摊费用”有何特点？分析说明长期待摊费用的核算与利润确认的关系。

【例7-11】 承例7-9，兴业公司已提足折旧的大型设备经改建后预计尚可使用3年。公司分3年对46 800元改建支出按月进行摊销，公司的账务处理为：

借：制造费用　　［46800÷(3×12)］　1 300

　贷：长期待摊费用——已提足折旧固定资产改建支出　　1 300

【例7-12】 承例7-10，兴业公司经营租入办公楼的120 000元装修支出，应按租赁期5年进行摊销。每月摊销时，公司的账务处理为：

借：管理费用　　［120000÷(5×12)］　2 000

　贷：长期待摊费用——经营租入固定资产改建支出　　2 000

如果长期待摊的费用项目不能使以后会计期间受益的，应当将尚未摊销的该项目的摊余价值全部转入当期损益。

想一想：

下列各项是否应列为长期待摊费用：

①分期摊销法下，领用摊期为2年的生产工具一批，成本70 000元；

②支付所有符合“两个条件”的固定资产大修理费用10万元，修理间隔期为3年；

③公司开办费5万元；

④公司外购商标权支付的价款和税费共计25万元；

⑤租入沿街房开办公司门市部，租赁期2年，支付装修费15万元；

⑥预付经营性租入固定资产的3年租赁费21万元。

第八章

负 债

第一节 负债概述

一、负债的特征

负债是指企业过去的交易或者事项形成的，预期会导致经济利益流出企业的现时义务。

一个企业的自有资金是有限的，所以，负债是企业一项重要的资金来源。适度的负债经营，是企业生产经营的基本策略和方式。同时，企业的生产经营活动，也会产生一些暂收应付款项，形成企业负债。负债通常具有以下几个基本特征：

第一，负债是企业过去的交易或者事项而形成的。导致负债的交易或者事项必须是已经发生的，例如，企业赊购商品等业务而产生的应付款；从金融机构借入款项而产生的偿还借款的义务等。企业正在筹划的未来交易或者事项，如借款计划、购货合同等，不会产生企业负债。

第二，负债是企业承担的现时义务。现时义务是指企业在现行条件下已承担的义务。同时，负债作为现时义务，企业不能或者很少可以回避，企业能够回避的义务，或企业现时未承担的义务，不能确认为负债。

第三，负债是企业承担的能够以货币计量的义务。企业不能用货币计量的义务不能列为负债。

第四，负债的清偿会导致经济利益流出企业。企业的负债要在以后用资产或劳务来偿还，即现行的负债代表着企业未来经济利益的流出。负债的发生往往伴随着资产或劳务的取得，或者费用或损失的发生。企业对这一现时义务的最终履行，然后表现为交付资产、提供劳务等，即经济利益的流出。

第五，负债属于债权人权益。债权人的这一权益体现债权人在企业正常经营的情况下，除了定期收取利息和到期收回本金之外，无法对企业的生产经营活动产生实质性的影响，所以，具有优先求偿权。

综上所述，负债可以作如下概括：

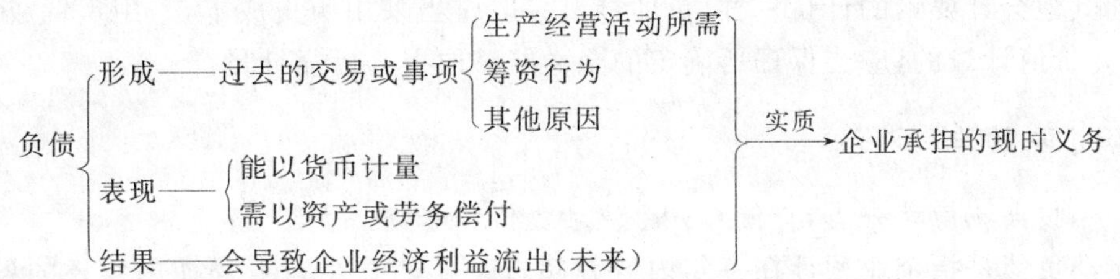

课堂讨论：

①形成负债是现时义务。未来发生的交易或者事项形成的义务，即非现时义务，会形成负债吗？如企业预计在明年借款购买一辆30万元的汽车，会形成企业负债吗？

②企业负债，是否是因为企业缺乏资金？

二、负债的确认

符合负债定义的义务，在同时满足以下两个条件时，确认为负债：

第一，与该义务有关的经济利益很可能流出企业；

第二，未来流出的经济利益的金额能够可靠地计量。

符合负债定义和负债确认条件的项目，应当确认为负债，符合负债定义、但不符合负债确认条件的项目，不应当确认为负债。

三、负债的计量

根据会计计量的要求，企业负债应当按照规定的会计计量属性进行计量，确定其金额。具体有以下几种情况：

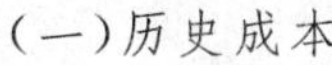

（一）历史成本

在历史成本计量下，负债按照因承担现时义务而实际收到的款项或者资产的金额，或者承担现时义务的合同金额，或者按照日常活动中为偿还负债预期需要支付的现金或者现金等价物的金额计量。

（二）重置成本

在重置成本计量下，负债按照现在偿付该项债务所需支付的现金或者现金等价物的金额计量。企业对预计负债一般以重置成本进行计量。

（三）现值

在现值计量下，负债按照预计期限内需要偿还的未来现金流出量的折现金额计量。

（四）公允价值

在公允价值计量下，负债是按照公平交易中，熟悉情况的交易双方自愿进行资产交换或者债务清偿的金额计量。

同其他会计要素的计量一样，负债计量一般应当采用历史成本，采用重置成本、现值、公允价值计量的，应当保证所确定的金额能够取得并可靠计量。

四、负债的分类

（一）按期流动性分类，负债可分为流动负债和非流动负债

流动负债是指企业预计在一年内或者超过一年的一个营业周期内偿还的各种债务。流动负债具有偿还期限短、数额较小、举借目的是为了满足生产经营资金周转需要等特点；非流动负债，也称长期负债，它属于企业向债权人筹集的可供长期使用的资金，具有偿还期限较长、债务金额较大、借款费用较高、举借目的主要是为解决投资建设性项目的资金需要。

（二）按偿还形式分类，负债可以分为货币性负债和非货币性负债

货币性负债是指企业在将来直接用货币偿付的负债，如应付账款、应付票据、短期借款、应付债券等；非货币性负债是指企业在将来须以实物及其他非货币性资产偿付的负债，如预收账款、出售产品质量担保形成的负债等。

第二节　流动负债

流动负债是指企业预计将在一年内或超过一年的一个营业周期内偿还的各种债务。从其表现形式看，流动负债主要有：预计在一个正常营业周期中清偿的债务；主要为交易目的而持有的、债务自资产负债表日起一年内（含一年）到期应予以清偿的债务；企业无权自主地将清偿推迟至资产负债表日后一年以上的债务等几种情况。流动负债主要内容和形式有：

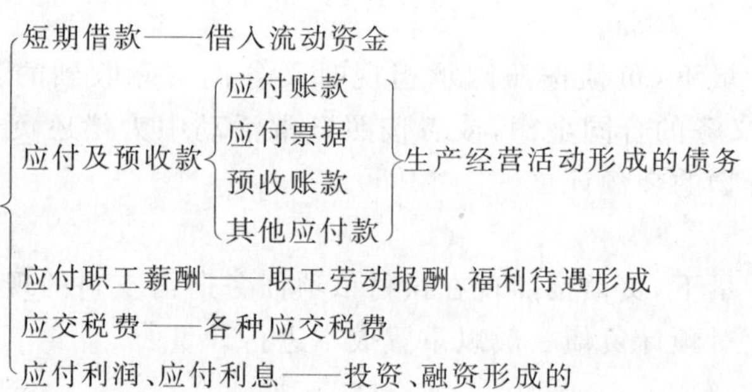

流动负债除了具有负债的一般特点外，还具有以下特点：

第一，偿还期限短。这是流动负债的最大特点，它是债权人提出要求时即期偿付，或一年内以及超过一年的一个经营周期内必须偿付的债务。

第二，企业举借流动负债的目的，一般是为了满足生产经营资金周转的需要。

第三，流动负债中的各项负债项目的数额与非流动负债相比，数额较小。

一、短期借款的核算

（一）短期借款的内容

短期借款是企业向银行或其他金融机构借入的期限在一年以下（含一年）的各种借款。短期借款一般是企业为维持正常的生产经营活动或为抵偿某项债务而借入的款项，主要包括以下几种：

1. 临时借款。指企业由于临时性、季节性等原因申请取得的借款。一般借款期在3个月左右。

2. 生产经营周转借款。指企业为了满足当年生产经营活动中资金的需要，向金融机构等申请借入的款项。一般借款期为一年。

3. 票据贴现借款。指持有商业汇票的企业，在流动资金发生困难时，向银行申请取得票据贴现的借款。

4. 结算借款。指企业在采用托收承付结算方式进行销售情况下，在发出商品后委托银行收款时至收款银行通知购买单位承付货款之前，为解决结算资产占用的资金的需要，以托收承付结算凭证为保证向银行中请取得的借款。一般借款期为一周左右。

课堂讨论：

公司因缺乏资金，从其他公司借来的款项10万元，约定三个月后偿还，年利率为6%。此款项属于短期借款吗？（注意，其他公司是否属于金融机构。）

（二）短期借款的业务流程

短期借款业务流程可以用图示加以概括，见图8-1。

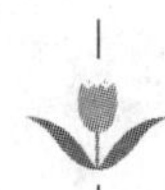

（三）短期借款的账务处理

企业取得的短期借款，应设置“短期借款”账户进行核算。该账户贷方登记企业取得短期借款的数额；借方登记企业偿还短期借款的本金。期末余额在贷方，表示尚未归还的短期借款本金。该账户应按借款种类、贷款人和币种进行明细核算。

短期借款的应付利息，应作为财务费用计入当期损益；其结算有三种方法：按月计算并支付；按月计息，按季支付；到期还本时付息。具体会计处理可分两种情况：

1. 借款是按月计付利息的，或利息是在借款到期时连同本金一起支付，但数额不大的，可在支付时直接计入财务费用。

2. 借款利息是按季支付的，或者利息是在借款到期时连同本金一起支付，并且数额较大的，应采取预提办法，通过“应付利息”账户，按月预提计入财务费用。

【例8-1】 兴业公司因生产经营的临时性需要，4月1日从交通银行高新支行取得一笔为期2个月的临时借款300 000元，每月应付利息1 400元，共计2 800元利息，于

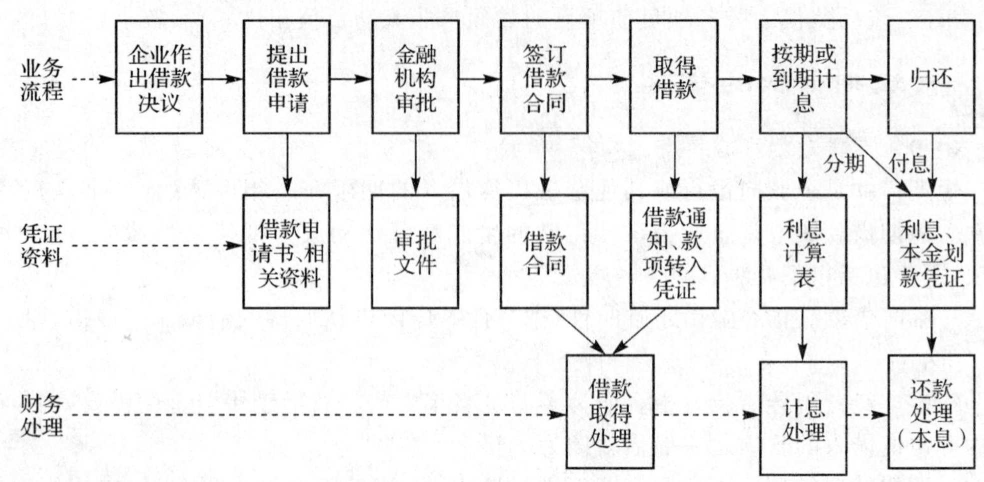

图 8-1 短期借款业务流程

借款到期时连同本金一起支付(数额不大)。公司的账务处理为：

(1)4 月 1 日取得借款时：

借：银行存款　　300 000

　贷：短期借款——临时借款(交通银行高新支行)　　300 000

(2)6 月 1 日借款到期，归还本金并支付利息时：

借：短期借款——临时借款(交通银行高新支行)　　300 000

　财务费用——利息支出　　2 800

　贷：银行存款　　302 800

【例 8-2】 兴业公司因生产经营需要，于 7 月 1 日从工商银行湖滨支行取得一项为期 6 个月的生产周转借款 700 000 元，借款利息按季计收，每月预提利息 3 500 元。公司的账务处理为：

(1)7 月 1 日取得借款时：

借：银行存款　　700 000

　贷：短期借款——生产周转借款(工商银行湖滨支行)　　700 000

(2)7 月末预提借款利息时：

借：财务费用——利息支出　　3 500

　贷：应付利息　　3 500

(8 月末预提借款利息的账务处理同上)

(3)9 月末支付第二季度利息 10 500 元时：

借：应付利息——工商银行湖滨支行　　7 000

　财务费用——利息支出　　3 500

　贷：银行存款　　10 500

(第二季度前二个月预提借款利息的财务处理同7月)

(4)12月末归还借款本金,并支付第三季度利息10 500元时:

借:应付利息——工商银行湖滨支行　　7 000

　　财务费用——利息支出　　3 500

　　短期借款——生产周转借款(工行湖滨支行)　　700 000

　贷:银行存款　　710 500

二、应付账款的核算

应付账款是指企业在日常生产活动过程中因购买材料、商品、物资或接受劳务供应等应支付的款项。这是买卖双方在购销活动中取得物资与支付货款时间上不一致而产生的负债。

(一)应付账款的业务流程

应付账款业务流程可以用图示加以概括,见图8-2。

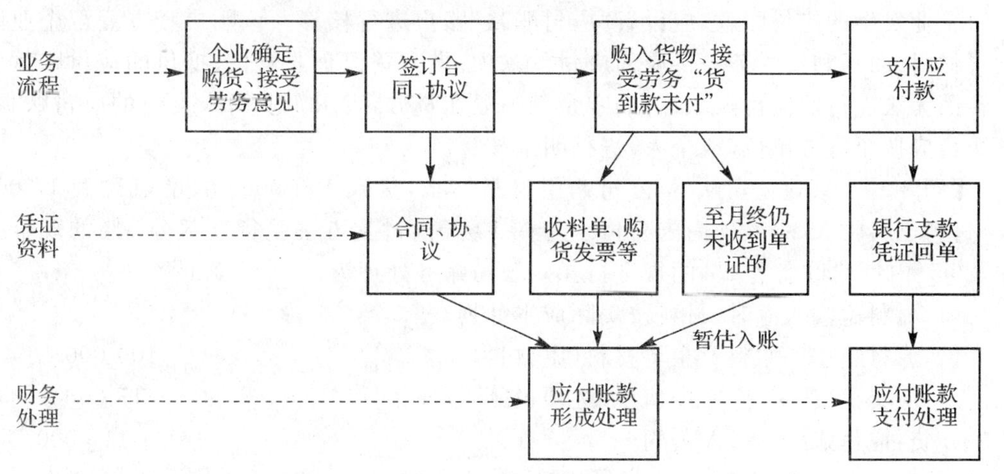

图8-2　应付账款业务流程

(二)应付账款的入账时间

应付账款入账时间的确认,应以购入货物所有权的转移或接受劳务已提供为标志。在实际工作中,应区别情况处理:

第一,在货物和发票账单同时到达的情况下,应付账款一般在货物验收入库后,按发票账单所列金额登记入账;

第二,在货物验收入库、发票账单未到的情况下,应付账款可暂不入账,月份内等待,待收到发票账单后再根据情况处理;至月份终了仍未收到发票账单的,应按估计价或计划价暂估入账;下月初用红字冲销,待以后收到发票账单时,再按具体情况处理。

提示：

应付账款是由商品交易(含劳务供应)而产生的应付款，包括供应商品或劳务应付的价款和增值税额。各种非商品交易而产生的应付租金、应付赔款、存入保证金等应列在"其他应付款"账户核算。

(三)应付账款的入账价值

应付账款通常是在购销活动中由于取得物资与支付货款的时间不一致造成的，往往在短期就需付款，因而，应付账款应按发票记载的应付金额入账。存在购货折扣情况下，应区别情况处理：系商业折扣的，而是按扣除了商业折扣以后的金额入账，也就是根据发票结算金额；系现金折扣的，应先按发票上记载的应付金额记账，即按不扣除现金折扣金额入账，待实际发生折扣时，再将折扣金额计入当期财务费用。现金折扣的这种处理方法，也称为总价法。

(四)应付账款的账务处理

企业发生的应付账款，应设置"应付账款"账户进行核算。该账户贷方登记企业因购买材料、商品和接受劳务供应而应付的款项；借方登记企业偿付、抵付的应付账款以及转销无法支付的应付账款等；期末余额一般在贷方，表示企业尚未支付的应付账款。该账户应按照对方单位(或个人)进行明细核算。

【例 8-3】 兴业公司从 A 公司购甲材料一批，货款 100 000 元，增值税额 17 000 元，材料已验收入库，款项尚未支付。若在 10 天内付款可享受货款部分 5%的现金折扣，20 天内付款可享受 1%的现金折扣。公司账务处理为：

(1)材料验收入库时(材料按实际成本计划)：

借：原材料——原料及主要材料(甲材料)　　100 000
　　应交税费——应交增值税(进项税额)　　17 000
　贷：应付账款——A 公司　　117 000

(2)公司在 10 天内向 A 公司付款时：

借：应付账款——A 公司　　117 000
　贷：财务费用　　5 000(100 000×5%)
　　　银行存款　　112 000

(3)如果公司超过 20 天付款，则应作如下账务处理：

借：应付账款——A 公司　　117 000
　贷：银行存款　　117 000

【例 8-4】 兴业公司 9 月 30 日，根据有关资料结算本月应付电费 49 000 元，其中基本生产车间产品生产用 35 000 元，车间照明用 5 000 元，厂部照明用 9 000 元。10 月 8 日以存款支付应付电费 46 000 元，并按应付电费的 17%支付增值税 7 820 元。公司的账务处理为：

(1)9 月 30 日结算应付电费时：

借：生产成本——基本生产成本　35 000

　制造费用　5 000

　管理费用　9 000

　贷：应付账款——市供电局　49 000

(2)10 月 8 日以存款支付应付电费及增值税时：

借：应付账款——市供电局　46 000

　应交税费——应交增值税(进项税额)　7 820

　贷：银行存款　53 820

想一想：

应付电费、水费、热力等劳务(或产品)供应的费用为什么要在月末结算当月应付数？(注：会计核算的权责发生制基础。)

企业由于债权单位撤销或其他原因而确实无法支付的应付账款，应直接转入当期损益，借记“应付账款”账户，贷记“营业外收入”账户。

三、预收账款的核算

预收账款是企业在提供商品或供应劳务之前，按照合同规定向购货单位预收的款项。它是买卖双方协议商定，由供货方或提供劳务方预先向购货方或接受劳务方收取一部分货款，收取定金(或订金)而形成的一项负债。这项负债，需要企业用以后的商品或劳务等进行偿付。

相关链接：

应付账款和预收账款均属商品交易形成的流动负债，但有以下区别：

①形成的经营过程不同：应付账款在采购环节形成；预收账款是在销售环节形成的。

②偿还债务的方式不同：正常情况下应付账款应以货币资金偿还；预收账款应以货物提供或劳务进行偿还。

③确认时间不同：应付账款一般在购买物资或接受劳务的交易成交时确认；预收账款是根据合同收到购买方支付的款项时予以确认的。

企业预收的账款应设置“预收账款”账户进行核算。该账户贷方登记企业收到购货方预付的款项及补付的款项，借方登记企业实际发出商品或提供劳务的价税款及退回多付的款项。期末贷方余额，表示企业向购货单位预收的款项；期末如为借方余额，表示企业尚未转销的款项，即应收款项。该账户应按照对方单位(或个人)进行明细核算。

【例 8-5】 兴业公司于 6 月 5 日，按合同规定预收四新公司货款 50 000 元款项存入银行。7 月 12 日，实际销售给四新公司商品计货款 80 000 元，增值税 13 600 元，差额 53 600 元 7 月 20 日收到并存入银行。公司的账务处理为：

(1)6 月 5 日，收到预收款项时：

借：银行存款　　50 000

　贷：预收账款——四新公司　　50 000

(2)7 月 12 日，公司发售产品：

借：预收账款——四新公司　　93 600

　贷：主营业务收入　　80 000

　　应交税费——应交增值税(销项税额)　　13 600

(3)7 月 22 日收到补付的价款时：

借：银行存款　　43 600

　贷：预收账款——四新公司　　43 600

课堂讨论：

(1)例 8-5 兴业公司于 7 月 12 日发售产品后，四新公司未能补付价款，则“预收账款”账户的期末余额在哪方？反映什么？

(2)如果例 8-5 由于公司预收账款不多，对预收账款是不单独设置“预收账款”账户核算，则其账务处理是怎样的？

(3)预收账款业务流程：

按合同预收→形成负债；发货→形成营业收入→结算余款

预收账款情况不多的企业，也可以不设置“预收账款”账户，而直接将预收账款并入“应收账款”账户进行核算。这样“应收账款”账户有关明细账户的期末贷方余额，反映的就是企业的预收账款。

四、应付票据的核算

应付票据是指企业因购买材料、商品或接受劳务供应等签发、承兑商业汇票或以承兑商业汇票抵付货款、应付账款而形成的债务。商业汇票按是否带息分为带息商业汇票和不带息商业汇票两种。带息商业汇票有确定票面利率，票据到期时除应支付票面金额外，还应按票面利率计算支付利息；商业汇票按承兑人不同分为银行承兑汇票和商业承兑汇票两种。两者主要区别是：第一，银行承兑汇票，企业应支付承兑手续费；第二，银行承兑汇票到期付款人无力付款时，应由承兑银行承担付款责任。

(一)应付票据的入账价值

应付票据,不论是不带息应付票据,还是带息应付票据,均按照票据面值计价入账。

(二)应付票据的账务处理

企业开出承兑的商业汇票,应设置“应付票据”账户进行核算。该账户贷方登记企业开出、承兑商业汇票的面值,借方登记企业到期支付(或结转)票据款,余额在贷方,表示企业尚未到期的商业汇票的票面金额。该账户应按照债权人进行明细核算。

为了加强对应付票据的管理,企业应设置“应付票据备查簿”,详细登记商业汇票的种类、号数、出票日期、到期日、票面金额、交易合同号、收款人姓名或单位名称以及付款日期和金额等资料。应付票据到期结清票款后,应在备查簿中逐笔注销。

企业开出、承兑商业汇票购货或抵付应付账款时,借记“材料采购”或“在途物资”、“库存商品”、“应交税费——应交增值税”等账户,贷记“应付票据”账户。属于银行承兑汇票的,银行承兑后,须按票面金额的一定比例支付手续费,企业支付的票据承兑手续费,应列为财务费用。

应付票据到期,企业如期支付票款的,借记“应付票据”账户,贷记“银行存款”账户。票据到期,如果企业无力支付票款,属于商业承兑汇票的,应将应付票据票面金额转为应付账款;属银行承兑汇票的,票款由承兑银行垫付,企业应将应付票据票面余额转为短期借款。

带息票据的利息,在票据到期支付票据本金和票据利息时,直接将票据利息计入财务费用。

【例 8-6】 兴业公司从 B 公司购入乙材料一批,货款 70 000 元,增值税 11 900 元,价税款当日签发并承兑一张为期 3 个月,面额为 81 900 元的带息银行承兑汇票结算;支付承兑手续费 819 元,年利率 6%,材料已验收入库(按实际成本计价)。公司的有关账务处理为:

(1)向银行申请承兑,支付承兑手续费时:

借:财务费用——手续费　　819

　贷:银行存款　　819

(2)持票购料,材料验收入库时:

借:原材料——原料及主要材料(乙材料)　　70 000

　　应交税费——应交增值税(进项税额)　　11 900

　贷:应付票据——B 公司(银行承兑汇票)　　81 900

(3)票据到期,公司支付票据本息时:

借:应付票据——B 公司(银行承兑汇票)　　81 900

　　财务费用——利息支出　　1 228.50 (81 900×6%÷12×3)

　贷:银行存款　　83 128.50

(4)若票据到期,公司无力付款,则由承兑银行承担垫付款项的责任,公司应记:

借:应付票据——B 公司(银行承兑汇票)　　81 900

　　财务费用——利息支出　　1 228.50

贷:短期借款　　83 128.50

> 提示:
>
> 如果例 8-6 为商业承兑汇票,票据到期企业无力付款,则账务处理为:
>
> 借:应付票据——商业承兑汇票(B公司)　　81 900
>
> 　　财务费用——利息支出　　1 228.50
>
> 　　贷:应付账款——B公司　　83 128.50

五、其他应付款的核算

其他应付款,是指与企业商品购销、劳务供应业务没有直接联系的,除应付账款、应付票据、预收账款、应付职工薪酬、应交税费、应付利息、应付利润以外的其他各项应付的暂收款项。其他应付款主要包括:(1)应付经营租入资产的租金;(2)存入保证金;(3)职工未按期领取的薪酬;(4)应付、暂收所属单位和个人的款项;(5)其他应付、暂收款项。

企业其他应付款项应设置"其他应付款"账户进行核算。该账户贷方登记企业发生的各种其他应付、暂收款项;借方登记企业实际支付或转销的其他应付款项。期末余额在贷方,表示企业应付未付的其他应付款项。该账户应按其他应付款的项目和对方单位(或个人)进行明细核算。

【例 8-7】 6 月 5 日,兴业公司收到科新公司租用包装物押金 9 000 元,存入银行。账务处理为:

借:银行存款　　9 000

　　贷:其他应付款——存入保证金(科新公司)　　9 000

【例 8-8】 7 月 10 日,兴业公司开出转账支票退还科新公司包装物押金 9 000 元。账务处理为:

借:其他应付款——存入保证金(科新公司)　　9 000

　　贷:银行存款　　9 000

【例 8-9】 兴业公司于 12 月 31 日,结转车间应付科发公司租入固定资产的租金 16 000 元。账务处理为:

借:制造费用　　16 000

　　贷:其他应付款——应付租金(科发公司)　　16 000

第三节 应付职工薪酬

一、职工薪酬的组成内容

职工为企业提供服务,企业必须按有关规定向职工支付薪金、报酬等,这就是企业的职工薪酬。什么是职工薪酬？职工薪酬应包括哪些内容？这肯定也是大家所关心的问题。

职工薪酬是指企业为获得职工提供的服务而给予各种形式的报酬以及相关支出。企业因职工提供服务而产生的提供薪酬的义务，这一义务在职工提供服务期间必然是按职工提供服务的受益对象计入相关资产成本或确认为当期费用，同时，确认为负债的。所以，职工薪酬核算，对企业资产计价、成本费用核算、利润确定具有直接而重要的影响。

课堂讨论：

你认为职工为企业提供服务，可以获得哪些待遇？工资、奖金、津贴、基本养老保险、基本医疗保险、失业保险、旅游费、健身保健费用、伙食费、购房补贴、住房公积金、商业保险？并分析说明哪些属于职工薪酬，哪些不属于职工薪酬？

职工薪酬的组成内容，可以从构成人员和组成项目两个方面来说明。

（一）职工薪酬的人员范围

组成职工薪酬的人员应是企业全体职工，包括：(1)订立正式劳动合同的职工，含全职、兼职和临时职工；(2)未与企业订立正式劳动合同，但由企业正式任命的人员，如董事会成员、监事会成员和内部审计委员会成员等；(3)在企业的计划、领导和控制下，虽与企业未订立正式劳动合同、或企业未正式任命的人员，但为企业提供了类似服务的人员。

（二）职工薪酬的项目范围

职工薪酬是企业支付职工的各种报酬，其基本内容是工资、福利费和社会保险费三个部分。具体包括以下八个方面的内容：

1.工资。工资是企业支付给全体职工的劳动报酬。由于企业支付职工工资的日期与资产负债表编制日的不一致，企业应按权责发生制原则在每个会计期末进行应付工资的计量与确认。企业应付工资的核算应根据国家有关法规所规定的工资总额组成内容进行。工资总额是企业在一定时期内支付给全体职工的劳动报酬总额。

提示：

①工资总额是企业一项重要的经济指标，其本身是企业成本费用的基本要素之一。同时，是企业计提基本养老保险、基本医疗保险等相关费用的基本依据；还是企业成本费用核算中的计算与分配的标准之一。所以，工资总额的构成内容是有法规依据的。

②注意工资总额和职工薪酬两者区别，从范围上职工薪酬的概念大，职工工资是职工薪酬的构成内容之一。

工资总额的组成内容包括：

(1)计时工资。计时工资是指按计时工资标准(包括地区生活费补贴)和工作时间支付给职工个人的劳动报酬。主要包括:①对已做工作按计时工资标准支付的工资;②实行结构工资制的单位支付给职工的基础工资和职务(岗位)工资;③新参加工作职工的见习工资。

(2)计件工资。计件工资是指对已做工作按计件单价计算支付的劳动报酬。主要形式有:①实行超额累进计件、直接无限计件、限额计件、超定额计件等工资制度,按核准的定额和计件单价支付给职工的工资;②按工作任务包干方法支付给职工的工资;③按营业额提成或利润额提成办法支付给职工的工资。

(3)奖金。奖金是指为鼓励职工的生产积极性,更好地完成生产任务而给予的一种物质奖励,其实质是企业支付给职工的超额劳动报酬。如:生产奖、节约奖、劳动竞赛奖、其他奖金等。奖金按其得奖条件,可以分为综合奖和单项奖两种。

(4)津贴与补贴。津贴与补贴是指根据国家规定,为了补偿职工额外的或特殊的劳动消耗和为了保障职工生活水平不受物价等特殊条件的影响而发给职工的津贴与补贴。包括:补偿职工特殊或额外劳动消耗津贴、保健性津贴、技术性津贴、年功性津贴、岗位津贴和其他津贴等。

(5)加班加点工资。加班加点工资是指按规定支付给职工的休息日或法定节假日加班的工资和延长工作时间的加点工资。

(6)特殊情况下支付的工资。特殊情况下支付的工资是指根据国家法律、法规和政策规定,因病、工伤、产假、计划生育假、婚丧假、探亲假、定期休假(带薪年休假)、停工学习、执行社会义务等原因,按计时工资标准或计时工资标准的一定比例支付给职工的工资,以及附加工资和保留工资等。

2.职工福利费。企业用于职工改善生活条件和医疗方面的支出和费用,称为职工福利费。职工福利费既包括提供给职工本人的福利,也包括提供给职工配偶、子女或其他被赡养人的福利。职工福利是企业对职工劳动补偿的辅助形式,应列为职工薪酬。

3.社会保险费。是指企业根据国家有关规定按工资总额一定比例为职工缴纳的社会保障费用。目前情况下,企业为职工缴纳社会保险费应包括基本医疗保险费、基本养老保险费、失业保险费、工伤保险费和生育保险费等五种。企业以购买商业保险提供给职工的各种保险待遇也属于职工薪酬。

4.住房公积金。按照国务院《住房公积金管理条例》的规定,职工单位和职工本人按工资总额的同比例缴纳住房公积金。这是为解决职工住房问题的筹资措施和补助办法。企业为职工缴纳的住房公积金最终受益人是职工,所以,应将此列入职工薪酬。

5.工会经费和职工教育经费。工会经费是企业根据国家有关规定,按职工工资总额的一定比例提取并拨交工会使用的一项专门经费。职工教育经费是企业按工资总额一定比例提取专项用于职工文化教育、专业技术培训学习方面的一项专门经费。这两项费用是职工劳动报酬和生活福利的延伸，也是职工的法定待遇，为职工的后续教育和综合素质提高做了支出准备。所以，也应列为职工薪酬。

6. 非货币性福利。非货币性福利是企业以非货币形式向职工提供的福利。通常包括：企业以自产的产品或其他有形资产发放给职工作为福利；向职工无偿提供自己拥有的资产使用，为职工无偿提供类似医疗保健服务等。

7. 辞退福利。辞退福利是企业因解除与职工的劳动关系而给予的补偿。一般包括：在职工劳动合同尚未到期前，不论职工本人是否愿意，企业决定解除与职工的劳动关系而给予的补偿；在职工劳动合同尚未到期前，为鼓励职工自愿接受裁减而给予的补偿。这种补偿是对职工利益的保障所必需的。

8. 其他职工薪酬。其他职工薪酬是指其他与获得职工提供服务相关的支出。如未参加社会统筹的退休人员退休金和医疗费用；离职职工的待遇；内退职工、待退休职工与企业解除劳动关系人员的生活费及相关的劳保福利待遇等；对职工的股份支付等。

提示：

下列各项不属于职工薪酬：

企业对职工个人支付的随工资一起发放的有关支出，不属于工资总额内容的，则不能列为应付工资进行核算。主要有：①根据规定颁发的创造发明奖、自然科学奖、科技进步奖、合理化建议奖和技术改进奖等特殊贡献奖金；②退休职工按照社保规定享受的退休待遇等劳动保险性支出；③职工按照医疗保险、生产保险、失业保险规定享受的相关待遇；④工作服、工作手套、高温有毒作业的营养费等劳动保护方面的支出；⑤出差补助、安家费等费用性支出；⑥计划生育独生子女补贴等特殊性支出等。

二、职工薪酬核算的原始记录

企业应按劳动工资和社会保障制度的规定，根据原始记录，计算各项工资、津贴和生活福利待遇，所以，工资核算的原始记录，是合理、正确地进行职工薪酬核算的前提和保证。职工薪酬核算的原始记录主要有工资卡、考勤记录、产量记录等三种。

（一）工资卡

工资卡主要记录职工的工资级别和工资标准，反映每个职工的基本情况，如职务、参加工作时间、进本单位时间、工资级别、工资标准、工资调整情况以及有关津贴等。工资卡按每个职工设立，一般由劳动工资部门或企业人事部门统一管理。

（二）考勤记录

考勤记录是记载和反映每个职工缺勤情况的原始记录。它是计算计时工资的主要依据，也是计算计件工资的依据之一。考勤记录应由各车间、班组和部门的负责人或考勤员逐日登记，定期汇总并经单位负责人审查签章后，送财会部门据以计算应付工资。考勤记录通过设置考勤簿或考勤卡进行，考勤簿一般按各车间、部门分别设置；考勤卡则应按每一职工开设。

（三）产量记录

产量记录是反映工人或生产小组在出勤时间内完成产量和耗用工时的原始记录。产量记录是计算计件工资的主要依据；通过产量记录，还可以考核企业生产计划的完成情况和工时定额的执行情况。企业产量记录通常有工作通知单、工序进程单、工作台班产量记录等。

三、职工薪酬的业务流程

应付职工薪酬的业务流程可以用图示（如图 8-3）概括如下：

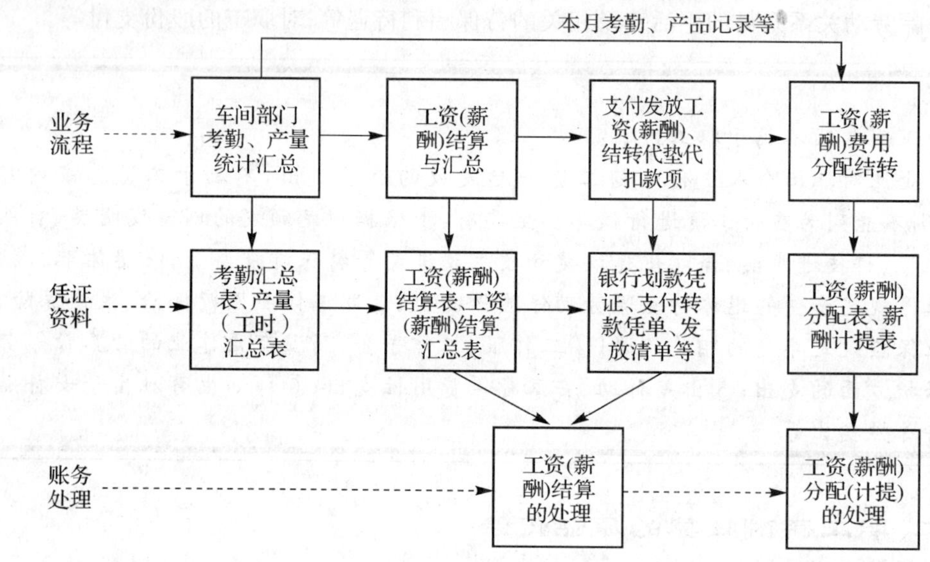

图 8-3　职工薪酬基本业务流程

四、应付工资的计算与结算

（一）计时工资制下应付工资的计算

计时工资是工资结算的基本形式。它适用于不能或不宜采取计件工资形式的工人、管理人员和服务人员等工资的计算。

计算计时工资，不论当月实际日历天数多少，只要职工按规定出全勤，就可以获得固定的月工资。如果有缺勤，则应按有关规定从月标准工资中扣除缺勤工资。所以，这种方法又称为“扣缺勤法”。计算公式如下：

应付计时工资＝月工资－缺勤应扣工资

缺勤应扣工资＝缺勤日数×日工资×应扣比例

缺勤日数含职工旷工、事假及病假日数；日工资，又称日工资率，是指每个职工平均每天的工资标准。日工资应按“制度计薪日”进行计算。

月制度计薪天数：(365 天－104 天(休息日))÷12＝21.75(11 天法定节假日应计薪)

日工资＝月工资÷月计薪天数

按照这种方法计算日工资，不论大月或小月，每月应计薪天数均为 21.75 天，各月内的双休日是不计付工资的，因此，缺勤期间的双休日也不扣工资。

计算缺勤应扣工资，应根据国家的劳动法规、劳动保险条例的规定，区别不同情况处理：对旷工和事假缺勤，应按 100％扣发缺勤日的全部工资；对因公负伤、探亲假、婚丧假、产假等缺勤应视同出勤，不扣工资；对病假缺勤，则应根据国家规定按病假期限和工龄的长短扣发缺勤日一定比例的工资。

计算职工加班加点时间，应按实际工作天数(或时间)超过“制度工作日”的天数(或时间)计算确定。

年制度工作日＝365 天－104 天(休息日)－11 天(法定节假日)＝250(天)

月制度工作日＝250 天÷12＝20.83(天/月)

相关链接：

法定节假日 11 天是：元旦(1 月 1 日)1 天；春节(年三十、初一、初二)3 天；“五一”劳动节(5 月 1 日)1 天；端午节、清明节、中秋节各 1 天；“十一”国庆节(10 月 1 日、2 日、3 日)3 天。

【例 8-10】 职工李大川本月实际工作时间 193 小时，月制度工作时间为 20.83×8＝166.64(小时)。计算确定李大川本月的加班时间(天数)为：

(193－20.83×8)÷8＝3.30(天)

根据劳动法的规定，不同性质的加班，支付日工资的标准是不同的：法定节假日加班按日工资的 300％计算加班工资；休息日(双休日)加班(在不能安排调休的情况下，下同)按日工资的 200％计算加班工资；延长劳动时间按日工资的 150％计算加班加点工资。

【例 8-11】 承例 8-10，职工李大川基本工资为 2610 元，本月份请事假 4 天(其中 2 天为双休日)，病假 3 天，病假扣发工资比例为 10％。本月法定节假日加班 1 天，双休日加班 3.30 天(无法安排调休)。本月奖金 150 元。计算李大川本月应付计时工资(不考虑津补贴、奖金)。

(1)日工资＝2610÷21.75＝120(元)

(2)本月应付计时工资＝2610－(4－2)×120－3×120×10％＋1×120×300％＋3.30×120×200％＋150＝3636.00(元)

相关链接：

为了保证职工基本生活待遇，有关劳动法规规定：(1)企业支付给职工的工资不应低于当地的最低工资标准。(2)企业支付给职工的病假月工资可以低于当地最低工资标准，但不能低于当地最低工资标准的80%。

请同学们查询一下所在地区当年的职工最低工资标准。

(二)计件工资制下基本工资的计算

计件工资是根据当月产量记录中的产品数量和规定的计件单价计算的工资。这里的产品数量包括实际完成的合格品数量以及生产过程中因材料不合格而造成的废品(料废)数量。对于因工人生产过失而造成的废品(工废)，则不计付工资。应付计件工资的其计算公式如下：

应付计件工资＝∑[(合格品数量＋料废品数量)×计件单价]

计件工资的计算包括个人计件工资的计算和集体计件工资的计算两种类型。

1.个人计件工资的计算。个人计件工资是以个人完成的产品数量及规定的计件单价计算的工资。

【例8-12】 某工人本月加工甲零件900件，计件单价2.10元；加工乙零件700件，计件单价0.80元。验收时发现甲零件有10件废品，其中料废6件，工废4件；乙零件有废品5件，均为工废，其余为合格品。则：

应付计件工资＝(890＋6)×2.10＋(700－5)×0.80＝2 437.60(元)

为了简化计算工作，也可以将每一工人完成的各种产品产量，按定额工时折算成定额总工时，再乘以规定的小时工资计算计件工资。其计算公式为：

应付计件工资＝∑[(合格品数量＋料废品数量)×定额工时 ×小时工资]

2.集体计件工资的计算。企业中有的产品生产是由集体(班、组)共同组织生产的，则计件工资就需以班、组为对象进行计算。具体分两步：第一步先按上述个人计件工资计算的相同方法计算出集体计件工资总额；第二步再将集体计件工资总额在小组各成员之间，按每人的工资标准和该月实际工作时间的比例进行分配。

【例8-13】 兴业公司某生产班组由4人组成，共同完成A产品加工任务5 500件，经检验发现工废27件，料废10件，单件工资为2.00元。其他有关资料及各人应得计件工资计算如表8-1。

表 8-1　　　　　　　　　　**班组计件工资分配表**

××年 9 月　　　　　　　　　　单位:元

姓名	月基本工资	小时工资	实际工时(小时)	计时工资	分配率	应得计件工资
	(1)	(2)	(3)	(4)=(2)×(3)	(5)	(6)=(4)×(5)
宋大明	2088.00	12.00	190	2280.00		2964.00
张　也	1670.40	9.60	195	1872.00		2433.60
陈　平	1914.00	11.00	210	2310.00		3003.00
黄　明	1548.60	8.90	220	1958.00		2545.40
合　计	/	/	795	8420.00	1.30	10946.00

注:(1)小时工资=月基本工资÷(21.75×8)

(2)集体应得工资=(5500-27)×2=10946(元)

(3)分配率=10946÷8420=1.30

企业职工工资的计算,计算出每个职工的计时工资、计件工资以后,再根据有关资料和标准确定每个职工的奖金、津贴和补贴等,从而计算出职工发放工资时的应付工资;然后从中扣除应收回的垫付由职工个人承担的房租、水电费等代垫款和个人所得税、应由职工个人交纳的社会保险费等代扣款项,得出以现金实发的工资金额。有关计算公式如下:

应付工资=应付计时工资+奖金+津贴和补贴+其他工资

或应付工资=应付计件工资+奖金+津贴和补贴+其他工资

以现金实发工资=应付工资-各种代扣、代垫款

(三)工资结算凭证的编制

实际工作中,企业与职工进行工资结算是通过编制"工资结算表"来进行的。"工资结算表"一般分车间、部门,按每个职工进行编制,每月一次。在编制过程中,应根据工资核算的原始记录及有关奖金、补贴的发放标准和代扣款项等资料,分别计算出每一职工的"应付工资"、"代垫、代扣款项"及"以现金发放工资"。工资结算表应一式三份,一份由劳动工资部门存查;一份按每一职工裁成"工资条",连同工资一起发给职工,以便核对;一份在发放工资时由职工签章后,作为工资核算的凭证,并据以进行工资的明细分类核算。"工资结算表"的一般格式见表 8-2。

为了准确、有效地进行工资核算,企业财会部门还应根据各车间、部门的"工资结算表"汇总编制整个企业的"工资结算汇总表",以掌握整个企业工资的结算和支付情况,并据以进行"应付职工薪酬——职工工资"的分类核算。"工资结算汇总表"的一般格式见表 8-3。

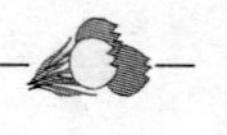

表 8-2

兴业公司工资结算表

部门、车间：第一车间　　××年 10 月　　单位：元

编号	姓名	日工资	计时工资	计件工资	奖金		加班加点工资	各种津贴		缺勤扣款				应付工资	代垫款	代扣款			以现金发放工资
					综合奖	单项奖		夜班津贴	岗位补贴	事假		病假			水电费	“三险”个人交纳部分	住房公积金	个人所得税	
										天数	金额	天数	金额						
101	李明	85	1785		120		/	30	50	1	85	1	8.5	1891.50	75	208.07	94.58		1513.85
102	徐云	90	1957.5		100		180	26	/	1	90			2173.50		239.09	108.68		1825.73
103	张驰	80		2150		150	80	60	50					2490	63	273.90	124.50		2028.60
生产工人小计			28900	13100	1500	700	1560	1200	800		780		130	46850	864	5153.50	2342.50	300	38190
管理人员小计			9500		100		150		100					9850	96	1083.50	492.50		8178
合计			38400	13100	1600	700	1710	1200	900		780		130	56700	960	6237	2835	300	46368

注：“三险”个人交纳部分是指基本养老保险、医疗保险、失业保险按规定应由个人负担的部分，发放工资时代扣，以后同单位交纳部分一并向有关社保机构交纳。

表 8-3

兴业公司工资结算汇总表

××年 10 月

单位:元

车间及部门		计时工资	计件工资	奖金		加班加点工资	各种津贴		缺勤扣款		应付工资	代垫款	代扣款			以现金发放工资
				综合类	单项类		夜班津贴	岗位津贴	事假	病假		水电费	“三险”个人交纳部分	住房公积金	个人所得税	
第一生产车间	生产工人	28900	13100	1500	700	1560	1200	800	780	130	46850	864	5153.50	2342.50	300	38190
	管理人员	9500		100		150		100			9850	96	1083.50	492.50		8178
第二生产车间	生产工人	32910	15200	1700	900	2100	1500	950	850	200	54210	760	5963.10	2710.50	200	44576.40
	管理人员	10700		105		200		120			11125	50	1223.75	556.25		9295
厂部		16400		210		190		230			17030	85	1873.30	851.50	430	13790.20
在建工程人员		3500		70		50					3620		398.20	181		3040.80
专设销售机构人员		1950			70	110		60			2190		240.90	109.50		1839.60
合计		103860	28300	3685	1670	4360	2700	2260	1630	330	144875	1855	15936.25	7243.75	930	118910

五、工资结算与分配的账务处理

企业根据有关规定应付给职工的工资及各种薪酬，企业组成职工薪酬的各种薪酬均应通过“应付职工薪酬”账户进行核算。该账户借方登记企业向职工或有关部门支付的各种职工薪酬和结转从应付职工薪酬中扣还各种款项（代垫款、代扣款等），贷方登记本月发生（应付的）职工薪酬。期末余额一般在贷方，反映企业应付未付的职工薪酬。

“应付职工薪酬”账户应按照“职工工资”、“职工福利费”、“社会保险费”、“住房公积金”、“工会经费”、“职工教育经费”、“非货币性福利”、“辞退福利”等进行明细核算。“应付职工薪酬”明细账应根据“工资结算单”或“工资结算汇总表”等进行登记。

（一）工资结算的账务处理

工资结算一般包括提取现金、发放工资、结转代扣款项等几项内容。企业发放工资（含奖金、津贴与补贴等），应根据“工资结算汇总表”中的实发金额数，按规定手续向银行提取现金，借记“库存现金”账户，贷记“银行存款”账户。实际支付时，借记“应付职工薪酬——职工工资”账户，贷记“库存现金”账户；发放款项直接转入职工银行储蓄账卡的，则借记“应付职工薪酬——职工工资”账户，贷记“银行存款”账户。

对于“工资结算汇总表”中的各种代扣、代垫款项，是企业为职工垫付或代扣的款项，应在进行工资结算时予以结转：(1)代扣款项，如代扣应由职工个人交纳的住房公积金、社会保险费等，应借记“应付职工薪酬——职工工资”账户，贷记“其他应付款”账户；(2)代垫款项，如职工借款、代垫家属医药费等，应借记“应付职工薪酬——职工工资”账户，贷记“其他应收款”账户；(3)代扣个人所得税，应借记“应付职工薪酬——职工工资”账户，贷记“应交税费”账户。

【例 8-14】 兴业公司 10 月份“工资结算汇总表”见表 8-3，其工资结算的有关账务处理为：

(1)按“工资结算汇总表”中的实发金额，通过开户银行办理打卡发放工资手续：

借：应付职工薪酬——职工工资　　118 910
　贷：银行存款　　118 910

(2)结转代扣款项时：

借：应付职工薪酬——职工工资　　25 965
　贷：其他应收款——代垫水电费　　1 855
　　其他应付款——代扣“三险”个人交纳部分　　15 936.25
　　　　　　——代扣住房公积金个人交纳部分　　7 243.75
　　应交税费——应交个人所得税　　930

(3)支付代扣款项时：

借：其他应付款——代扣“三险”个人交纳部分　　15 936.25

——代扣住房公积金个人交纳部分　　7 243.75

贷:银行存款　　23 180

(二)工资分配的账务处理

月份终了,企业应将本月应付工资进行分配。本月应付工资是本月工资并根据本月考勤记录计算的应付工资额,并非“工资结算汇总表”中的“应付工资”。“工资结算表”中的“应付工资”实际为本月实际发放的工资。如果企业实际发放工资与应付工资相差不大的,也可以按本月实发工资即“工资结算汇总表”中的“应付工资”进行分配。

企业各月应付工资应按工资发生的部门和用途进行分配,借记有关账户。其中:基本生产车间直接从事产品生产工人的工资计入“生产成本——基本生产成本”账户;辅助车间生产工人的工资计入“生产成本——辅助生产成本”账户;企业各车间、生产单位管理人员的工资计入“制造费用”账户;单独从事无形资产研究和开发人员的工资计入“研发支出”账户;厂行政管理人员的工资应计入“管理费用”账户;企业专设销售机构的人员工资应计入“销售费用”账户;应由工程建设负担的人员工资计入“在建工程”等账户。贷记“应付职工薪酬——职工工资”账户。

【例 8-15】 承例【例 8-14】,兴业公司实际发放工资与应付工资相差不大,本年度均按实发工资进行工资费用的分配。10 月份实际发放工资总额为 144 875 元,根据“工资结算汇总表”(表 8-3)进行工资费用的分配。

(1)编制“工资费用分配汇总表”见表 8-4。

表 8-4　　兴业公司工资费用分配汇总表

××年 10 月　　单位:元

项　目	第一车间	第二车间	厂部	在建工程	专设销售机构	合计
生产成本	46 850	54 210				101 060
制造费用	9 850	11 125				20 975
管理费用			17 030			17 030
在建工程				3 620		3 620
销售费用					2 190	2 190
合　计	56 700	65 335	17 030	3 620	2 190	144 875

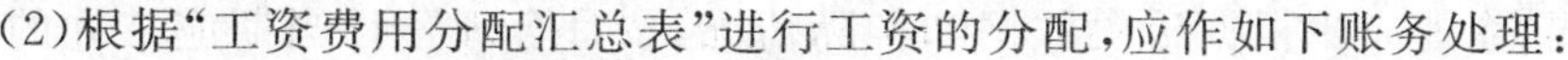

(2)根据“工资费用分配汇总表”进行工资的分配,应作如下账务处理:

借:生产成本——基本生产成本(一车间)　　46 850

(二车间)　　54 210

制造费用——一车间　　9 850

——二车间　　11 125

管理费用　　17 030

在建工程　　3 620

销售费用 2 190

贷:应付职工薪酬——职工工资 144 875

六、职工福利费的账务处理

企业职工为企业提供服务期间,除领取工资之外,还应按照有关规定享受福利待遇。

企业向职工提供福利而发生的费用,应通过“应付职工薪酬——职工福利费”账户进行核算。

(一)职工福利费的支付或发生的账务处理

1.直接支付的职工福利费。企业支付以现金资产直接属于职工福利费的相关支出时,借记“应付职工薪酬——职工福利费”账户,贷记“银行存款”、“库存现金”等账户。

【例8-16】 12月20日,兴业公司以现金向张祥、王吉两职工支付生活困难补助各600元。公司的账务处理为:

借:应付职工薪酬——职工福利费 1 200

贷:库存现金 1 200

2.结转应由集体福利部门负担的相关费用。企业设置的内部集体福利部门(如职工医院、浴室、托儿所、食堂、幼儿园、理发室等)尚未与企业分离,具有非营利性,其业务活动中发生的职工薪酬、耗费、领用材料,应按期结转计入职工福利费。结转相关成本费用时,借记“应付职工薪酬——职工福利费”账户,贷记“应付职工薪酬——职工工资”、“原材料”、“应交税费——应交增值税(进项税额转出)”等账户。

【例8-17】 兴业公司月终结计生活福利部门本月领用库存材料20 000元,应负担的增值税3 400元。公司的账务处理为:

借:应付职工薪酬——职工福利 23 400

贷:原材料 20 000

应交税费——应交增值税(进项税额转出) 3 400

(二)职工福利费结转的账务处理

应付职工薪酬中的职工福利费,按会计法规,国家没有明确规定计提基数和计提比例进行计提,企业应当根据历史数据和实际情况,按月合理预计当期应结计的职工福利。企业按月预计的职工福利费应根据应付职工薪酬结转分配的原则进行分配列支。具体的列支去向与相应的工资计入成本、费用的去向基本一致,有区别的是按照医务福利人员工资计提的职工福利费,应列入管理费用。

【例8-18】 根据兴业公司10月份“工资结算汇总表”(表8-3)的有关资料,按照企业实际情况预提本月职工福利费。

(1)计算编制"职工福利费预提表"见表8-5。

表8-5　　兴业公司职工福利费预提表

××年10月　　单位:元

部门			工资总额	预计金额
生产车间	一车间	生产工人	46 850	5 622
		管理人员	9 850	1 182
	二车间	生产工人	54 210	6 505.20
		管理人员	11 125	1 335
厂部			17 030	2 043.60
在建工程			3 620	434.40
专设销售机构人员			2 190	262.80
合计			144 875	17 385

(2)根据"职工福利费预提表"(表8-5),进行预提职工福利的账务处理:

借:生产成本——基本生产成本(一车间)　　5 622
　　　　　——基本生产成本(二车间)　　1 182
　　制造费用——一车间　　6 505.20
　　　　　——二车间　　1 335
　　管理费用　　2 043.60
　　在建工程　　434.40
　　销售费用　　262.80
　贷:应付职工薪酬——职工福利费　　17 385

从上述可以看出,企业职工福利费的预计提取和支付使用在数额上是不对应的。这样如果当期实际大于预提金额的,应当补提应付职工薪酬(职工福利费);如果当期(当年)实际发生金额小于预提金额的,应当冲回多提的应付职工薪酬(职工福利费)。

提示:

①这里讲的当期一般以年度为标准,所以,各月职工福利费的支付使用和预计提取是不平衡的,年度终了,应结算平衡。同时,不同企业(不同行业、地区)之间不是平衡的,这取决于企业决策层的考虑。

②根据税法规定,企业所得税前列支的职工福利费是有比例和基数的限制的,目前企业在所得税前列支职工福利费的控制标准为14%。

七、社会保险费和住房公积金的账务处理

(一)社会保险费的账务处理

为了保障职工权益,各类企事业单位均应依照法律、法规和各地人民政府的规定参加社会保险,为职工交纳各项社会保险费。目前情况下社会保险费包括基本养老保险费、基本医疗保险费、失业保险费、工伤保险费和生育保险费五种。社会保险费一般以工资总额为基础,缴纳比例由各地(省、市)人民政府确定,分企业单位和个人共同缴纳和仅企业单位缴纳两种类型。具体情况见表 8-6。

企业按规定缴纳的各项社会保险费是职工薪酬的组成部分,应通过“应付职工薪酬——社会保险费”账户进行核算。企业按期计算提取应交的各项社会保险费时,根据职工提供服务的受益对象(即工资分配的去向)分别借记:“生产成本”、“制造费用”、“管理费用”、“在建工程”、“销售费用”等账户,贷记“应付职工薪酬——社会保险费”账户;企业按规定交纳各项社会保险费时,借记“应付职工薪酬——社会保险费”账户,贷记“银行存款”账户。

表 8-6　　　　社会保险费缴纳情况表

<table>
<tr><th rowspan="2">费用名称</th><th colspan="2">企业单位缴纳基数及比例</th><th colspan="2">个人缴纳基数及比例</th></tr>
<tr><th>基数</th><th>比例</th><th>基数</th><th>比例</th></tr>
<tr><td>基本养老保险费</td><td rowspan="5">工资总额(按省平均工资60%保底,三倍封顶)</td><td>14%</td><td rowspan="5">职工个人月工资额(或上年月平均工资额)</td><td>8%</td></tr>
<tr><td>基本医疗保险费</td><td>9%(不含门诊统筹)</td><td>2%(不上交,转入个人账户)</td></tr>
<tr><td>失业保险费</td><td>2%</td><td>1%</td></tr>
<tr><td>生育保险费</td><td>0.8%</td><td>不缴纳</td></tr>
<tr><td>工伤保险费</td><td>0.4%～1.4%
(分行业、工种实施不同比例)</td><td>不缴纳</td></tr>
</table>

注:①本表的基数和比例以杭州市 2012 年实施法规的规定为例;②由于社会经济发展水平的不同,各级地方政府确定的缴纳比例是有所不同的;③由于社会经济形势的变化,各项社会保险费的缴纳比例也是有所变化的。

【例 8-19】 承例 8-14,假设兴业公司以当月应付工资额为基数计算缴纳社会保障费,职工个人缴纳部分按比例计算,并在发放工资时代扣,由企业一并交纳。有关基础、比例及缴纳数额见表 8-7。

表 8-7

兴业公司社会保险费计提表

××年 10 月

金额单位:元

部门	工资总额	基本医疗保险费		基本养老保险费		失业保险费		生育保险费	工伤保险费	合计	
		单位缴纳 9%	个人缴纳 2%	单位缴纳 14%	个人缴纳 8%	单位缴纳 2%	个人缴纳 1%	单位缴纳 0.8%	单位缴纳 0.4%	单位缴纳	个人缴纳
第一车间生产工人	46850	4216.50	937	6559	3748	937	468.50	374.80	187.40	12274.70	5153.50
第二车间生产工人	54210	4878.90	1084.20	7589.40	4336.80	108.20	542.10	433.68	216.84	14203.02	5963.10
第一车间管理人员	9850	886.50	197	1379	788	197	98.50	78.80	39.40	2580.70	1083.50
第二车间管理人员	11125	1001.25	222.50	1557.50	1890	222.50	111.25	89	44.50	2914.75	1223.75
厂部人员	17030	1532.70	340.60	2384.20	136.24	340.60	170.30	136.24	68.12	4461.86	1873.30
在建工程人员	3620	325.80	72.40	506.80	289.60	72.40	36.20	28.96	14.48	948.44	398.20
专设销售机构人员	2190	197.10	43.80	306.30	175.20	43.80	21.90	17.52	8.76	573.78	240.90
合计	144875	13038.75	2897	20279	11588	2897	1448.75	1158.80	579.50	37957.25	15936.25

注:本表个人缴纳部分与(表 8-3)代扣款项一致,系假设社会保险费为先代扣个人缴纳部分,然后一并解缴。

(1)企业计提各项社会保险费(单位缴纳部分)时：

借:生产成本——基本生产成本(一车间)　　12 274.70
　　　　　——基本生产成本(二车间)　　14 203.02
　制造费用——一车间　　2 580.70
　　　　　——二车间　　2 914.75
　管理费用　　4 461.86
　在建工程　　948.44
　销售费用　　573.78
　贷:应付职工薪酬——社会保险费　　37 957.25

(2)企业以存款上交本期应交的各项社会保险费时：

借:应付职工薪酬——社会保险费　　37 957.25
　其他应付款——代扣"三险"个人交纳社会保险费　　15 936.25
　贷:银行存款　　53 893.50

(二)住房公积金的账务处理

住房公积金是为了解决职工住房而建立的一项社会统筹基金,各地方政府均制定适合本地区的住房公积金交纳及管理办法。企业按规定为职工交纳住房公积金是对职工生活福利方面的投入,所以它也组成职工薪酬。

住房公积金的交纳基数也是职工的工资,并且是单位和职工本人同数额交纳。计提比例由各地人民政府确定,一般为5%～12%。

单位交纳部分是职工薪酬的一种形式,应通过"应付职工薪酬——住房公积金"账户进行核算,其账务处理与社会保险费的账务处理基本一致。

提示：

某职工本月工资额2 500元,住房公积金上交比例为8%,则职工本人交纳200元,单位交纳200元。单位为职工交纳的200元为"应付职工薪酬——住房公积金";个人交纳的200元应为从工资中扣款,通过"其他应付款"账户核算。

八、工会经费和职工教育经费的账务处理

(一)工会经费的账务处理

根据国家有关规定,企业每月应按照职工工资总额的2%计提工会经费,并按期拨付给企业工会使用。企业按工资总额计提拨交工会使用的工会经费是工会开展活动的经费来源之一。工会使用经费开展各项活动受益者是企业职工。所以也应将其列为职工薪酬的核算内容之一。企业计提的工会经费应与工资费用分配的去向一致,并通过"应付职工薪酬——工会经费"账户进行核算。

【例 8-20】 兴业公司 10 月份应付职工工资总额为 144 875 元。编制的工会经费和职工教育经费计提表见表 8-8，该公司计提与拨交工会经费的账务处理为：

表 8-8　　工会经费和职工教育经费计提表

项　目	工资总额(基数)	工会经费(2%)	职工教育经费(2.5%)
第一车间生产工人	46 850	937.00	1 171.25
第二车间生产工人	54 210	1 084.20	1 355.25
第一车间管理人员	9 850	197.00	246.25
第二车间管理人员	11 125	222.50	278.13
厂部人员	17 030	340.60	425.75
在建工程人员	3 620	72.40	90.50
专设销售机构人员	2 190	43.80	54.75
合　计	144 875	2 897.50	3 621.88

(1)月末，按工资总额 2%计提工会经费时：

借：生产成本——基本生产成本(一车间)　　937.00
　生产成本——基本生产成本(二车间)　　1 084.20
　制造费用——一车间　　197.00
　制造费用——二车间　　222.50
　管理费用　　340.60
　在建工程　　72.40
　销售费用　　43.80
　贷：应付职工薪酬——工会经费　　2 897.50

(2)下月初，从存款户划拨应交工会经费时：

借：应付职工薪酬——工会经费　　2 897.50
　贷：银行存款　　2 897.50

(二)职工教育经费的账务处理

职工教育经费是一项专项用于职工教育培训的经费。这是为了提高企业单位职工的文化素质、科技水平和专业技能的需要而建立的，是职工享受福利待遇的一种特殊形式。

职工教育经费企业可以根据国家、部门有关规定，结合企业实际情况，在一定条件和范围内安排使用。企业支付职工教育经费时，借记“应付职工薪酬——职工教育经费”账户，贷记“银行存款”、“库存现金”等账户。企业按期(一般为月)根据工资费用分配的去向，预计结转职工教育经费时，借记“生产成本”、“制造费用”、“管理费用”、“在建工程”、“研发支出”等账户，贷记“应付职工薪酬——职工教育经费”账户。

目前，企业职工教育经费国家统一规定，以职工工资总额的一定比例计算提取，预提比例可根据企业经费支出和经济效益情况确定。企业在提取数额内控制使用，实际支出数超过提取数额的应作纳税调整处理。

【例 8-21】 兴业公司 10 月 15 日，以存款支付车间技术员技能培训费 2 500 元。公司的账务处理为：

借：应付职工薪酬——职工教育经费　　2 500

　贷：银行存款　　2 500

【例 8-22】 兴业公司 10 月末，企业根据本月职工工资总额 144 875 元，按确定比例 2.5%（见表 8-8），预提结转职工教育经费。公司的账务处理为：

借：生产成本——基本生产成本（一车间）　　1 171.25

　　生产成本——基本生产成本（二车间）　　1 355.25

　　制造费用——一车间　　246.25

　　制造费用——二车间　　278.13

　　管理费用　　425.75

　　在建工程　　90.50

　　销售费用　　54.75

　贷：应付职工薪酬——职工教育经费　　3 621.88

相关链接：

假定兴业公司本年度实际发生职工教育经费 56 000 元，本年度职工工资总额为1 890 000元，规定的所得税前的控制列支比例为 2.5%，则该公司本年度允许税前列支的职工教育经费为28 350元，56 000－28 350＝27 650（元）应作纳税调整，即调整为所得税后列支。

九、辞退福利

企业可能出现提前终止劳动合同、辞退员工的情况。根据劳动法规规定和劳动协议要求，企业需要提供一笔资金作为补偿。企业因提前终止劳动合同、辞退员工而支付的补偿款称为辞退福利。

辞退福利包括两个方面的内容：一是在职工劳动合同尚未到期前，不论职工本人是否愿意，企业决定解除与职工的劳动关系而给予的补偿；二是在职工劳动合同尚未到期前，为鼓励职工自愿接受裁减而给予的补偿，职工有权利选择继续在职或接受补偿离职。

辞退福利通常采取解除劳动关系时一次性支付补偿的方式。企业因解决与职工

的劳动关系向职工支付补偿时，借记“应付职工薪酬——辞退福利”账户，贷记“银行存款”、“库存现金”等账户；会计期末结转这一补偿时，借记“管理费用”账户，贷记“应付职工薪酬——辞退福利”账户。

第四节　应交税费

应交税费包括应交税金和应交费用两个部分。应交税金是指企业按国家税法规定应该交纳的各种税金。企业因营业活动而形成的应交税金主要包括增值税、消费税、营业税、城市维护建设税、土地增值税、资源税、房产税、土地使用税、印花税、车船税、车辆购置税、企业所得税等。应交费用是企业按国家或地方政府有关规定应交纳的款项，如教育费附加、地方教育费附加、矿产资源补偿费、排污费、水利建设基金等。

企业应交的各种税费，应设置“应交税费”账户进行核算。该账户贷方登记企业按规定计算结转应交的各种税费，借方登记企业实际交纳的各种税费和应抵扣的税金。期末贷方余额，反映企业尚未交纳的税费；期末如为借方余额，反映企业多交的税费或尚未抵扣的税费。“应交税费”账户，应按应交税费的项目进行明细核算。

代扣代缴的个人所得税，是企业的法定义务，所以其应通过“应交税费”账户进行核算。

企业交纳的印花税、耕地占用税、车辆购置税、关税、进口物资应交消费税等不需要预计应交数额的税金，不必通过“应交税费”账户核算。

一、应交税费业务流程

企业应交税费项目较多，不同税费项目其业务流程会有所区别，但其基本过程是相似的，所以，应交税费基本的业务流程可以用图示加以概括，见图 8-4。

二、应交增值税

（一）应交增值税额的确定

增值税是指对增值额征收的一种流转税。增值额是企业在生产经营过程中新创造的价值，即企业销售收入扣除相应的外购材料、商品等成本的差额。增值税是一种价外税，凡在我国境内销售货物，提供加工、修理修配劳务以及进口货物的单位和个人，均应按期交纳增值税。增值税的纳税人按照经营规模及会计核算的健全程度，分为一般纳税人和小规模纳税人两类。

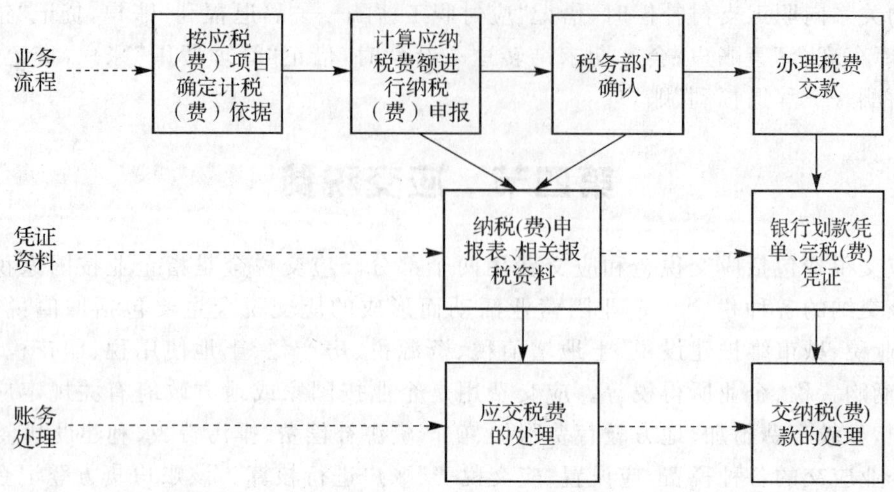

图 8-4　应交税费基本业务流程

相关链接：

①增值额 $\begin{cases}\neq \text{利润额} \\ = \text{销售收入额}-\text{外购材料、商品等成本}\end{cases}$

②价外税。价外税是价内税的对称，是指税款不包含在商品价格内的税收。价税分离是其基本特点，消费者购买商品需支付商品价款和应计的税金（价外税）两项支出，所以，购货发票（增值税专用发票）价款和增值税是分列的。

1．一般纳税人应交增值税额的确定。一般纳税企业应纳增值税额是根据当期销项税额减当期进项税额计算确定的，其计算公式为：

应交增值税额＝当期销项税额－当期准予抵扣的进项税额

当期销项税额若小于当期准予抵扣的进项税额而不足抵扣时，其不足部分可结转下期继续抵扣。

2．小规模纳税人应交增值税额的确定。小规模纳税人的应纳增值税按销售额（不含增值税）和规定的征收率计算确定。征收率不分工商业均为3％。计算公式为：

应纳增值税额＝销售额（不含增值税）×征收率

小规模纳税人计算确定应交增值税时，不必考虑进项税额。

相关链接：

增值税一般纳税人的认定条件：①年应税销售额在规定标准以上，从事货物生产或提供应税劳务的企业以及从事货物生产或提供应税劳务为主，并兼营货物批发或零售的企业。年应税销售额在50万元以上的；从事货物批发和零售的企业，年应税销售额在80万元以上的（注：年应税销售额是按照12个月滚动计算确定的）。②会计核算健全，能正确核算增值税的销项税额、进项税额和应纳税额的。

从事货物生产或提供应税劳务为主，兼营货物批发或零售的纳税人，年应税销售额虽未达到一般纳税人标准，但年应税销售额在30万元以上的，如会计核算健全的，能够正确核算进项税额、销项税额和应纳税额，并能按规定报送有关税务资料的，可以认定为增值税一般纳税人。

（二）一般纳税人应交增值税

一般纳税企业应在“应交税费”账户下专设“应交增值税”明细账户，进行应交增值税的发生、抵扣、交纳、退税及转出等情况的核算。

“应交增值税”明细账户，应设置“进项税额”、“已交税金”、“销项税额”、“出口退税”、“进项税额转出”等专栏。应交增值税明细账的基本格式见表8-9。

表 8-9 “应交税费——应交增值税”明细账

年		借方		贷方			借或贷	余额
月	日	进项税额	已交税金	销项税额	出口退税	进项税额转出		

1. 进项税额的账务处理。增值税进项税额应区分下列情况进行处理：

（1）购进货物。企业采购货物时，根据专用发票上记载的应计入采购成本的金额，借记“在途物资”或“材料采购”、“原材料”、“固定资产”、“工程物资”等账户，根据专用发票上注明的增值税额，借记“应交税费——应交增值税（进项税额）”账户，按照应付或实际支付的总额，贷记“应付账款”、“银行存款”等账户。购入货物发生退货，应根据有关凭证，作相反账务处理。

购入免税农产品，可以按照根据买价和规定扣除率（一般为13%）计算的进项税额，借记“应交税费——应交增值税（进项税额）”账户，按买价扣除按规定计算的进项税额后的差额，借记“在途物资”或“材料采购”、“原材料”等账户，按照应付或实际支付的总额，贷记“应付账款”、“银行存款”等账户。

企业购进（包括购建、其他方式取得）的机器、机械、运输工具以及其他与生产经营有关的设备、工具、器具等固定资产，取得专用发票（或符合税法规定的完税凭证）的增值税可以列为进项税额进行抵扣；企业购进货物用于非应税项目、免税项目的，其所支付增值税，不论是否取得专用发票，均应计入购入货物的成本。

【例 8-23】 兴业公司本月购入一台需要安装设备，专用发票所列设备价款180 000元，增值税 30 600 元；需向专运公司支付运输费 20 000 元（发票符合抵扣条件）。设备验收后直接交付安装，价税款及运输费以存款支付。公司的账务处理为：

借：在建工程——设备安装工程　　198 600

　应交税费——应交增值税（进项税额）　　32 000（30 600＋20 000×7%）

　贷：银行存款　　230 600

【例 8-24】 兴业公司购入原材料一批，增值税专用发票注明的价款为 200 000 元，增值税额为 34 000 元，另支付运输部门运输费 30 000 元，材料已验收入库，款项用银行汇票结算支付。公司的账务处理为：

借：原材料　　227 900（200 000＋30 000－30 000×7%）

　应交税费——应交增值税（进项税额）　　36 100（34 000＋30 000×7%）

　贷：其他货币资金——银行汇票　　264 000

（2）接受应税劳务。企业接受应税劳务，应按照专用发票上记载的应计入加工、修理修配等物资成本或相关成本费用的金额，借记“生产成本”、“制造费用”、“委托加工物资”等账户，按照专用发票上注明的增值税额，借记“应交税费——应交增值税（进项税额）”账户，按照应付或实际支付的款项，贷记“应付账款”、“银行存款”等账户。

（3）接受投资或捐赠转入货物。企业接受投资转入货物、接受捐赠的货物，应根据对方提供的增值税专用发票的增值税额，借记“应交税费——应交增值税（进项税额）”账户，同时按照确认的价值或发票中的不含税价款，借记“原材料”等账户，按照增值税额与货物价值的合计数，贷记“实收资本”、“应交税费”、“营业外收入”等账户。

2.进项税额转出的账务处理。企业购进的物资、在产品、产成品因盘亏、毁损、报废、被盗等非正常损失以及购进物资改变用途（用于非应税项目）等原因，按税法规定不得抵扣的进项税额，其购进时已支付的进项税额应当转出。企业转出进项税额时，借记“待处理财产损溢”、“应付职工薪酬”等账户，贷记“应交税费——应交增值税（进项税额转出）”账户。

提示：

根据现行规定一般纳税人企业购入固定资产（不含不动产）应取得专用发票的增值税是可以列为“进项税额”进行抵扣的。这样，企业在建工程（不含不动产工程）领用生产用原材料是不必进行“进项税额转出”的。

【例 8-25】 兴业公司清查仓库发现库存甲材料因台风被毁损一批，账面实际成本 30 000 元，按规定确定的增值税进项税额为 5 100 元。公司的账务处理为：

借：待处理财产损溢——待处理流动资产损溢 35 100

　贷：库存商品 30 000

　　应交税费——应交增值税（进项税额转出） 5 100

3. 销项税额的账务处理。增值税销项税额应区分下列情况进行处理：

（1）销售货物或提供劳务。企业销售货物或提供应税劳务，应按实现的销售收入和按规定收取的增值税额，借记"银行存款"、"应收账款"等账户，贷记"应交税费——应交增值税（销项税额）"、"主营业务收入"、"其他业务收入"等账户。

【例 8-26】 兴业公司销售产品一批，货款 350 000 元，增值税额 59 500 元；同时取得加工业务收入 10 000 元，增值税 1 700 元。提货单和专用发票等结算单已交给购货方，款项尚未收到。公司的账务处理为：

借：应收账款 631 800

　贷：主营业务收入 530 000

　　其他业务收入 10 000

　　应交税费——应交增值税（销项税额） 91 800

（2）视同销售计税。企业将自产或委托加工收回的产品用于固定资产建设，产品按照实际成本结转，同时，应视同销售计税，按照产品销售价格（或公允价值）计算结转增值税的销项税额，借记"在建工程"等账户，贷记"库存商品"、"应交税费——应交增值税（销项税额）"等账户。上述处理属于：视同销售计税。

【例 8-27】 兴业公司进行厂房建造，领用本公司生产的产品 100 吨，每吨成本为 490 元，售价为 600 元。该厂适用增值税率为 17%。公司的账务处理为：

借：在建工程——建筑工程（厂房） 59 200

　贷：库存商品 49 000（100×490）

　　应交税费——应交增值税（销项税额） 10 200（100×600×17%）

（3）视同销售。企业将自产（或委托加工收回产品）用于职工生活福利、对外投资、分配给股东或者无偿赠送他人等，应视同对外销售进行账务处理。即：①确认销售收入和销项税额。即按照产品销售价格（或公允价值）和应计销项税额之和，借记"应付职工薪酬"、"长期股权投资"等账户；按照产品销售价格（或公允价值）贷记"主营业务收入"账户，按照应计销项税额，贷记"应交税费——应交增值税（销项税额）"账户。②结转产品成本。即按照货物成本，借记"主营业务成本"账户，贷记"库存商品"等账户。

【例 8-28】 兴业公司某月以产成品一批对外进行投资，其总成本 60 000 元，总售价为 80 000 元，增值税税率为 17%。公司的账务处理为：

借：长期股权投资 93 600

贷:主营业务收入　　　　　　　　　　　　　　　　　　80 000

　　应交税费——应交增值税(销项税额)　　13 600(80 000×17%)

借:主营业务成本　　　　　　　　　　　　　　　　　　60 000

　贷:库存商品　　　　　　　　　　　　　　　　　　　60 000

提示:

①生活福利部分领用库存外购材料增值税为"进项税额转出",计税依据一般应为货物进价;②领用库存商品,增值税则为"销项税额",计税依据应为销售价格,即视同销售计税;③外购材料和库存商品用于对外投资或捐赠,则均为"销项税额",计税依据也应是销售价格;④库存商品用于职工生活福利、对外投资,应按售价(或公允价值)作商品销售处理,计入"主营业务收入"账户,并确认销项税额,同时将成本转入"主营业务成本"账户。

4. 出口退税。企业出口产品按照税法规定应予以退回的增值税,借记"其他应收款"账户,贷记"应交税费——应交增值税(出口退税)"账户。

相关链接:

关于企业出口产品增值税的处理还有:

①实行"免、抵、退"管理办法的企业:按照税法规定计算的当期出口产品不予免征、抵扣和退税的增值税(进项),借记"主营业务成本"账户,贷记"应交税费——应交增值税(进项税额转出)"账户;按照税法规定计算的当期应予抵扣的增值税(进项),借记"应交税费——出口抵减内销产品应纳税额"账户,贷记"应交税费——应交增值税(出口退税)"账户。

②未实行"免、抵、退"管理办法的企业,出口产品实现销售收入时,应分别情况进行账务处理:

借:应收账款　　　　　　　　　　(应收金额)

　　其他应收款　　　　　　　　　(按照税法规定应收出口退税)

　　主营业务成本　　　　　　　　(按照税法规定不予退回的增值税额)

　贷:主营业务收入　　　　　　　　　　(确认的销售商品收入)

　　　应交税费——应交增值税　　　　　(销项税额)

5. 交纳增值税的账务处理。按期结算后,企业"应交税费——应交增值税"账户的贷方余额,表示应交纳的增值税。企业在规定期限内,以银行存款上交税款时,借记"应交税费——应交增值税(已交税金)"账户,贷记"银行存款"账户。

【例 8-29】 根据例 8-23 至例 8-28,兴业公司本月累计发生销项税额 115 600 元

(91 800＋10 200＋13 600)，进项税额转出 5 100 元，进项税额 68 100 元，月末以银行存款 50 000 元交纳增值税。以前月份公司无欠税。计算确定公司本月应交增值税、未交增值税。公司以存款交纳增值税的账务处理为：

借：应交税费——应交增值税（已交税金） 50 000

贷：银行存款 50 000

本月应交增值税＝销项税额－（进项税额－进项税额转出）

＝115 600－（68 100－5 100）＝52 600（元）

本月未交增值税＝本月应交增值税－本月已交增值税

＝52 600－50 000＝2 600（元）

（三）小规模纳税人应交增值税

小规模纳税企业需要按照销售额的一定比例（3%）交纳增值税，不享有进项税额的抵扣权，其购进货物和接受应税劳务时支付的增值税，直接计入有关货物和劳务的成本。所以，小规模纳税人的应纳增值税，只需在“应交税费”账户下设置“应交增值税”明细账户进行核算。

【例 8-30】 新科公司为小规模纳税企业，本月购入材料一批，取得的专用发票中注明货款 12 000 元，增值税 2 040 元，应付运杂费 1 000 元，上述款项均以银行存款支付。材料验收入库（材料按实际成本计价核算）。公司的账务处理为：

借：原材料 15 040

贷：银行存款 15 040

【例 8-31】 承例 8-30，新科公司销售产品一批，所开出的普通发票中注明货款（含税）72 100 元，增值税征收率为 3%，款已存入银行。企业应根据有关原始凭证，作如下账务处理：

应纳税销售额＝72 100÷（1＋3%）＝70 000（元）

应纳增值税＝70 000×3%＝2 100（元）

借：银行存款 72 100

贷：主营业务收入 70 000

应交税费——应交增值税 2 100

提示：

①小规模纳税人企业购进固定资产专用发票所列增值税同样也是计入购入固定资产成本的；

②小规模纳税人企业产品用于固定资产建设、职工福利、对外投资等，也应按照征收率计算确定增值税的销项税额。

三、应交消费税

消费税是国家对某些需要限制和调节的消费品或消费行为征收的一种流转税。我国现行税制规定的应税消费品包括：烟、酒及酒精、化妆品、护肤护发品、贵重首饰及珠宝玉石、鞭炮和焰火、汽油、柴油、汽车轮胎、摩托车、小汽车等11大类。凡是在我国境内生产、委托加工和进口应税消费品的单位和个人，均应按规定计算交纳消费税。

(一)销售产品应交消费税

消费税是一种价内税，企业销售商品(包括零售业务、受托代销、以旧换新等)应交纳的消费税是对商品销售收入的抵减，因而企业应纳的消费税，应列入"营业税金及附加"等账户，并通过"应交税费——应交消费税"账户核算。

【例8-32】 兴业公司销售应交消费税的产品一批，增值税专用发票注明价款为90 000元，增值税额15 300元，价税款已向银行办妥托收手续。产品的消费税税率为10%。公司有关消费税的账务处理为：

(1)计算结转应纳消费税时：

应纳消费税＝90 000×10%＝9 000(元)

借：营业税金及附加　　9 000

　贷：应交税费——应交消费税　　9 000

(2)以银行存款，交纳消费税时：

借：应交税费——应交消费税　　9 000

　贷：银行存款　　9 000

企业随同产品出售但单独计价的包装物收入以及出租、出借包装物逾期未收回而没收的押金，按规定应交纳的消费税，也应借记"营业税税金及附加"账户，贷记"应交税费——应交消费税"账户。

(二)自产自用产品应交消费税

企业将自产的应税消费品用于对外投资、在建工程、职工福利、奖励、广告、赞助、捐赠等，除了按规定交纳增值税外，还应于物资移送时计算交纳消费税。其应纳的消费税，应分别借记"长期股权投资"、"在建工程"、"应付职工薪酬"、"销售费用"、"营业外支出"等账户，贷记"应交税费——应交消费税"等账户。

(三)委托加工应税消费品

需要交纳消费税的委托加工物资，一般于委托方提货时，由受托方代收代缴税款(除受托加工或翻新改制金银首饰外，此项由受托方交纳消费税)，受托方按收取的应交税款金额，借记"应收账款"、"银行存款"等账户，贷记"应交税费——应交消费税"账户，然后按规定期限交纳。委托方委托加工物资收回后，直接用于销售的，应将代收代缴的消费税计入委托加工物资的成本，借记"委托加工物资"账户，贷记"应付账款"、"银行存款"账户。委托加工物资收回后用于连续生产的，按规定准予抵扣的，应按代收代交的消费税，借记“应交税费——应交消费税”账户，贷记“应付账款”、“银行存款”等账户。

相关链接：

需要交纳消费税的进口物资，其交纳的消费税应计入该项物资的成本，借记“材料采购”或“在途物资”、“库存商品”、“固定资产”等账户，贷记“银行存款”账户。

四、应交营业税

营业税是对我国境内提供应税劳务、转让无形资产或者销售不动产的单位和个人就其取得的营业收入征收的一种流转税。

企业应交营业税，应通过“应交税费——应交营业税”账户核算。应交营业税应区分业务类型进行列支：企业生产经营活动的主营业务和提供非工业性劳务、租赁等其他业务应交纳的营业税，应计入“营业税金及附加”账户；出售固定资产（不动产）应纳的营业税，应计入“固定资产清理”账户；出售无形资产应纳营业税，应在资产转出，结转损益时直接扣减。

【例 8-33】 四新公司为旅店企业，本月旅店业务取得收入 270 000 元，其营业税税率为 3%；出租商场取得租金收入 20 000 元，营业税税率为 5%。该公司的账务处理为：

(1)计算并结转应纳营业税额时：

借：营业税金及附加　　9 100(270 000×3%+20 000×5%)

　贷：应交税费——应交营业税　　9 100

(2)企业交纳营业税时：

借：应交税费——应交营业税　　9 100

　贷：银行存款　　9 100

【例 8-34】 兴业公司本月取得咨询服务收入 60 000 元，营业税税率为 3%；出售旧仓库房一幢，共得价款 400 000 元，其营业税税率为 5%（不考虑其他税费）。计算并结转应纳营业税额：

借：营业税金及附加　　1 800 (60 000×3%)

　固定资产清理　　20 000(400 000×5%)

　贷：应交税费——应交营业税　　21 800

五、其他应交税费

（一）应交城市维护建设税和教育费附加

城市维护建设税是一种附加税，它是以企业实际缴纳的增值税、消费税、营业税税额为计税依据征收的一种税。城市维护建设税按照纳税人所在地的不同实行地区差别税率，具体为：市区7%；县城、镇5%，其他1%。

教育费附加是以企业实际缴纳的增值税、消费税、营业税税额为计征依据，由税务机关负责征收的一项纳税附加费。全国统一的教育费附加征收率为3%。

应交城市维护建设税和教育费附加的计算公式为：

应纳税（费）额＝（应交增值税＋应交消费税＋应交营业税）×适用税率（征收率）

企业应交城市维护建设税、教育费附加均应通过“应交税费”账户进行核算。其列支应分业务类型计列：生产经营活动的主营业务和租赁业务、材料出售、代购代销、非工业性劳务等其他业务的应纳税费额，列入“营业税金及附加”账户；出售固定资产（不动产）的应纳税费额，列入“固定资产清理”账户；无形资产出售业务的应纳税费额，也应在结转资产时直接扣减。

【例8-35】 兴业公司地处城市，9月份主营业务应交增值税88 000元，出售不动产应交营业税90 000元，租赁业务应交营业税6 000元。公司的账务处理为：

经营业务应交城市维护建设税＝(88 000＋6 000)×7%＝6 580(元)

经营业务应交教育费附加＝(88 000＋6 000)×3%＝2 820(元)

出售不动产应交城市维护建设税＝90 000×7%＝6 300(元)

出售不动产应交教育费附加＝90 000×3%＝2 700(元)

借：营业税金及附加	(6 580＋2 820)　9 400	
固定资产清理	(6 300＋2 700)　9 000	
贷：应交税费——应交城市维护建设税		12 880
——应交教育费附加		5 520

某些地区在征收教育费附加的同时，根据省级地方政府的规定按一定比例征收农村教育费附加，如浙江省规定征收2%的农村教育费附加。其计算基数及有关账务处理同教育费附加。

课堂讨论：

某公司本年度除产品销售业务以外，没有租赁、材料出售、提供劳务等其他经营业务，产品销售业务只需按规定计算交纳增值税，而增值税是不通过“营业税金及附加”账户核算的，所以，该公司本年度“营业税金及附加”账户是没有记录的。

请问：是这样的吗？为什么？

(二)应交资源税

资源税是对我国境内从事原油、天然气、煤炭、金属矿产品和其他矿产品开发以及生产盐的单位和个人征收的一种税。资源税的应纳税额，按照应税产品的课税数量和规定的单位税额计算，其计算公式如下：

应纳资源税＝课税数量×单位税额

企业计算结转销售应税产品应纳资源税时，借记“营业税金及附加”账户，贷记“应交税费——应交资源税”账户；企业结转自产自用应税产品应纳资源税时，借记“生产成本”账户，贷记“应交税费——应交资源税”账户；收购未税矿产品，按规定代扣代缴的资源税，应计入购入矿产品的成本，借记“材料采购”或“在途物资”、“原材料”等账户，贷记“应交税费——应交资源税”账户。企业以银行存款上交资源税时，借记“应交税费——应交资源税”账户，贷记“银行存款”账户。

(三)应交土地增值税

土地增值税是指对我国境内转让国有土地使用权、地上建筑物及其附着物(即转让房地产)并取得收入的单位和个人征收的一种税。

土地增值税按照转让房地产、土地使用权所取得的增值额和规定的税率计算征收。所谓增值额是指转让房地产所取得的收入减除规定扣除项日金额后的余额。

企业交纳的土地增值税通过“应交税费——应交土地增值税”账户核算。企业应交纳的土地增值税，应区别情况进行处理：

1. 土地使用权连同地上建筑物及附着物一并在“固定资产”账户核算的，转让时土地使用权应交纳的土地增值税，借记“固定资产清理”账户，贷记“应交税费——应交土地增值税”账户。

2. 土地使用权在“无形资产”账户核算的，转让土地使用权应交纳土地增值税，应在收取款项，结转资产损益时作为直接抵减项目，贷记“应交税费——应交土地增值税”账户。

提示：

企业转让土地使用权(无形资产)应计算交纳税费包括：(1)营业税；(2)城市维护建设税；(3)教育费附加；(4)土地增值税。其账务处理均是“直接抵减”的。也就是说，转让土地使用权(无形资产)是取得价款减去账面成本(摊余价值)、各项应交税费后的余额为转让损益，直接列为营业外收入或营业外支出。

3. 房地产开发经营企业销售房地产应交纳的土地增值税应列为“营业税金及附加”，借记“营业税金及附加”账户，贷记“应交税费——应交土地增值税”账户。

实际交纳税款时，借记“应交税费——应交土地增值税”账户，贷记“银行存款”账户。

(四)应交房产税、土地使用税、车船税、矿产资源补偿费、排污费

企业按规定计算应交纳的房产税、土地使用税、车船税、矿产资源补偿费、排污费等,均应计入"营业税金及附加"账户,并通过"应交税费——应交房产税(或应交土地使用税、车船税、矿产资源补偿费、排污费)"账户进行核算。

相关链接:

房产税是国家对在城市、县城、建制镇和工矿区征收的,由产权所有人交纳的一种税。房产税依照房产原值一次扣减10%—30%的余值计算交纳;房产出租的,以房产租金收入为房产税计税依据。

土地使用税是国家为了合理利用城镇土地,调节土地级差收入,提高土地使用效益,加强土地管理而征收的一种税。土地使用税以纳税人实际占用的土地面积为计税依据,按照规定税额计算征收。

车船税是对拥有并使用车船的单位和个人征收的一种税。车船税以应税车船为征税对象,以征税对象的计量标准(辆、净吨位、载重吨等)为计税依据。

【例8-36】 兴业公司12月按规定计算应交的房产税为15 000元,土地使用税21 000元,车船税9 000元,应交排污费11 000元。公司的账务处理为:

(1)计算结转应交的税金时:

	借	贷
借:营业税金及附加	56 000	
贷:应交税费——应交房产税		15 000
——应交土地使用税		21 000
——应交车船税		9 000
——应交排污费		11 000

(2)以存款上交税款时:

	借	贷
借:应交税费——应交房产税	15 000	
——应交土地使用税	21 000	
——应交车船税	9 000	
——应交排污费	11 000	
贷:银行存款		56 000

(五)应交印花税、车辆购置税

1.应交印花税。印花税是由纳税人根据规定自行计算应纳税额以购买并一次贴足印花税票的方法交纳的一种税款。即一般情况下,企业需要预先购买印花税票,待发生应税行为时,再根据凭证的性质和规定的比例税率或按件计算应纳税额,将已购买的印花税票粘贴在应纳税凭证上,并在每枚税票的骑缝处盖戳注销或划销,办理定

税手续。企业交纳的印花税,不会发生应付未付税款的情况,不需要预计应纳税金额,同时也不存在与税务机关结算或清算的问题。因此,企业交纳的印花税不需要通过"应交税费"账户核算。

企业购买的印花税票,即交纳印花税时,借记"营业税金及附加"账户,贷记"银行存款"等账户。

【例 8-37】 兴业公司本月以银行存款一次购买印花税票 2 200 元。公司的账务处理为:

借:营业税金及附加　　2 200

　贷:银行存款　　2 200

2.应交车辆购置税。根据《中华人民共和国车辆购置税暂行条例》,企业单位和个人购置(包括购买、进口、自产、受赠、获奖或其他方式取得并自用)应税车辆的行为,均应按规定交纳车辆购置税。车辆购置税实行从价定率征收,购买车辆以支付给销售者的全部价款和价外费用(不包括增值税税额)之和为计税依据;进口车辆以关税完税价格、关税和应纳消费税三者之和为计税依据。车辆购置税税率为 10%。实行一次征收制度,购置已征车辆购置税的车辆,不再征收车辆购置税。

车辆购置税应由购置应税车辆的企业,在办理车辆注册登记前计算交纳,所以,车辆购置税不形成应交款项,不必通过"应交税费"账户核算。应由企业在购置车辆计算交纳税款时,直接计入固定资产价值。

【例 8-38】 兴业公司购置自用汽车一辆,买价 200 000 元,专用发票所列增值税 34 000 元,相关费用 20 000 元,共计价税款 254 000 元。

应交车辆购置税=(200 000+20 000)×10%=22 000(元)

企业以银行存款交纳车辆购置税 22 000 元时,账务处理为:

借:固定资产　　22 000

　贷:银行存款　　22 000

课堂讨论:

①专用发票所列增值税为什么不列为车辆购置税的计税依据?

②此项固定资产的入账价值是多少元?(自用小汽车的增值税进项税额不得抵扣)

固定资产入账价值:200 000+20 000+22 000+34 000=276 000(元)

(六)应交个人所得税

按照个人所得税的征收管理办法,个人所得税采用自行申报缴纳和代扣代缴缴纳两种办法,由于除实行查账核实征收的个体工商户取得的应税所得自行申报缴纳后需要会计核算外,一般的个人取得的收入自行申报缴纳后,不必进行会计核算。但是,履行代扣代缴义务的单位和个人代扣代缴税款时，必须进行有关账务处理。

支付工资、薪金(包括奖金、年终加薪、劳动分红、津贴、补贴等)的单位，代扣代缴的个人所得税，应通过“应付职工薪酬”、“应交税费——应交个人所得税”账户核算。

【例 8-39】 兴业公司 10 月份应支付职工工资总额 126 000 元，根据有关规定，结算应交个人所得税 2 500 元。则该企业代扣代缴个人所得税，应作如下账务处理：

(1)发放工资，结转代扣代缴的个人所得税时：

借：应付职工薪酬　　2 500

　贷：应交税费——应交个人所得税　　2 500

(2)以银行存款交纳个人所得税时：

借：应交税费——应交个人所得税　　2 500

　贷：银行存款　　2 500

企业应交所得税，应通过“所得税费用”和“应交税费——应交所得税”账户进行核算，具体内容将在第十一章中介绍。

企业按照规定实行企业所得税、增值税(不含出口退税)、消费税、营业税等先征后返的，应将实际收到的返还税款列为营业外收入，借记“银行存款”账户，贷记“营业外收入”账户。

企业应交各种税费的列支会涉及多个方面，包括“营业税金及附加”、“固定资产清理”等账户。企业应交主要税费的列支账户可概括如表 8-10。

表 8-10　小企业应交税费主要列支账户表

名　称	计税依据(基本)	列支账户(借记账户)
增值税	一般纳税人：增值额[销项－(进项－进项转出)] 小规模纳税人：应税销售额的 3%	“应交税费——应交增值税”账户
消费税	销售：销售收入额(含自产自用视同销售计入的) 自产自用(形成固定资产的) 进口环节：组成计税价格	“营业税金及附加”账户 “在建工程”或“固定资产”账户 资产价值
营业税	生产经营业务(主营及其他业务) 出售不动产 出售无形资产 }应税营业额	“营业税金及附加”账户 “固定资产清理”账户 直接抵减
资源税	销售 自产自用	“营业税金及附加”账户 “生产成本”账户
企业所得税	应税所得额(≠利润总额)	“所得税费用” (按期转入“本年利润”账户)

续表

名　称	计税依据(基本)	列支账户(借记账户)
个人所得税	计税收入(代扣代缴)	"应付职工薪酬"账户 (通过"应交税费"账户)
城市维护建设税、教育费附加	生产经营业务(主营及其他业务) 出售不动产 出售无形资产 }"三税"税额	"营业税金及附加"账户 "固定资产清理"账户 直接抵减
房产税、城镇土地使用税、车船税、矿产资源补偿费、排污费	计税依据	"营业税金及附加"账户 (通过"应交税费"账户)
印花税	计税标准额	"营业税金及附加"账户 (不通过"应交税费"账户)
土地增值税	转让房地(土地使用权)增值额 土地使用权列"固定资产"的 土地使用权列"无形资产"的 房地产开发经营企业:销售房地产	 "固定资产清理"账户 直接抵减 "营业税金及附加"账户

第五节　非流动负债

一、非流动负债的概述

(一)非流动负债内容

非流动负债,也称长期负债,是指偿还期在一年或者超过一年的一个营业周期以上的负债。它是企业除流动负债以外的负债,是企业向债权人筹集的可供长期使用的资金。非流动负债主要包括长期借款、长期应付款等。

需要注意的是:流动负债和非流动负债的区分并不完全以期限为标准的,有些应付账款,由于企业(债务人)无款支付或其他原因,即使超过了一年或一个营业周期,但仍将其归入流动负债,非流动负债中如果有将于一年内或一个营业周期内到期的,则应视为流动负债,在资产负债表中作为"一年内到期的非流动负债"单独反映,如一年内到期的长期借款。

(二)非流动负债的特点

非流动负债除具有负债的共同特征外,与流动负债相比,还具有如下特点:

第一,债务偿还期限长。非流动负债偿还期均在一年或超过一年的一个营业周期以上。

第二，债务金额较大，利息费用较高。

第三，主要的是扩大生产经营规模。企业举借的非流动负债主要用于购建固定资产、无形资产等方面，以达到扩大生产经营规模的目的。

课堂讨论：

①公司举借用于扩建厂房、购置设备的非流动负债是越多越好吗？

②公司举借非流动负债进行扩大生产经营，在什么情况下是合算的？

③公司一项金额为15万元的其他应付款，入账时间已达2年了，这项负债是非流动负债，还是流动负债？

（三）借款费用

借款费用是指企业因借款而发生的利息及其他相关成本，包括借款利息、折价或者溢价的摊销、辅助费用以及因外币借款而发生的汇兑差额等。

1.借款费用的处理。企业借入资金而发生的借款费用有两种处理方法：一是资本化。即将发生的借款费用计入相关资产的购建或生产成本；二是费用化。即将发生的借款费用确认为当期费用，计入当期损益，列为财务费用。满足资本化条件的借款费用，应当在资本化期间内予以资本化；其他借款费用，应当予以费用化。

2.处理借款费用资本化的条件。企业发生的借款费用，可直接归属于符合资本化条件的资产的购建或生产的，应当予以资本化，计入相关资产成本；其他不符合资本化条件的借款费用，应当在发生时根据其发生额确认为费用，计入当期损益。

符合资本化条件的资产，是指需要经过相当长时间的购建或者生产活动才能达到预定可使用或者可销售状态的固定资产、无形资产和存货等资产。借款费用同时满足下列条件的，才能开始资本化：

(1)资产支出已经发生。资产支出包括为购建或者生产符合资本化条件的资产而以支付现金、转移非现金资产或者承担带息债务形式发生的支出。

(2)借款费用已经发生。不能是预计的、将要发生的。

(3)为使资产达到预定可使用或者可销售状态所必要的购建或者生产活动已经开始。

3.借款费用的一般账务处理。借款费用的账务处理应分三类进行账务处理：专项用于固定资产购建的，起点：同时符合上述三个条件，终点：固定资产完成竣工决算。专项用于无形资产购置研发的，起点：同时符合上述三个条件，终点：无形资产交付使用。专项用于存货生产的，起点：同时符合上述三个条件（产品投入生产），终点：生产产品可供销售。

对于应予资本化的借款费用，应于费用发生时借记“在建工程”（借款用于购建固定资产)、“制造费用”(借款专项用于生产存货)、“研发支出”(借款专项用于无形资产研究开发的)等账户,贷记“银行存款”(支付的辅助费用)、“应付利息”(借款应付利息)等账户。

对于应当计入当期损益的借款费用,应于费用发生时借记“财务费用”账户,贷记“银行存款”、“应付利息”等账户。

课堂讨论:

将企业借款费用划分为资本化费用和费用化费用有什么作用?如果企业资本化借款费用和费用化借款费用划分不规范,对企业财务会计信息将产生什么影响?

注:主要从资产计价、利润形成、报表信息等方面去考虑。

二、长期借款

(一)长期借款的内容

长期借款是指企业向银行或其他金融机构借入的、期限在一年以上(不含一年)的各种借款。它一般用于购建固定资产、改扩建工程以及生产经营周转的需要等方面。

企业的长期借款,可以按照不同的标志进行分类:

第一,长期借款按借款的条件划分,可分为抵押借款、信用借款、担保借款。抵押借款是指以企业的动产或不动产作为抵押,以保证按期还款而取得的借款;信用借款是指不以特定的抵押财产作保证,仅凭借企业的良好信誉而取得的借款;担保借款,是指企业通过其他具有法人资格的单位的担保而取得的借款。

第二,长期借款按借款的偿还方式划分,可分为到期一次偿还借款、分期偿还借款。

第三,长期借款按借款的币种划分,可分为人民币借款、外币借款。

课堂讨论:

①公司取得的期限为1年的借款是长期借款,还是短期借款?

②公司因资金周转原因,与新科公司(非金融机构)签约取得一项金额为20万元,年利率为10%的借款,约定期限为18个月。公司取得的此项借款属于长期借款吗?为什么?

(二)长期借款的业务流程

长期借款的基本业务流程可以用图示加以概括,见图8-5。

(三)长期借款的账务处理

企业举借长期借款都应按照规定办理借款手续,支付借款利息,并按规定的期限

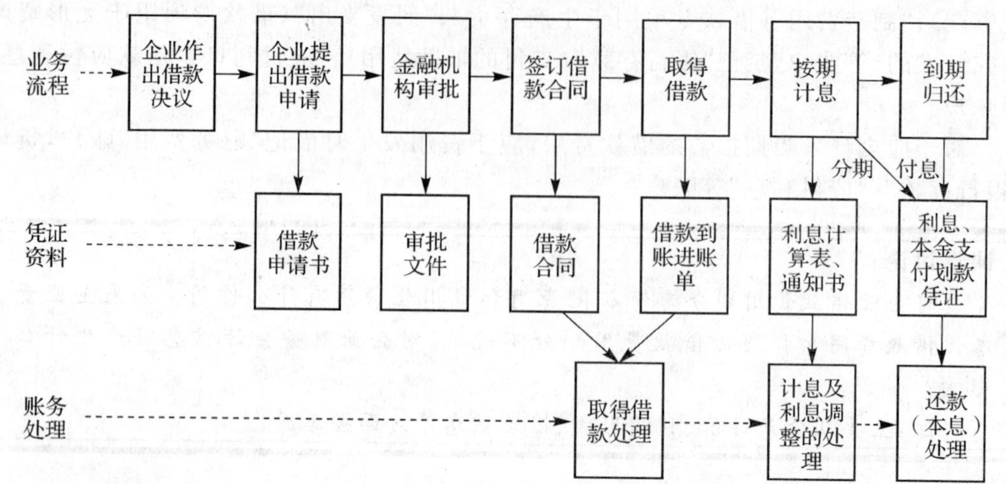

图 8-5　长期借款业务流程

归还借款。因此，长期借款的账务处理主要包括借款的取得、借款利息计提和借款偿还等几个方面。

企业取得的长期借款，应设置“长期借款”账户进行核算。该账户贷方登记长期借款的增加额，借方登记归还的长期借款，期末余额在贷方，表示企业尚未偿还的长期借款。该账户应按照借款种类、贷款人和币种进行明细核算。

长期借款应付未付的利息，应设置“应付利息”账户进行核算。

长期借款的账务处理，主要包括借款取得、计息付利和归还借款三个方面：

1.借款的取得。企业取得长期借款，应按收到金额，借记“银行存款”，贷记“长期借款”账户。

2.借款利息的处理。长期借款的利息有两种支付方式：①分期计息到期还本付息；②分期付息到期还本。不论采取何种方式，长期借款应付未付的利息，均应通过“应付利息”账户进行核算。

在应付利息日，企业应按照借款本金和借款合同利率计提长期借款的利息费用，借记“在建工程”、“制造费用”、“财务费用”等账户，贷记 “应付利息”账户。

企业实际支付时，借记“应付利息”账户，贷记“银行存款”账户。需要注意的是，长期借款利息支付的方式，是有分期（半年、年）支付和到期一次支付的两种情况，但其账务处理是相同的。

3.借款的偿还。企业归还长期借款本金，应借记“长期借款——本金”账户，贷记“银行存款”账户。

【例 8-40】 兴业公司某年 1 月 1 日为购建固定资产，从工商银行大华支行借入两年期人民币借款 70 万元，该借款合同约定利率为年利 5%，且借款期内实际利率与合同利率差异很小；按年计息，到期一次还本付息；借款当即全部投入用于固定资产购建项目，购建的固定资产于第一年末竣工交付使用。公司的账务处理为：

(1)借入款项存入银行时：

借：银行存款　　700 000

　贷：长期借款——工商银行大华支行(人民币借款)　　700 000

(2)第一年末计提利息时：

借：在建工程　　35 000 (700 000×5%)

　贷：应付利息——工商银行大华支行　　35 000

(3)第二年末计提利息时：

借：财务费用　　35 000

　贷：应付利息——工商银行大华支行　　35 000

(4)借款到期，还本付息时：

借：长期借款——工商银行大华支行(人民币借款)　　700 000

　应付利息——工商银行大华支行　　70 000

　贷：银行存款　　770 000

【例 8-41】 兴业公司为改扩建工程，本年 1 月 1 日从民生银行滨江支行取得三年期人民币借款 800 万元，合同约定利率为年利率 6%；按年付息，到期还本；借款分别于本年 1 月 1 日和 7 月 1 日投入工程建设各 400 万元，本年末工程竣工交付使用。公司的有关账务处理为：

(1)本年 1 月 1 日，取得借款并存入银行时：

借：银行存款　　8 000 000

　贷：长期借款——民生银行滨江支行(人民币借款)　　8 000 000

(2)第一年末，计提本年利息时：

借：在建工程

　　360 000(4 000 000×6%+4 000 000×6%÷2)

　财务费用　　120 000(4 000 000×6%÷2)

　贷：应付利息——民生银行滨江支行　　480 000

(3)第一年末，以存款支付利息时：

借：应付利息——民生银行滨江支行　　480 000

　贷：银行存款　　480 000

(4)第二、第三年末计提当年借款利息时：

借：财务费用　　480 000

　贷：应付利息——民生银行滨江支行　　480 000

(5)第三年末借款到期，以存款归还本金时：

借：长期借款——民生银行滨江支行(人民币借款)　　8 000 000

贷:银行存款　　　　8 000 000

三、长期应付款

(一)长期应付款内容和特点

长期应付款是指企业除长期借款、应付债券以外的其他各种长期应付款项。它包括应付融资租入固定资产的租赁费、以分期付款方式购入固定资产等发生的应付账款等。企业通过从融资租入和以分期付款方式取得固定资产,一方面增加了企业的资产,另一方面也增加了企业的负债,而这些应付款项,偿还期一般长于一年,从而构成了企业的非流动负债。

长期应付款不仅具有数额大、偿还期限长的特点,而且还具有分期付款的性质。如分期付款方式设备价款是在合同规定的时间逐期偿还的,融资租赁应付款是在租赁期内分期偿还的,这样既能解决企业购进设备的资金不足问题,同时又可以使企业通过负债方式取得,扩大企业产量的先进设备,改进产品质量,提高生产效率,从而为提高经济效益提供了有利条件。

(二)长期应付款的账务处理

企业发生的长期应付款应设置“长期应付款”账户进行核算。该账户贷方反映长期应付款的增加数,借方反映归还的长期应付款,期末贷方余额,反映应付未付的长期应付款项。该账户应按照长期应付款的种类和债权人进行明细核算。

长期应付款的利息支出和相关费用,原则上按借款费用的规定进行处理,即与取得固定资产等有关的,固定资产竣工决算前(符合资本化条件),计入相应的资产的取得成本;其他利息支付和有关费用,均计入当期损益。

1. 应付融资租赁款的账务处理。企业融资租赁是指在实质上转移了与一项资产所有权有关的全部风险和报酬的一种租赁。所以通过融资租赁方式取得的固定资产企业虽不具有所有权,但应视同自有资产入账,并按全部应付总额确认负债。企业融资租入的固定资产,应当在租赁开始日按照合同约定的付款总额和在签订租赁合同过程中发生的相关税费等,借记“固定资产”或“在建工程”账户,贷记“长期应付款——应付融资租赁款”账户。企业分期支付融资租赁费时,借记“长期应付款”账户,贷记“银行存款”账户。租赁期满,若合同规定将设备所有权转归承租企业的,应将固定资产从“融资租入固定资产”明细账户转入“生产经营用固定资产”等有关明细账户。

【例 8-42】 兴业公司以融资租赁方式租入一项设备,合同确定的应付总额为 91 万元,租入设备直接交付安装,以银行存款支付安装费 6 万元;租赁期为 7 年,每年支付租赁费 13 万元。公司的账务处理为:

(1)融资租入设备直接交付安装时:

借:在建工程——融资租入设备安装工程　　　　910 000

　贷:长期应付款——应付融资租赁款　　　　910 000

(2)支付安装费时：

借：在建工程——融资租入设备安装工程 60 000

贷：银行存款 60 000

(3)设备安装完工，办妥竣工决算，设备交付使用：

借：固定资产——融资租入固定资产(设备) 970 000

贷：在建工程——融资租入设备安装工程 970 000

(4)租赁期内每年以存款支付租赁费时：

借：长期应付款——应付融资租赁款 130 000

贷：银行存款 130 000

(5)租赁期满，设备所有权转给兴业公司时：

借：固定资产——生产经营用固定资产 970 000

贷：固定资产——融资租入固定资产 970 000

2. 分期付款方式购入资产的账务处理

企业以分期付款方式购入固定资产、无形资产等，属超过正常信用条件延期支付价款、实质上具有融资性质的，所以，应列为长期应付款进行核算。应按照实行支付的购买价款和相关税费(不包括可以抵扣的增值税)，借记“固定资产”、“在建工程”等账户，按照税法规定可以抵扣的增值税进项税额，借记“应交税费——应交增值税(进项税额)”账户，贷记“长期应付款”账户。企业分期支付价款时，借记“长期应付款”账户，贷记“银行存款”等账户。

课堂讨论：

融资租赁固定资产和以分期付款方式购入固定资产，虽然均通过“长期应付款”账户进行核算，但账务处理上还是有一定区别的，请列出不同点。(提示：增值税进项税；“视同自有”等)

第九章

所有者权益

企业的投资者和债权人对企业资产的要求权叫权益。权益分为债权人权益和所有者权益两部分。所有者权益是企业财务会计报告必须披露的一个重要方面，它代表着投资人享有的对既定经营主体的资源的份额，以及对该经营主体的经营收益的要求权。对所有者权益的确认和计量直接关系到经营主体财务状况的确定与报告，以及经营收益的计算与分配。

第一节　所有者权益概述

一、所有者权益的特征

所有者权益是指企业资产扣除负债后由所有者享有的剩余权益。其来源包括所有者投入的资本、直接计入所有者权益的利得和损失、留存收益等。公司的所有者权益又称为股东权益。

投资人和债权人都是企业资产的提供者，他们对企业的资产都有相应的要求权。但是，所有者权益与负债又有本质区别，两者的区别主要表现在以下几个方面：

第一，对象不同。负债是企业对债权人负担的经济责任；所有者权益是企业对投资人负担的经济责任。

第二，性质不同。负债是在经营或其他事项中发生的债务，是债权人对其债务的权利；所有者权益是投资者投入资本及其投入资本的运用所产生的盈余（或亏损）的权利。

第三，偿还期限不同。负债必须于一定的日期（特定日期或确定的日期）偿还；所有者权益在企业持续经营的情况下，不能收回投资。只有在企业解散清算时（除按法律程序减资外），其破产财产在偿付了破产费用、债权人的债务等以后，如有剩余财产，才可在投资者之间按出资比例等进行分配。

第四，享受的权利不同。债权人只享有收回债务本金和利息的权利，而无权参与企业利润分配和经营管理，但当企业进行清算时，债权人对企业的资产享有优先要求权;所有者除可以参与企业利润分配获得利益外,在某些情况下,还可以参与企业经营管理。

这样,所有者权益的特征可以概括为:(1)所有者权益对资产的要求权不具有优先性;(2)所有者权益具有参与企业经营管理、重大决策和利润分配的权利;(3)所有者权益的收益具有不确定性;(4)所有者权益的收回无时间性;(5)所有者权益金额取决于资产和负债的计量。

提示:

科信公司是张明、何云等三人出资创办的,因扩展的需要和金亮本人的要求,现金亮出资50万加盟,按30万元列资本控股比例为10%。公司总资产为1500万元,本年度公司实现净利润60万元,负债总额900万元。这样,金亮就成了科信公司的投资人,其对科信公司享有的权益就是所有者权益。有关具体情况是:

①公司所有者权益总额:1500万元-900万元=600万元。这600万元的所有者权益必然取决于公司对资产和负债的计量。

②投资人金亮50万元的出资额只要公司持续经营是不能收回的,即收回的无时间性。

③600万元所有者权益也可以说是不确定的,金亮占10%,享有60万元,下一年度出现经营亏损,公司所有者权益总额降为400万元,金亮只享有40万元了。所以说,所有者权益具有不确定性。

④年终公司如果分利20万元,金亮可分到2万元,即参与公司利润分配的权利。同时,作为占股权10%投资人可以在一定范围内参与公司的经营管理。

⑤金亮等投资人对公司资产的要求权是排在债权人之后的,即假定公司解散或破产,要清偿债权人的债务,然而再将剩余净资产在投资人之间进行分配。

二、所有者权益的构成

所有者权益包括来源于所有者投入的资本、直接计入所有者权益的利得和损失以及留存收益等。

所有者投入的资本,是指所有者实际投入企业经营活动的各种财产物资。如投入的货币性资产、存货、固定资产、无形资产等。投入资本按投资主体具体分为国家投入资本、法人投入资本和个人投入资本。

直接计入所有者权益的利得和损失,是指不应计入当期损益、会导致所有者权益发生增减变动的、与所有者投入资本或者向所有者分配利润无关的利得或者损失等。如资本溢价、资产评估增值等,均反映在资本公积中。这一来源,也具有所有者直接投入的性质。

留存收益包括从税后净利润中提取的各种盈余公积和尚未向所有者分配的、留于企业的未分配利润。这一来源具有资本增值的性质。

所有者权益的构成如图 9-1 所示。

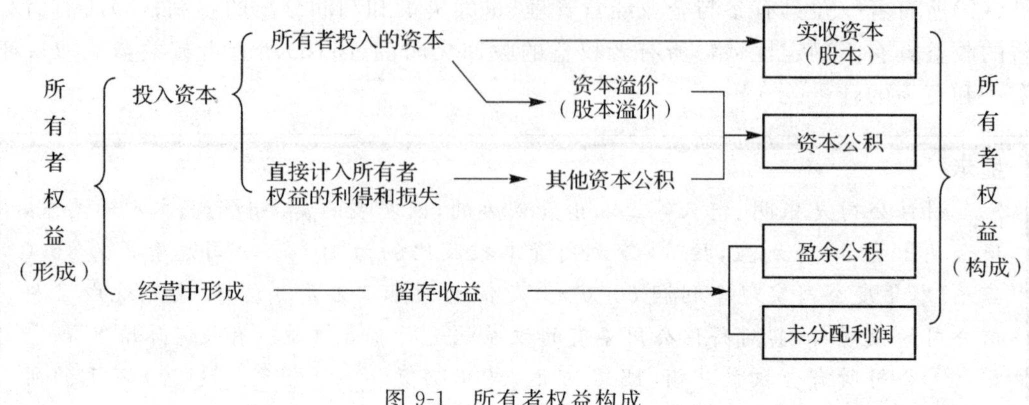

图 9-1　所有者权益构成

提示：

从所有者权益的构成内容可见，所有者权益有以下特点：

(1)所有者权益实质上是所有者在某一企业享有的一种财产权利，包括对投入财产的所有权、使用权和收益分配权，但是这种权利只是一种剩余权益。

(2)所有者权益享有的权利来自于所有者投入的可供企业长期使用的资源。所有者投入资本在企业终止经营前不得抽回，它是企业清偿债务的物质保证，是企业亏损的承担者。

(3)所有者权益包括所有者的投入资本，企业的资产增值及经营利润。企业所有者是企业资产增值的受益者，也是企业经营风险的承担者。

第二节　投入资本

一、投入资本概述

企业要进行生产经营活动，必须有一定数额的资金。我国企业法人登记管理条例明确规定，企业申请开业，必须具备符合国家规定并与其生产经营和服务规模相适应的资本数额。投入资本是指所有者按照企业章程或合同、协议的约定，实际投入企业的资本。投资者向企业投入的资本，在一般情况下无须偿还，并可以长期周转使用。投入资本的构成比例即投资者的出资比例或股东的持股比例，是企业据以进行利润分配或股利分配的主要依据。

企业收到投资者投入企业的资本时,必须聘请注册会计师进行验资并由其出具验资报告,由企业签发投资者出资证明书。投资者向企业投入的资本,在企业持续经营期间,除依法转让外,不得以任何形式抽回、撤资。

企业可以采用不同的方式筹集资本,既可以一次筹集,也可以分次筹集。分次筹集的,投资者最后一次投入企业的资本必须在法定期限内缴足。因此,在某一特定的期间,企业实收资本可能小于其注册资本的数额。

相关链接:

公司制企业注册资本的相关规定(《公司注册资本登记管理规定》2006 年 1 月 1 日起实施):

①法定注册资本最低限额(人民币):有限责任公司 3 万元;一人有限责任公司 10 万元;股份有限公司 500 万元。

②出资时间:有限责任公司全体股东首次出资不得低于公司注册资本的 20%,也不得低于法定注册资本最低限额,其余部分由股东自公司成立之日起两年内缴足;股份有限公司全体发起人的首次出资不得低于公司注册资本的 20%,其余部分由发起人自公司成立之日起两年内缴足,投资公司可以延长为五年内缴足。

二、投入资本的业务流程

投入资本的业务流程可以用图示加以概括,见图 9-2。

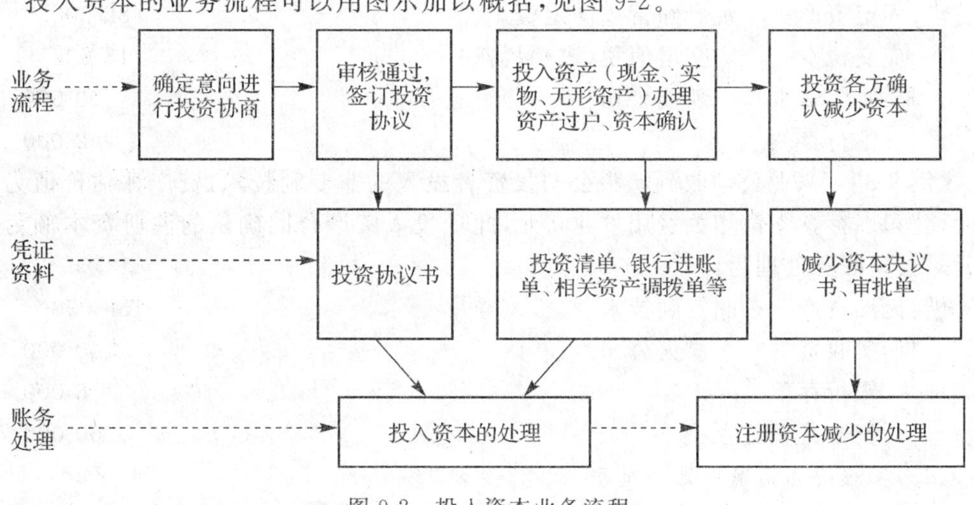

图 9-2　投入资本业务流程

三、投入资本的账务处理

企业投资者投入构成注册资本的应设置"实收资本"账户进行核算。该账户的贷方登记企业实际收到投资者占注册资本的出资额和由盈余公积转增的资本额，借方登记企业按法定程序减资时所减少的注册资本数额；期末贷方余额，反映企业实收资本总额。"实收资本"账户，应按投资者设置明细账户，进行明细核算。

（一）资本投入的账务处理

1. 接受货币投资。投资者以货币形式投入的资本，企业应将实际收到或者存入的款项足额收存企业账户，按照实际收到的货币数额，借记"银行存款"、"库存现金"等账户，按照确认在注册资本中所占的份额，贷记"实收资本"账户，实际收到的金额超过其在该企业注册资本中所占份额的部分，计入资本公积。

【例 9-1】 兴业公司注册资本为 500 万元，合同约定美华公司占公司股权 30%，现收到美华公司投入货币资金 150 万元，款项转入存款户。公司的账务处理为：

	借方	贷方
借：银行存款	1 500 000	
贷：实收资本——美华企业		1 500 000

2. 接受非现金资产投资。企业收到投资者投入的非现金资产时，按照确认的资产价值，借记"固定资产"、"原材料"、"应交税费——应交增值税"等账户，应按照投资各方确认的占注册资本的份额作为实收资本入账，确认的资产价值超过其注册资本中所占份额部分，作为资本溢价，计入"资本公积"账户。

【例 9-2】 兴业公司收到新能公司作为资本投入的不需要安装的机器设备一台，该设备价值为 80 000 元，专用发票所列增值税 13 600 元，此项投入资产全额确认为注册资本。并以银行存款支付相关费用 2 000 元。公司的账务处理为：

	借方	贷方
借：固定资产——生产经营用固定资产	82 000	
应交税费——应交增值税（进项税额）	13 600	
贷：实收资本——新能公司		93 600
银行存款		2 000

【例 9-3】 兴业公司收到星火公司投资者投入的非专利技术，资产评估价值为 15 万元，公司以存款支付相关费用 6 000 元，此项投入资产合同确认的注册资本额为 10 万元。公司账务处理为：

	借方	贷方
借：无形资产——非专利技术	156 000	
贷：实收资本——星火公司		100 000
银行存款		6 000
资本公积		50 000

（二）实收资本增减的账务处理

一般情况下，企业的实收资本是相对固定的，一定期限后，企业的注册资本应当与实收资本相一致。然而,根据生产经营的情况和相关原因,企业实收资本(注册资本)也会发生增减变动。按照规定,当实收资本比原注册资本增加或减少的幅度超过20%时,应持资金信用证明或者验资证明,向原登记主管机关申请办理变更登记。

1.实收资本的增加。企业实收资本的增加主要有三种情况:接受投资者追加投资;资本公积转增资本;盈余公积转增资本。企业实收资本增加的账务处理与投资者投入资本基本一致。

2.实收资本的减少。企业由于经营状况发生变化,如经营规模缩小、资本过剩或重大亏损,短期内无力弥补等原因需要减少注册资本。企业减少注册资本必须按照法定程序报经批准,办理资本变更手续。减少注册资本的原因不同,其会计处理也有所区别:

(1)经营规模缩小而减资。企业在按法定程序报经批准后将注册资本返还给投资者时,借记"实收资本"、"资本公积"等账户,贷记"银行存款"、"库存现金"等账户。

(2)严重亏损而减资。企业发生连续、重大亏损,短期内无力用盈余公积、利润弥补的,可采用减资补亏。相关部门批准确认后,借记"实收资本"账户,贷记"利润分配——未分配利润"账户。

【例9-4】 兴业公司因经营管理不善,企业连续多年亏损,公司研究决定缩减企业规模,经工商部门审核批准,以减少注册资本20万元抵补亏损。公司的账务处理为:

借:实收资本——各投资者　　200 000

　贷:利润分配——未分配利润　　200 000

提示:

注意相关概念及其区别:

最低注册资本:法定创办公司资本最低限额。

注册资本:高于最低注册资本;公司确定的注册登记的资本额。

投入资本:投资者投入的;分次分期。

实收资本:是会计科目;投入资本形成的(验资、到账的)。

股份有限公司应当将"实收资本"账户改为"股本"进行核算,"股本"账户反映股份有限公司投资者(股东)按照合同协议约定或相关规定投入的、构成注册资本的部分。企业收到投资者(股东)出资额超过其在注册资本中所占份额的部分为"股本溢价",列为资本公积。

股份有限公司收到股本及股本增减变动的账务处理,与其他企业基本一致。需要注意的是股份有限公司收购本公司股票是一种减少注册资本的方式。

课堂讨论:

如果你想注册一家公司,作为投资人,你可以拿什么出资?需办理哪些手续?

第三节 资本公积

一、资本公积的内容

资本公积是指归所有者所共有的、非收益转化而形成的资本。它是由投资者投入,所有权归属于投资者,但不能构成实收资本的那部分资本。资本公积从形式来源看,主要是由投资者投入的资本金额中超过注册资本部分的资本,或者其他人(或单位)投入的不形成实收资本的资产的转化形式,它不是由企业实现的净利润转化而来的。资本公积由全体投资者(股东)享有,它在转增资本时,应按投资比例计算,分别转增各个投资者的投资金额。资本公积的内容一般包括:

第一,资本(或股本)溢价。是指企业投资者出资超过其在注册资本或股本中所占份额的部分。

第二,直接计入所有者权益的利得和损失。是指不应计入当期损益、会导致所有者权益发生增减变动的,与所有者投入资本或向所有者分配利润无关的利得或者损失。

提示:

资本公积与实收资本:

联系:两者均属于投入资本范畴。

区别:实收资本由投资者投入,为谋求价值增值的原始投资;属于注册资本,来源和金额上有比较严格的限制;核算上应分别反映投资者(股东)的数额。

资本公积:不属注册资本,来源上不是唯一的,金额上没有严格限制;核算上不分别反映投资者(股东)的数额。

二、资本公积的账务处理

企业资本公积应设置"资本公积"账户进行核算。该账户贷方登记企业资本公积增加数额;借方登记企业资本公积减少数额;期末贷方余额,表示企业资本公积结余数额(总额)。

(一)资本公积形成的账务处理

1.资本溢价(或股本溢价)。资本溢价是指投资者缴付企业的出资额大于该所有者在企业注册资本中所占有份额的数额。在企业创立时,投资者认缴的出资额往往与注册资本一致,不会产生资本溢价。但在企业重组或有新的投资者加入时,为了维护原投资者的权益,新加入的投资者的出资额,并不一定全部作为实收资本处理。投资者投入资金形成资本公积的主要有两种情况：

(1)原投资者在企业留存收益和资本公积中享有的权益。企业投资者的所有者权益，除了实收资本外，还有在企业创立后所形成的留存收益(每年提取的盈余公积和历年积存的未分配利润)，以及其他原因形成的资本公积。这些留存收益和资本公积属于原投资者的权益，一旦新投资者加入，其将与原投资者共享这部分权益。为了维护原投资者的已有权益，补偿原投资者的权益损失，新投资者如果需要获得一定的投资比例，就需要付出比原投资者在取得该投资比例时所投入资本更多的出资额，这部分比原投资者更多的出资额形成企业的资本公积。

【例 9-5】 科远公司原由 A、B、C 三位股东各投资 100 万元人民币设立，设立时的注册资本为 300 万元，经过几年的经营，该企业留存收益为 120 万元。现投资者 D 要加入该企业，经协商确定 D 出资 140 万元，则享有与 A、B、C 三位股东同等的权利。公司的账务处理为：

借:银行存款	1 400 000	
贷:实收资本——D股东		1 000 000
资本公积——资本溢价		400 000

(2)补偿企业未确认的自创商誉。企业从筹建、创立、生产运行、开拓市场构建管理体系和形成企业文化等，都会在无形之中增加企业的商业信誉，从而增强企业的获得能力和竞争实力，新加入投资者投入资本时，必须要求其出资额超过按照投资比例确定的实收资本额，这部分超过实收资本的出资额形成资本公积。

提示：

仁和公司注册资本 200 万元，上年末公司留存收益 40 万元，无资本公积。本年初星远公司欲出资加入该公司，并准备占有该公司注册资本的 25%。这样星远公司应出资多少才是合理的？其出资额中多少为实收资本？多少为资本公积？

星远公司出资额：(200＋40)÷(1－25%)－(200＋40)＝80(万元)

其中实收资本：200×25%＝50(万元)

资本公积：80－50＝30(万元)

2. 其他资本公积。如企业因国家拨入专项或特定用途拨款的购置项目而形成的资本公积(执行《企业会计准则——具体准则》的企业)。资本公积形成时，应借记有关账户，贷记“资本公积——其他资本公积”账户。

【例 9-6】 兴业公司本年 1 月取得国家科技项目配套专项拨款 300 000 元，拨款按规定用途全部用于工程项目，其中 250 000 元形成固定资产，50 000 元为需核销支出。公司结转此项拨款的账务处理为：

借:专项应付款——科技专项拨款	300 000	

贷:资本公积——其他资本公积　　250 000

在建工程——科技专项工程　　50 000

借:固定资产——生产经营用固定资产　　250 000

贷:在建工程——科技专项工程(设备及安装)　　250 000

(二)资本公积使用的账务处理

企业在发展过程中,为了扩大自身规模,增强经济实力,按照规定可以用于资本公积转增资本。资本公积转增资本应按程序办理相关批准手续,转增资本的金额以资本公积账面余额为限,并按原投资者出资比例或公司通过的决议方案,将转增的资本进行明细确认。企业以资本公积转增资本时,应借记"资本公积"账户,贷记"实收资本"(或"股本")账户。

【例 9-7】 兴业公司经批准将资本公积 500 000 元转增资本。注册资本中美华公司占 60%,新能公司占 20%,星火公司占 20%,公司已按规定程序办理增资手续。公司的账务处理为:

借:资本公积　　500 000

贷:实收资本——美华公司　　300 000

——新能公司　　100 000

——星火公司　　100 000

第四节　留存收益

留存收益指企业从历年实现的利润中提取或留存于企业的内部积累。留存收益来源于企业的生产经营活动所实现的利润,包括企业的盈余公积和未分配利润两个部分。

留存收益是将企业实现净利润的一部分留存在企业,不是全部分配给投资者。其目的是:第一,可以满足企业维持或扩大生产经营活动的资金需要,保持或提高企业的获利能力。第二,可以保证企业有足够的资金用于偿还债务,保护债权人权益。第三,可以使企业对净利润的分配留有余地,以丰补歉,有利于企业稳定发展。

提示:

留存收益与实收资本和资本公积的区别:

前者:来源于企业实现的净利润,即资本增值;

后者:来源于企业投资者的资本投入。

一、盈余公积

（一）盈余公积的内容

盈余公积是指企业按照国家有关规定从实现的净利润中提取的公积金。盈余公积是投资者投入资本的增加价值。盈余公积的提取，是对企业实现的净利润分配的一种限制。盈余公积一般有两种类型：

1. 法定盈余公积。公司制企业按当年实现税后利润的10%提取；非公司制企业也可按高于10%的比例提取。企业法定盈余公积累计额已达注册资本的50%时，可以不再提取。

2. 任意盈余公积。任意盈余公积主要是公司制企业按照权力机构（董事会、股东大会或类似机构，下同）决议，从当年实现的税后利润中提取。它与法定盈余公积的区别在于其提取比例是由企业自行确定的。从当年实现的税后利润中提取。

外商投资企业盈余公积为按规定提取的"储备基金"、"企业发展基金"、"职工奖励及福利基金"等。

（二）盈余公积提取的账务处理

企业盈余公积应设置"盈余公积"账户进行核算。该账户贷方登记企业提取盈余公积，借方登记企业使用的盈余公积，期末贷方余额表示企业盈余公积的结余数额（总额）。一般企业该账户应分别设置"法定盈余公积"、"任意盈余公积"进行明细核算。

企业当年实现的税后利润（净利润），在弥补以前年度亏损后，按规定提取盈余公积，借记"利润分配"账户，贷记"盈余公积"账户。

【例 9-8】 兴业公司本年税后利润为120万元，无弥补以前年度亏损情况，根据公司决议，分别按：10%、8%的比例提取法定盈余公积、任意盈余公积。公司的账务处理为：

借：利润分配——提取法定盈余公积　　120 000
　　　　　　——提取任意盈余公积　　96 000
　贷：盈余公积——法定盈余公积　　120 000
　　　　　　　——任意盈余公积　　96 000

提示：

计算提取法定盈余公积的基数是本年实现的所得税后利润。存在弥补以前年度亏损的，应先扣除，并不包括年初未分配的利润。

（三）盈余公积使用的账务处理

企业法定盈余公积和任意盈余公积的使用一般是综合安排的，具体可以分为以下几个方面：

1.转增资本(或股本)。企业盈余公积转增资本,一是要经过权力机构批准,并办理增资手续;二是要按照投资者(股东)原有的投资比例结转;三是法定盈余公积转增资本(或股本)时,转增后留存盈余公积不得少于注册资本的25%。

【例9-9】 兴业公司经公司权力机构批准,用法定盈余公积300 000元转增资本,并办妥增资手续。公司账务处理为:

借:盈余公积——法定盈余公积　　300 000

　贷:实收资本——(投资者略)　　300 000

2.弥补亏损。企业发生的亏损,五年内的可在盈利后用税前利润弥补;对按规定不能用税前利润弥补的亏损,则应用税后利润弥补;税后利润弥补后仍有不足的,经权力机构批准,可以用盈余公积进行弥补。

【例9-10】 兴业公司权力机构批准,以公司结余的任意盈余公积600 000元,弥补当期亏损。公司的账务处理为:

借:盈余公积——任意盈余公积　　600 000

　贷:利润分配——盈余公积补亏　　600 000

年末,应将"利润分配——盈余公积补亏"明细账户与其他"利润分配"账户的明细账户余额一并转入"利润分配——未分配利润"明细账户。

3.分配现金股利或利润。在特定情况下,当企业未分配利润较少时,为了维护企业形象,保证给投资者以合理必要的回报,符合规定条件的企业,经权力机构指令可以用盈余公积分配现金股利或利润。企业以盈余公积分配现金股利时,借记"盈余公积"账户,贷记"应付利润"账户。实际支付现金股利或利润时,借记"应付利润"账户,贷记"银行存款"、"库存现金"等账户。

课堂讨论:

资本公积和盈余公积转增资本,对企业的所有者权益有何影响?《公司法》对盈余公积转增资本有何规定?

二、未分配利润

未分配利润是企业留待以后年度进行分配的结存利润,它是所有者权益的组成部分。未分配利润有两层含义:一是留待以后年度处理的利润;二是未指定特定用途的利润。就亏损企业来讲,未分配利润就是未弥补的亏损。未分配利润的计算公式如下:

未分配利润=期初未分配利润+本期净利润-本期已分配利润

未分配利润应通过"利润分配——未分配利润"账户进行核算。企业未分配利润的主要账务处理有:(1)年终结转全年实现的净利润,借记"本年利润"账户,贷记"利润分配——未分配利润”账户。结转全年亏损额，作相反的账务处理。(2)年终结转全年已分配利润，借记“利润分配——未分配利润”账户，贷记“利润分配”账户的其他明细账户(提取法定盈余公积、提取任意盈余公积、应付利润等)。年终结转后“利润分配——未分配利润”账户的贷方余额，反映企业历年积累未分配利润；如为借方余额，则反映企业历年积累的未弥补亏损。

【例 9-11】 达得公司本年利润结转前“利润分配——未分配利润”账户贷方余额150 000元(以前年度累计未分配利润)。2012年度实现净利润90万元，公司权力机构决定分配按照10%和15%计提法定盈余公积和任意盈余公积，公司权力机构决定本期向投资者分配利润50万元。公司有关账务处理为：

(1)结转全年(2012年度)净利润：

	借方	贷方
借：本年利润	900 000	
贷：利润分配——未分配利润		900 000

(2)提取法定盈余公积和任意盈余公积：

	借方	贷方
借：利润分配——提取法定盈余公积	90 000	
—提取任意盈余公积	135 000	
贷：盈余公积——法定盈余公积		90 000
——任意盈余公积		135 000

(3)向投资者分配利润：

	借方	贷方
借：利润分配——应付利润	500 000	
贷：应付利润——(各投资者)		500 000

(4)结转已分配利润：

	借方	贷方
借；利润分配——未分配利润	725 000	
贷：利润分配——提取法定盈余公积		90 000
——提取任意盈余公积		135 000
——应付利润		500 000

结转后“利润分配——未分配利润”账户贷方余额为325 000元，表示企业历年结存的未分配利润为325 000元。

第十章 收入

第一节 收入概述

一、收入的概念和特点

(一)收入的概念

收入是指企业在销售商品,提供劳务及让渡资产使用权等日常活动中形成的、会导致所有者权益增加的、与所有者投入资本无关的经济利益的总流入。收入也称营业收入,包括主营业务收入和其他业务收入。这里所讲的日常活动,是指企业为完成其经营目标而从事的所有活动,以及与之相关的其他活动。经济利益,是指现金或最终能转化为现金的非现金资产。

(二)收入的特点

收入作为会计基本要素之一,具有以下基本特征:

1.收入来源于企业日常活动,而不是由偶发的交易或事项形成的。企业的收入是从其销售产品、提供工业性劳务等日常活动中产生的,而不是从处置固定资产等非日常活动中产生的。

2.收入能够可靠计量。收入的可计量性是指能够采用系统的、可遵循的方法确定其金额。

3.收入可能表现为企业资产的增加或减少负债,或二者兼而有之。如增加银行存款、应收账款,或减少预收账款等。

4.收入能导致企业所有者权益的变动。收入扣除相关成本费用后的净额为企业的盈利或亏损,当其为盈利时,则导致所有者权益增加;当其为亏损时,则导致所有者权益减少。

5.收入只包括本企业的经济利益流入,不包括为第三方或客户代收的款项,如企业销售商品收取的增值税销项税额、旅行社代客户购买门票而收取的票款等。

二、收入的分类

1. 按性质不同分类。收入按性质不同，可以分为商品销售收入、提供劳务收入、让渡资产使用权收入。

(1)商品销售收入。主要指以取得货币资产的方式进行的商品销售，以及正常情况下的以商品抵偿债务的交易取得的收入。企业销售商品、产成品、代制品、代修品、原材料、包装物等都属于商品销售收入，但是原材料、包装物的销售属于其他业务收入，而销售商品、产成品、代制品、代修品等属于主营业务收入。

(2)提供劳务收入。企业提供劳务的种类很多，如加工、修理、安装、运输、咨询、培训等。

(3)让渡资产使用权收入。包括因他人使用本企业货币资金而收取的利息收入(金融企业)，因他人使用本企业的无形资产而取得的使用费收入，出租固定资产取得的租金收入等。

2. 按企业经营业务的主次分类。收入按经营业务主次可以分为主营业务收入和其他业务收入。

(1)主营业务收入。主营业务收入是指企业经常性的、主要业务所产生的收入，可根据企业营业执照上经营范围所规定的主要业务为基础结合收入比重的大小确定。不同行业的主营业务收入所包括的内容也不相同，例如：工业企业的主营业务收入主要是销售产成品、提供工业性劳务的收入；商品流通企业的主营业务收入主要是销售商品的收入；交通运输行业的主营业务收入主要是运输费、装卸费等的收入。主营业务收入一般占企业营业收入的比重比较大，对企业的经济效益产生较大的影响。

(2)其他业务收入。其他业务收入是指企业非经常性的、兼营的业务所产生的收入，一般占企业收入的比重较小，如工业企业主要包括出租固定资产、无形资产取得的收入，销售材料取得的收入、非工业性劳务取得的收入等。由此可见，把收入划分为主营业务收入和其他业务收入是根据重要性原则划分的。

收入的分类如下所示。

- 收入的分类
  - 按照小企业从事日常生产经营活动的性质分类
    - 销售商品收入
    - 提供劳务收入
    - 让渡资产使用权收入
  - 按照从事日常生产经营活动在企业的主次分类
    - 主营业务收入
    - 其他业务收入

提示：

下列相关项目不能列为收入：

(1)出售固定资产收入。取得收入列入“固定资产清理”账户贷方，净损益转入营业外收支。

(2)出售工程物资收入。出售取得收入时，计减工程物资，净损益转入在建工程。

(3)出售无形资产收入。取得收入，同时计减资产账面价值，净损益直接转入营业外收支。

(4)取得的罚款净收入、政府补助。取得时列为营业外收入。

(5)带息票据的利息收入、存款利息收入(非金融企业)。取得时计入财务费用。

(6)发行股票的溢价收入。溢价净收入列为资本公积。

(7)购货业务发生现金折扣(收益)。发生时列为财务费用。

(8)出租包装物、商品的收入。列为营业外收入(小企业)。

三、收入的确认与计量

收入的确认不仅关系收入的反映和到流转税纳税时间的确定，同时还会影响利润和应纳所得税额计算的正确性。因此，企业应当根据收入的性质，按照收入确认的原则合理地正确确认各项收入的反映时点。销售收入的计量是指在收入实现时，其收入金额的确定。

(一)销售商品收入的确认和计量

1. 销售商品收入的确认。销售商品是指包括取得货币资产方式的销售商品及正常情况下的以商品抵偿债务的交易。通常情况下，企业应当在发出商品且收到货款或取得收款权利时，确认商品销售收入。具体地说，当销售商品收入同时满足以下五个条件时，才能确认销售商品收入的实现：

(1)企业已将商品所有权上的主要风险和报酬转移给购货方。与商品所有权有关的风险，是指商品可能发生减值或毁损等形成的损失；与商品所有权有关的报酬，是指商品价值增值或通过使用商品等产生的经济利益。

判断企业是否已将商品所有权上的主要风险和报酬转移给购货方，应当关注交易的实质而不是形式，并结合所有权凭证或实物的交付进行判断。通常情况下，转移商品所有权凭证或交付实物后，商品所有权上的主要风险和报酬随之转移，如大多数零售商品。某些情况下，转移商品所有权凭证或交付实物后，商品所有权上的主要风险和报酬随之转移，企业只保留了次要风险和报酬，如交款提货方式销售商品。有时，转移商品所有权凭证或交付实物后，商品所有权上的主要风险和报酬未随之转移，如采用支付手续费方式委托代销的商品。

(2)企业既没有保留通常与所有权相联系的继续管理权，也没有对已售出的商品实施控制。企业将商品所有权的主要风险和报酬转移给购货方之后，如果仍然保留通常与所有权相联系的继续管理权，或者仍然对售出的商品实施控制，那么这项销售事实上并不成立，不能确认相应的销售收入；但如果企业对售出的商品保留了与所有权无关的管理权，则不受本条件限制。

(3)与交易相关的经济利益能够流入企业。经济利益体现为直接或者间接流入企业的现金或现金的等价物。在商品交易中，与交易相关的经济利益即为销售商品的价款。销售商品的价款能否收回是收入确认的一个基本条件，企业在销售商品时，如估计价款收回的可能性不大，即使收入确认的其他条件均满足，也不能确认收入的实现。销售商品的价款能否收回，主要根据企业以前和购货方交往的直接经验，或从其他方面取得的信息，或政府的有关政策等进行判断。实务中，如果企业售出的商品符合合同或协议规定的要求，企业已将发票账单交付购货方，购货方也承诺付款，即说明销售商品的价款能够收回。

(4)收入的金额能够可靠计量。收入能否可靠计量，是确认收入的基本前提，收入不能可靠地计量，则无法确认收入。企业在销售商品时，售价通常已经确定。但也有在销售过程中由于某种不确定因素，可能出现售价变动的情况，则新的售价未确定前不应确认收入。

(5)相关的已发生或将发生的成本能够可靠计量。根据收入费用配比要求，与同一项销售有关的收入和成本应在同一会计期间予以确认。因此，成本不能可靠计量，相关的收入也不能确认，即使其他条件已满足，也不能确认收入。

2.销售商品收入的计量。企业销售商品收入的金额，应当按照从购货方已收或应收的合同或协议价款确定；无合同或协议的，应按购销双方同意或都能接受的价格确定。

在对销售商品收入进行计量时，对于在销售商品过程中，代第三方或客户收取的一些款项，不应作为本企业的收入，而应作为暂收款记入相应的负债类账户。

企业销售商品折扣、折让的处理：商业折扣按净价法进行核算，即按照扣除商业折扣后金额确认销售商品收入；现金折扣按总价法进行核算，即按照折扣前的现金折扣金额确认销售商品收入。

3.销售商品收入确认条件的具体应用。销售商品收入确认条件的具体应用，要考虑商品的销售方式和结算方式等情况，企业销售商品(包括产成品、材料，下同)，确认收入的具体情况主要有：

(1)以托收承付(含委托收款)方式销售商品，应在办妥托收手续时确认收入。

(2)采用预收款方式销售商品的，应在发出商品时确认收入，在此之前预收的货款应确认为负债。

(3)附有销售退回条件的商品销售，根据以往经验能够合理估计退货可能性且确认与退货相关负债的，应在发出商品时确认收入；不能合理估计退货可能性的，应在售出商品退货期满时确认收入。

(4)售出商品需要安装和检验的，在购买方接受商品以及安装和检验完毕前时确认收入。安装程序比较简单的，可以在发出商品时确认收入。

(5)采用收取手续费方式委托代销商品的，应在收到代销清单时确认收入。

(6)销售商品以旧换新的，销售的商品作为商品销售处理，回收的商品作为购进商品处理。

(7)采取产品分成方式取得的收入，在分得产品之日按照产品的市场价格或评估价值确定销售商品收入金额。

(8)销售商品采用分期收款方式的，在合同约定的收款日期确认收入。

相关链接：

企业特殊销售方式的会计处理：

(1)采用售后回购方式销售商品的，收到的款项应确认为负债；回购价格大于原售价的，差额应在回购期间按期计提利息，计入财务费用。

(2)采用售后租回方式销售商品的，收到的款项应确认为负债；售价与资产账面价值之间的差额，应采用合理方法进行分摊，作为费用或租金费用的调整。

(二)劳务收入的确认和计量

1.劳务收入的确认和计量。劳务是指不以实物形式，而是以提供活劳动的形式满足他人某种需要的一种服务形式。如加工、建筑安装、修理修配、交通运输、仓储租赁、咨询经纪、文化体育、技术服务、教育培训、餐饮住宿、中介代理、旅游等。劳务可分为工业性劳务和非工业性劳务两大类。前者是指利用工业加工方法和工业技术提供的劳务，最典型的就是修理、修配和安装服务等；后者是指利用非工业性技术提供的劳务，如运输、咨询、中介代理等。

提供劳务取得的收入，一般按照企业与接受劳务方签订的合同或协议的金额确认。在其取得收入的确认和计量上，通常可以根据企业提供的劳务是否跨年度，可以分为不跨年度劳务和跨年度劳务两类进行会计处理：

(1)不跨年度的劳务收入。对于同一会计年度开始并完成的劳务，应当在劳务交易完成且收到款项或取得收款权利时确认收入。提供劳务收入的金额为已收或应收的合同或协议价款。

(2)跨年度的劳务收入。对于劳务的开始和完成分属不同会计年度的，在采用完

工百分比法(完工进度)确认劳务收入。完工百分比法是指按照劳务的完成程度确认劳务收入和相应成本的方法。

2.提供劳务收入确认条件的具体应用。提供劳务收入确认条件的具体应用,通常要考虑提供劳务的内容和方式等情况。确认提供劳务收入的具体情况主要有:

(1)安装费,应在资产负债表日根据安装的完工进度确认收入。安装工作是商品销售附带条件的,安装费应在确认商品销售实现时确认收入。

(2)宣传媒介的收费,应在相关的广告或商业行为开始出现于公众面前时确认收入。广告的制作费,应在资产负债表日根据广告的完工进度确认收入。

(3)为特定客户开发软件的收费,应在资产负债表日根据开发的完工进度确认收入。

(4)包括在商品售价内可区分的服务费,应在提供服务的期间内分期确认收入。

(5)艺术表演、招待宴会和其他特殊活动的收费,应在相关活动发生时确认收入。收费涉及几项活动的,预收的款项应合理分配给每项活动,分别确认收入。

(6)申请入会费和会员费只允许取得会籍,所有其他服务或商品都要另行收费的,应在款项收回不存在重大不确定性时确认收入。申请入会费和会员费能使会员在会员期内得到各种服务或出版物,或者以低于非会员的价格购买商品或接受服务的,应在整个受益期内分期确认收入。

(7)属于提供设备和其他有形资产的特许权费,应在交付资产或转移资产所有权时确认收入;属于提供初始及后续服务的特许权费,应在提供服务时确认收入。

(8)长期为客户提供重复的劳务收取的劳务费,应在合同约定的收款日期确认收入。

(三)让渡资产使用权收入的确认和计量

让渡资产使用权产生的收入主要有:让渡现金使用权而收取的利息收入。这主要是指金融企业的利息收入;转让无形资产而形成的使用费收入;出租固定资产取得租金等。

1.让渡资产使用权收入的确认。让渡资产使用权取得的利息收入和使用费收入等,应按下列确认原则进行确认:

(1)与交易相关的经济利益能够流入企业。企业应根据对方的信誉情况,当年的效益情况以及双方就结算方式、付款期限等达成的协议等方面进行判断。

(2)收入的金额能够可靠地计量。如使用费用收入按企业与其资产使用者签订的合同或协议确认。当收入的金额能够可靠地计量时,企业才能进行确认。

2.让渡资产使用权收入的计量。利息收入应在每个会计期末,按未收回的存款或贷款的本金、存续期限和适当的利率计算确认利息收入;使用费收入应按合同约定的收款时间、收款金额和收费方法分别确认和计量。

第二节　销售商品业务

一、销售商品业务核算的账户设置

企业商品销售收入的核算，主要应设置"主营业务收入"、"主营业务成本"、"营业税金及附加"等账户。

(一)"主营业务收入"账户

该账户核算企业在销售商品或提供劳务等主营业务的收入。贷方登记销售商品或提供劳务等取得的收入，借方登记发生的销售折让和销售退回，贷方余额为销售净收入，期末应将销售净收入转入"本年利润"账户，结转后该账户无余额。该账户应按照主营业务的种类进行明细核算。

(二)"主营业务成本"账户

该账户核算企业因销售商品或提供劳务等主营业务收入应结转的成本。借方登记销售商品或的供劳务等应结转的成本，贷方登记销售退回应结转的成本，期末将该账户的借方余额转入"本年利润"账户，结转后该账户无余额。该账户应按照主营业务的种类进行明细核算。

(三)"营业税金及附加"账户

该账户核算企业开展日常生产经营活动(主营业务和其他业务)应负担的消费税、营业税、城市维护建设税、资源税、土地增值税、城镇土地使用税、印花税、房产税、车船税和教育费附加、矿产资源补偿费、排污费等相关税费。

借方登记按照规定计算确定的日常生产经营活动应负担的相关税费，该账户应按照税费种类进行明细核算。贷方登记期末转入"本年利润"账户的金额，结转后该账户无余额。

与最终确认营业外收入或营业外支出相关的税费，在"固定资产清理"、"无形资产"等账户核算，不在该账户核算。所以说，并不是企业应交纳的各项税费均是计入"营业税金及附加"账户的。

二、销售商品收入的账务处理

(一)一般销售商品的账务处理

1. 取得商品收入的账务处理。在进行销售商品的账务处理时，首先要考虑销售商品收入是否符合确认条件。符合所规定的商品收入确认条件的，企业应及时确认收入，并结转相关销售成本；否则，不能确认收入。不符合确认条件但商品已经发出的情况下，应将发出商品通过"发出商品"等账户进行核算。

(1)收入已实现，货款收到。收入已实现，货款收到的商品销售，在开出发票账单收到货款时确认收入。一方面，增加银行存款等，另一方面增加主营业务收入，并确认增值税销项税额。

【例 10-1】 兴业公司 5 月 2 日售给大华电器厂 A 产品 200 件，增值税专用发票上注明售价 20 万元，增值税 3.4 万元，大华电器厂将产品已运走，并交来转账支票一张，支票送到银行取得回单。该项销售符合收入确认条件。公司的账务处理为：

借：银行存款　　234 000

　贷：主营业务收入　　200 000

　　应交税费——应交增值税（销项税额）　　34 000

(2)收入已实现，收到商业票据。以商业汇票结算方式销售商品，一方面增加应收票据，另一方面增加主营业务收入，以发票账单的金额作为收入的金额。

【例 10-2】 兴业公司 5 月 11 日向山川公司销售 B 产品 300 件，增值税专用发票上注明价款 15 万元，增值税 2.55 万元，山川公司开出并承兑期限为三个月的商业承兑汇票一张。该项销售符合收入确认条件。公司的其账务处理为：

借：应收票据——大华电器厂　　175 500

　贷：主营业务收入　　150 000

　　应交税费——应交增值税（销项税额）　　25 500

(3)附有现金折扣的商品销售。现金折扣是指债权人为鼓励债务人在规定的期限内付款而向债务人提供的债务扣除。现金折扣一般用符号“折扣率/付款期限”表示，例如“4/10，2/20，n/30”表示：销货方允许客户最长的付款期限为 30 天，如果客户在 10 天内付款，销货方可按商品售价给予客户 4%的折扣；如果客户在 11—20 天内付款，销货方可按商品售价给予客户 2%的折扣；如果客户在 21 天至 30 天内付款，将不能享受现金折扣。

现金折扣发生在企业销售商品之后，企业销售商品后现金折扣是否发生以及发生多少，要视买方的付款情况而定。因此，企业销售商品涉及现金折扣的，应当按照总价法进行核算，即按照折扣前的销售金额确定销售商品收入金额。现金折扣实际上是企业为了尽快回笼资金而发生的理财费用，应在实际发生时计入当期财务费用。

现金折扣金额＝商品销售收入×现金折扣率

【例 10-3】 兴业公司 6 月 8 日销售给子昌公司 B 产品，增值税专用发票上注明售价 10 万元，增值税 1.7 万元，兴业公司为了及早收回货款，在合同中承诺给予购货方如下现金折扣条件：2/10、1/20、n/30。该销售商品收入符合确认条件，则公司的账务处理为：

• 6 月 8 日确认收入时：

借：应收账款——子昌公司　　117 000

　贷：主营业务收入　　100 000

　　应交税费——应交增值税（销项税额）　　17 000

• 子昌公司6月10日付清货款，则按售价的2%(10天内)享受现金折扣2 000元(100 000×2%)，实际付款115 000元(117 000－2 000)，其相关账务处理如下：

借：银行存款　　115 000

　　财务费用　　2 000

　　贷：应收账款——子昌公司　　117 000

• 如果子昌公司在6月28日前付款的则可享受1%的现金折扣，公司实际收款为116 000元；如果子昌公司在6月28日以后(超过20天)才付款的，则应按全额付款。

(4)销售折让的账务处理。销售折让是指企业因售出商品的质量不合格等原因而在售价上给予的减让。企业将商品销售给买方后，如购买方发现商品在质量、规格等方面不符合合同要求等，可能要求卖方在价格上给予一定的减让。

销售折让如发生在确认销售收入之前，则应在确认销售收入时直接按扣除销售折让后的金额确认；已确认销售收入的售出商品发生销售折让，应在发生时冲减当期销售商品收入，如按规定符合扣减增值税额条件的，还应冲减已确认的应交增值税销项税额。

【例10-4】 兴业公司出售给日新公司A产品，增值税专用发票上注明售价20万元，增值税3.4万元。兴业公司已于5月22日办妥托收手续(托收承付)。日新公司收货后发现A产品质量不符合要求，要求在价格上给予10%的折让。经查明，日新公司提出的销售折让要求符合合同的约定，兴业公司同意并办理了有关手续。这一销售折让公司的账务处理为：

借：主营业务收入　　20 000

　　应交税费——应交增值税(销项税额)　　3 400

　　贷：应收账款——日产公司　　23 400

(5)委托收款销售方式的账务处理。企业以委托收款方式销售商品，产品已发出，发票账单开出，并向银行办妥托收手续后为销售收入的实现。对于估计可能发生退货的部分已发出商品，以及不能合理地确定退货可能性的发生商品，则应将其成本转入“发出商品”账户。

【例10-5】 兴业公司5月20日发给卫达公司B产品，增值税专用发票上注明售价40万元，增值税6.8万元，已向银行办妥托收手续。该项销售符合收入确认条件，公司的账务处理为：

• 公司办妥托收手续时，确认销售收入：

借：应收账款——卫达公司　　468 000

　　贷：主营业务收入　　400 000

　　　　应交税费——应交增值税(销项税额)　　68 000

• 15天后，公司如数收到上项托收款项时：

借：银行存款　　468 000

贷:应收账款——卫达公司 468 000

(6)采用预收款方式销售商品的账务处理。预收款销售方式下,销售方直到收到最后一笔款项才能将商品交付给购货方,表明商品所有权上的主要风险和报酬只有在收到最后一笔款项时才转移给购货方,企业通常应在发出商品时确认收入,在此之前预收的货款应确认为预收账款。

【例 10-6】 兴业公司与乙公司签订协议,采用预收款方式向乙公司销售一批商品。该批商品实际成本为 8 万元。协议约定,该批商品销售价格为 10 万元,增值税额为 1.7 万元。乙公司在协议签订时预付 60%的货款(按销售价格计算),剩余货款于 2 个月后支付。公司的账务处理为:

• 签订合同,收到 60%货款时:

借:银行存款 60 000

贷:预收账款——乙公司 60 000

• 发出商品,确认收入时:

借:预收账款——乙公司 117 000

贷:主营业务收入 100 000

应交税费——应交增值税(销项税额) 17 000

(7)已经发出但不符合销售商品收入确认条件的商品处理。如果企业售出商品不符合销售商品收入确认条件的不应确认为销售收入,但为了单独反映已经发出但尚未确认销售收入的商品成本,企业应增设“发出商品”等账户。“发出商品”账户核算一般销售方式下,已经发出但尚未确认销售收入的商品成本。

尽管发出的商品不符合收入确认条件,但如果销售该商品的纳税义务已经发生,比如已经开出增值税专用发票,则应确认应交的增值税销项税额。

(二)委托代销商品的账务处理

企业委托其他单位代销商品(或产品)应区分两种情况进行账务处理:

1. 视同买断方式。视同买断方式是指委托方和受委托方签订协议,委托方按协议价收取所代销的货款,实际售价可由受托方自定,实际售价与协议之间的差额归受托方所有。由于这种销售在本质上仍是代销,委托方将商品交付给受托方时,商品所有权上风险和报酬并未转移给受托方。因此,委托方在交付商品时不确认收入,应列为发出商品,受托方也不作为购进商品处理。受托方将商品销售后,应按实际售价确认为营业收入,并向委托方开具代销清单。委托方收到代销清单时,按收取价款确认收入。

提示：

①如果委托方和受托方之间的协议明确标明，受托方在取得代销商品后，无论是否卖出、是否获利，均与委托方无关，那么他们之间的交易与委托方直接销售商品给受托方没有实质区别，在符合销售商品收入确认条件时，委托方应确认相关销售商品收入。

②为了反映受托代销商品的销售情况，受托企业可以增设“受托代销商品”和“受托代销商品款”两个账户进行相关业务的核算。

【例 10-7】 万友公司 2 月份委托乙企业销售 C 商品 100 件，协议价为 200 元/件，该商品成本 120 元/件，增值税税率 17%。公司收到乙企业开来的代销商品清单时开具增值税专用发票，发票上注明：售价 20 000 元，增值税 3 400 元。乙企业实际销售时开具的增值税发票上注明：售价 24 000 元，增值税为 4 080 元。万友公司账务处理为：

• 将 C 商品交付乙企业时：

借：发出商品——乙企业(C 商品) 12 000

　贷：库存商品——C 商品 12 000

• 收到代销清单时：

借：应收账款——乙企业 23 400

　贷：主营业务收入——C 商品 20 000

　　应交税费——应交增值税(销项税额) 3400

借：主营业务成本——C 商品 12 000(100×120)

　贷：发出商品——乙企业(C 商品) 12 000

• 收到乙企业汇来的价款 23 400 元时：

借：银行存款 23 400

　贷：应收账款——乙企业 23 400

提示：

【例 10-7】业务，乙企业受托方的账务处理为：

①收到 C 商品时：

借：受托代销商品　　20 000

　贷：代销商品款　　20 000

②实际销售商品时：

借：银行存款　　28 080

　贷：主营业务收入　　24 000

　　应交税费——应交增值税（销项税额）　　4 080

借：主营业务成本　　20 000

　贷：受托代销商品　　20 000

借：代销商品款　　20 000

　应交税费——应交增值税（进项税额）　　3 400

　贷：应付账款——万友公司　　23 400

③按合同协议价将款项付给万友公司时：

借：应付账款——万友公司　　23 400

　贷：银行存款　　23 400

2.收取手续费方式。收取手续费方式是指受托方根据所代销的商品数量向委托方收取手续费的销售方式。受托方收取的手续费属于劳务收入。这种代销方式与视同买断方式相比，主要特点是：受托方通常应按委托方规定的价格出售，不得自行改变售价。在这种代销方式下，委托方应在受托方将商品销售后，并收到受托方开具代销清单时确认收入；受托方在商品销售后，按应收取的手续费确认收入。

【例 10-8】　承【例 10-7】，假定双方协商确定，C 商品乙企业按每件 200 元的价格出售，万友公司按售价的 10％支付乙企业手续费。乙企业实际销售时，专用发票注明售价 20 000 元，增值税额 3 400 元；万友公司在收到乙企业交来的代销清单时，向乙企业出具一张相同金额的增值税发票。万友公司账务处理为：

• 将 C 商品交付乙企业：

借：发出商品——乙企业（C 商品）　　12 000

　贷：库存商品——C 商品　　12 000

• 收到代销清单时：

借：应收账款——乙企业　　23 400

　贷：主营业务收入——C 商品　　20 000

　　应交税费——应交增值税（销项税额）　　3 400

借：主营业务成本——C 商品　　12 000

贷:发出商品——乙企业(C商品) 12 000

• 收到乙企业汇来的扣除手续费后的价款 21 400 元(23 400—2 000):

借:银行存款 21 400

销售费用 2 000(200×100×10%)

贷:应收账款——乙企业 23 400

提示:

【例 10-8】业务,乙企业账务处理为:

①收到C商品时:

借:受托代销商品 20 000

贷:代销商品款 20 000

②实际销售商品时:

借:银行存款 23 400

贷:应付账款——万友公司 20 000

应交税费——应交增值税(销项税额) 3 400

借:应交税费——应交增值税(进项税额) 3 400

贷:应付账款——万友公司 3 400

借:代销商品款 20 000

贷:受托代销商品 20 000

③支付万友公司货款并计算代销手续费时:

借:应付账款——万友公司 23 400

贷:银行存款 21 400

其他业务收入(或主营业务收入) 2 000

三、商品销售成本的账务处理

企业销售商品实现的主营业务收入,通常在平时是根据销货发票等有关会计凭证,进行明细分类核算。月份终了,编制"商品销售汇总表",汇总结转已销商品的实际成本。基本账务处理是:借记"主营业务成本"账户,贷记"库存商品"账户,但对于本月实现销售的委托代销商品成本的结转,应借记"发出商品"账户。

【例 10-9】 兴业公司 6 月末,根据"一般商品销售业务商品发出汇总表"(见表 10-1),结转已销商品实际成本。

表 10-1　　　　一般商品销售业务商品发出汇总表

××年 6 月 30 日

产品名称	计量单位	数　量	单位成本(元)	总成本(元)
A 产品	件	1 200	150	180 000
B 产品	件	2 080	250	520 000
委托代销商品(中大商城/A 产品)	件	500	150	75 000
合 计				775 000

借:主营业务成本——A 产品　　255 000

　　　　　　　——B 产品　　520 000

　贷:库存商品——产成品(A 产品)　　180 000

　　　　　　——产成品(B 产品)　　520 000

　　发出商品——中大商城(A 产品)　　75 000

四、商品销售营业税金及附加的账务处理

一般企业的销售业务除交纳增值税外,有的还需要交纳消费税、资源税、城市维护建设税、教育费附加等税费。这些税费应在确认收入(主营业务和其他业务)的月份,计算确定应交的各项税费金额,并通过"营业税金及附加"账户进行核算。同时,根据《小企业会计准则》,小企业按规定应交的城镇土地使用税、房产税、车船税、印花税、矿产资源补偿费、排污费等也应计入"营业税金及附加"账户。

【例 10-10】 兴业公司 6 月末,根据本月商品销售业务实现的主营业务收入,计算应交的消费税 5 万元,城市维护建设税 10 000 元,教育费附加 5 000 元。固定资产出租收入应交营业税 15 000 万元,城市维护建设税 1 050 元。教育费附加 450 元。公司的账务处理为:

借:营业税金及附加　　81 500

　贷:应交税费——应交消费税　　50 000

　　　　　　——应交营业税　　15 000

　　　　　　——应交城市维护建设税　　11 050

　　　　　　——应交教育费附加　　5 450

五、销售退回的账务处理

销售退回是指企业售出的商品,由于质量、品种不符合要求等原因而发生的退货。企业发生销货退回后,应按照有关的原始凭证,一方面应办理商品入库手续,同时应分别不同情况进行处理:

第一,销售退回发生在企业确认收入之前。这种情况会计处理比较简单,只需将

记入“发出商品”账户的商品成本转回“库存商品”账户。

第二，企业确认收入后，发生的销售退回。这种退回不论是当年销售的，还是以前年度销售的，一般均应冲减退回当月的销售收入，同时冲减退回当月的销售成本。对于退回商品的成本的确定，可采用两种方法计算：一是从当月同种类产品销售数量中扣除已退回产品的数量，得出当月销售的净数量，并据以结算销售成本；二是单独计算本月退回商品的成本，退回商品的成本可按销售月份该产品的销售成本计算，也可按退回月份销售的同种或同类商品的实际销售成本计算。企业发生销售退回时，如取得规范凭证的，按规定允许扣减当期销项税额的，还应同时进行结转。

【例 10-11】 万友公司 8 月销售 D 产品 10 件，单价是 100 元，单位成本是 60 元，因质量问题该批产品于当年 10 月退回 10 件，货款已退回。公司 10 月销售 D 产品 160 件，单位销售成本为 65 元，与退回商品相对应的增值税已取得有关证明。公司 10 月的账务处理为：

(1)冲减退回 10 件产品的营业收入，以存款支付退货款：

借：主营业务收入	1 000	
贷：银行存款		1 170
应交税费——应交增值税（销项税额）		170（红字）

(2)退回产品验收入库，实际成本 650 元（10×65），结转退回产品的实际成本时：

借：库存商品——D 产品	650	
贷：主营业务成本		650

提示：

假定例 10-11，万友公司是按当月销售数扣减销售退回数额的净销售量结转销售产品成本的，则不必进行(2)的账务处理。10 月份，D 产品结转销售成本的账务处理是：

公司 10 月份 D 产品销售净量＝160－10＝150（件）；D 产品已售产品成本＝150×65＝9750（元），记：

借：主营业务成本	9 750	
贷：库存商品——D 产品		9 750

（与例 10-11(160×65－650＝9750 一致)）

第三节　提供劳务业务

一、劳务收入核算的账户设置

企业的劳务收入，如属于主营业务，应在“主营业务收入”、“主营业务成本”、“营业

税金及附加”等账户进行核算；如属于其他销售业务，则在“其他业务收入”和“其他业务成本”账户进行核算。

二、劳务收入和劳务成本的账务处理

（一）同一会计年度开始并完成的劳务收入

企业同一会计年度开始并完成的劳务，即不跨年度的劳务。对于不跨年度的劳务，应当在提供交易完成且收到款项或取得收款权利时确认收入。确认收入的金额为接受劳务方已收或应收合同或协议价款。如该劳务涉及增值税应按规定确认增值税销项税。

企业确认劳务收入时，借记“应收账款”、“银行存款”等账户，贷记“主营业务收入”或“其他业务收入”账户，涉及增值税的，还应贷记“应交税费——应交增值税（销项税额）”账户。结转劳务成本时，借记“主营业务成本”或“其他业务成本”账户，贷记“劳务成本”等账户。

> **提示：**
>
> 开展营业税改征改革试点的地区，交通运输和部分现代服务业应按照增值税相关规定征收增值税。

（二）跨年度劳务收入

对于跨年度劳务收入，在资产负债日，如果提供劳务的结果能够可靠地估计，则应采用完工百分比法确认劳务收入，即按完工进度或完成的工作量确认主营业务收入或其他业务收入。在资产负债表日，按照提供劳务收入总额乘以完工进度扣除以前会计期间累计已确认提供劳务收入后的金额，确认主营业务收入或其他业务收入；同时，按照提供劳务估计总成本乘以完工进度扣除以前会计期间累计已确认劳务成本后的金额，结转主营业务成本或其他业务支出。根据完工百分比计量和确认当期的劳务收入和成本方法如下：

当期确认的劳务收入＝劳务总收入×完工进度－以前会计期间累计已确认的收入

当期确认的劳务成本＝提供劳务预计成本总额×完工进度－以前会计期间累计已确认提供劳务成本

需要说明的是，完工进度实际上是累计完工程度，因此，企业在运用上述公式计量和确认当期劳务收入和成本时，应分别劳务合同的实施情况进行处理。

【例 10-12】 兴业公司于某年 12 月 10 日接受一项建筑安装劳务，安装期为 3 个月，合同总收入为 300 万元，至年底已预收款项 220 万元，实际发生成本 140 万元，估计还会发生 60 万元的成本。该企业在年底应作如下的会计处理：

按实际发生的成本占估计总成本的比例确定劳务的完成进度。实际发生的成本占估计总成本的比例=140 万元÷(140 万元+60 万元)×100%=70%

本年确认的收入=300 万元×70%-0=210(万元)

本年结转的成本=(140 万元+60 万元)×70%-0=140(万元)

(1)实际发生劳务成本时：

借:劳务成本　　1 400 000

　贷:银行存款等　　1 400 000

(2)预收账款时：

借:银行存款　　2 200 000

　贷:预收账款　　2 200 000

(3)确认收入时

借:预收账款　　2 100 000

　贷:主营业务收入　　2 100 000

(4)结转成本时：

借:主营业务成本　　1 400 000

　贷:劳务成本　　1 400 000

企业与其他企业签订的合同或协议包含销售商品和提供劳务时,销售商品部分和提供劳务部分能够区分且能够单独计量的,应当将销售商品的部分作为销售商品处理,将提供劳务的部分作为提供劳务处理。销售商品部分和提供劳务部分不能够区分,或虽能区分但不能够单独计量的,应当作为销售商品处理。

提示:

根据财政部(财税〔2012〕71 号)文件规定,北京等 8 省市开展交通运输和部分现代服务业营业税改征增值的试点(从 2012 年 12 月 1 日起)。这样企业有关提供劳务收入将按照规定计征增值税。税率是:交通运输业 11%;研发和技术服务、信息技术服务、文化创意服务、物流辅助服务、有形动产租赁和鉴证咨询服务均为 6%。小规模纳税人上述增值税税率均为 3%。一般纳税企业上述业务取得规范发票的进项税额,可以按规定进行抵扣。

上述业务收入取得及销项税额形成进项税额形成的账务处理与商品销售业务基本一致。

第四节　其他业务收支

其他业务收入是企业在经营过程中发生的一些零星的收入业务。由于其他业务不属于企业的主要经营的业务，根据重要性原则，对其业务的核算采用比较简单的方法。如工业企业的其他业务收入，主要包括材料销售、固定资产和无形资产出租、技术转让、提供运输等非工业性劳务等业务所取得的收入。其他业务收入的确认原则及计量方法与主营业务基本相同。

一、其他业务收支核算的账户设置

第一，“其他业务收入”账户，核算企业除主营业务以外的其他业务所取的收入。该账户的贷方登记当期取得的其他收入，借方登记期末转入“本年利润”账户的金额。结转后该账户期末无余额。该账户应按其他业务的种类设置明细账，进行明细分类核算。

第二，“其他业务成本”账户根据收入与费用配比原则，为了核算其他业务耗费与支出，企业应设置“其他业务成本”账户。该账户核算企业除主营业务成本以外的其他销售或其他业务所发生的支出，包括销售材料、提供劳务等而发生的相关成本。该账户的借方登记其他销售和其他业务的成本；贷方登记期末转入“本年利润”账户的金额。结转后该账户无余额。该账户应按其他业务的种类设置明细账，进行明细分类核算。

需要注意：其他业务应交纳的税金及附加费，是计入“营业税金及附加”账户的，也就是说其他业务成本是不包括其应交纳的税费的。

二、其他业务收入、成本和税费的账务处理

(一)工业企业材料销售的核算

工业企业材料销售，属于零星销售业务，按商品销售收入条件确认，计入其他业务收入；其成本计入其他业务成本。

【例 10-13】 兴业公司出售原材料，增值税专用发票上注明售价 1 万元，增值税 1 700元，款存银行。该原材料实际成本 8 000 元。公司的账务处理为：

	借方	贷方
借：银行存款	11 700	
贷：其他业务收入		10 000
应交税费——应交增值税(销项税额)		1 700

结转出售原材料的成本时：

	借方	贷方
借：其他业务成本	8 000	
贷：原材料		8 000

(二)让渡资产使用权收入的核算

让渡资产使用权收入常见有固定资产出租、无形资产出租的租金收入等。当企业取得租金收入时，应计入其他业务收入 ，与该出租有关的成本费用计入其他业务成本。

【例 10-14】 兴业公司本月出租无形资产，取得租金收入 4 000 元存入银行；本月

出租固定资产折旧2 000元。公司的账务处理为：

借:银行存款　　4000

　贷:其他业务收入　　4 000

计提出租无形资产折旧时：

借:其他业务成本　　2 000

　贷:累计摊销　　2 000

上述出租无形资产的租金收入应交纳税金及附加费计入“营业税金及附加”账户核算。

【例 10-15】 兴业公司本月其他业务收入应交纳营业税1 000元,城市维护建设税500元,教育费附加350元。公司的账务处理为：

借:营业税金及附加　　1 850

　贷:应交税费——应交营业税　　1 000

　　　　——应交城市维护建设税　　500

　　　　——应交教育费附加　　350

提示：

(1)根据《小企业企业会计准则》的规定,小企业出租包装物和商品的租金收入确认为得利,计入“营业外收入”账户。

(2)“营改增”以后,改征增值税的其他业务收入,应按照税法规定计征增值税,同时相关的进项税额可以列入“应交税费——应交增值税(进项税额)”进行抵扣。如企业出租有形动产取得的收入58 500元(含增值税)存入银行,账务处理为：

借:银行存款　　58 500

　贷:其他业务收入　　[58 500÷(1+17%)]　50 000

　　应交税费——应交增值税(销项税额)　　8 500

第十一章

生产成本和期间费用

第一节　生产成本和期间费用的概述

费用作为会计要素或会计报表要素的构成内容之一，是和收入相对应而存在的。费用是指企业在日常活动中发生的、会导致所有者权益减少的、与向所有者分配利润无关的经济利益的总流出。企业的费用，从其直接表现看包括：营业成本、营业税金及附加、销售费用、管理费用、财务费用等。

一、费用的构成内容

费用按照经济用途和形成过程，可分为构成产品成本（或劳务成本）的费用和期间费用两大类。

（一）构成产品成本（或劳务成本）的费用，即生产成本

生产成本是企业为生产产品、提供劳务而发生的各种生产费用。它是对象化了的生产费用，与一定种类和数量的产品相联系。生产成本包括直接材料、直接人工、制造费用。

1. 直接材料。指企业在生产产品和提供劳务过程中消耗的直接用于产品生产并构成产品实体的原料及主要材料、外购半成品、修理用备件、包装物，以及有助于产品形成的辅助材料。

2. 直接人工。是指企业在生产产品和提供劳务过程中，直接从事产品生产的工人工资以及按生产工人工资总额和规定的比例计算提取的福利费等。

3. 制造费用。是指各生产车间（或部门）为产品生产和提供劳务而发生的各项间接费用。包括生产车间（或部门）、管理人员职工薪酬、折旧费、办公费、水电费、机物料消耗、劳动保护费、季节性停工损失等。

以上三项内容形成了产品的成本项目，这些成本项目的费用，就是产品的生产成本（制造成本）。构成产品成本的费用，随着生产产品的完工入库、实现销售而转变为营业成本。

（二）期间费用

期间费用是指企业当期发生的不能归属于某种产品的成本，而应当从当期收入中得到补偿的费用。它与当期生产产品的数量没有直接关系，而只与当期实现的收入相关。期间费用包括管理费用、财务费用、销售费用三大项。

课堂讨论：

①请说明支出、费用、生产成本的区别和联系。

②“制造费用”和“期间费用”有何区别？

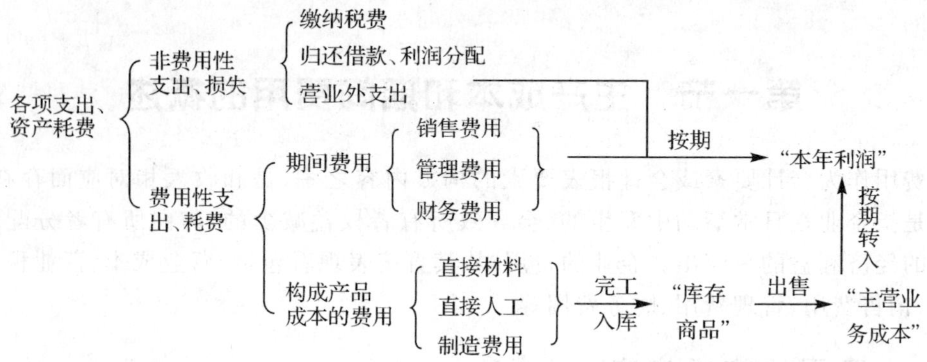

二、费用的特点

（一）费用是企业在日常活动中发生的经济利益的总流出

日常活动是指企业为完成其经营目标所从事的经常性活动以及与之相关的其他活动。工业企业制造并销售产品、商业企业购买并销售商品、咨询公司提供咨询服务、软件开发企业为客户开发软件、安装公司提供安装服务、租赁公司出租资产等活动中发生的经济利益的总流出构成费用。工业企业对外出售不需用的原材料结转的材料成本等，也构成费用。

费用形成于企业日常活动的特征使其与产生于非日常活动的损失相区分。企业从事或发生的某些活动或事项也能导致经济利益流出企业，但不属于企业的日常活动，例如，企业处置固定资产、无形资产等非流动资产，因违约支付罚款、对外捐赠，因自然灾害等非常原因造成财产毁损等，这些活动或事项形成的经济利益的总流出属于企业的损失而不是费用。

（二）费用会导致企业所有者权益的减少

费用既可能表现为资产的减少，如减少银行存款、库存商品等；也可能表现为负债的增加，如增加应付职工薪酬、应交税费等。根据“资产－负债＝所有者权益”的会计等式，费用一定会导致企业所有者权益的减少。

企业经营管理中的某些支出并不减少企业的所有者权益，也就不构成费用。例如，企业以银行存款偿还一项负债，只是一项资产和一项负债的等额减少，对所有者权益没有影响，因此，不构成企业的费用。

（三）费用与向所有者分配利润无关

向所有者分配利润或股利属于企业利润分配的内容，不构成企业的费用。

三、费用的确认和计量

（一）费用确认的要求

费用的实质是资产的耗费，但并不是所有的资产耗费都是费用。因此，就需明确什么样的资产耗费应确认为费用。由于发生费用的目的是为了取得收入，那么费用的确认就应当与收入确认相联系。因此，确认费用应遵循划分收益性支出与资本性支出原则、权责发生制原则和配比原则。

1. 划分收益性支出与资本性支出。按照划分收益性支出与资本性支出的要求，某项支出的效益及于几个会计年度（或几个营业周期），该项支出应予以资本化，不能作为当期的费用；如果某项支出的效益及于本会计年度（或一个营业周期），则这项支出就应作为收益性支出，即应在支出期间内确认为费用。这一费用的确认要求，给定了一个时间上的总体界限。正确地区分收益性支出与资本性支出，保证了正确地计量资产的价值和正确地计算各期的产品成本、期间费用及损益。

2. 以权责发生制为基础。权责发生制基础规定了具体在什么时点上确认费用。凡是当期已经发生或应当负担的费用，不论款项是否收付，都应作为当期的费用；凡是不属于当期的费用，即使款项已在当期支付，也不应当作为当期的费用。

3. 配比性要求。按照配比性要求，为产生当期收入所发生的费用，应当确认为该期的费用。配比性要求的基本含义在于，当收入已经实现时，某些资产已被消耗，或已被出售，以及劳务已经提供，已被耗用的这些资产和劳务的成本，应当在确认有关收入的期间予以确认。如果收入要到未来期间实现，相应的费用应递延分配于未来的实际受益期间。因此，费用的确认，要根据费用与收入的相关程度，确定哪些资产耗费或负债的增加应从本期收入中扣减。

（二）费用确认的标准

费用只有在经济利益很可能流出从而导致企业资产减少或者负债增加、且经济利益的流出额能够可靠计量时才能予以确认。企业为生产产品、提供劳务等发生的可归属于产品成本、劳务成本等的费用，应当在确认产品销售收入、劳务收入等时，将已销售产品、已提供劳务的成本等计入当期损益。企业发生的支出不产生经济利益的，或者即使能够产生经济利益但不符合或者不再符合资产确认条件的，应当在发生时确认为费用，计入当期损益。企业发生的交易或者事项导致其承担了一项负债而又不确认为一项资产的，应当在发生时确认为费用，计入当期损益。所以在确认费用时，一般应遵循以下三个具体标准：

1. 按费用与收入的直接因果关系加以确认。凡是与本期收入有直接因果关系的耗费，就应当确认为该期间的费用。这种因果关系具体表现在以下两个方面：一是经济性质上的因果性；二是时间上的一致性。

2. 直接作为当期费用确认。在企业中，有些支出不能提供明确的未来经济利益，并且，如果对这些支出加以分摊也没有意义，这时，这些费用就应采用这一标准，直接作为当期费用予以确认，例如，固定资产日常修理费等。这些费用虽然与跨期收入有联系，但由于不确定性因素，往往不能肯定地预计其收益所涉及的期间，因而就直接列作当期的费用。

3. 接系统、合理的分摊方式确认。如果费用的经济效益有望在若干个会计期间发生，并且只能大致和间接地确定其与收益的联系，该项费用就应当按照合理的分配程序，将其分摊计入各个会计期间。如固定资产的折旧和无形资产的摊销属于这一情况。

（三）费用的计量

费用是通过所使用或所耗用的商品或劳务的价值来计量的，通常的费用计量标准是实际成本。会计准则和制度规定，企业在生产经营过程中所发生的各项费用，应当以实际发生数计入成本、费用。费用是资产的一种转化形式。有些资产将会使几个会计期间受益，这样，在计量通过系统、合理的分摊而形成费用时，是以其资产取得成本的实际数进行计量的。例如，固定资产的折旧要按固定资产原始价值和规定使用年限（寿命）来计算。无形资产的摊销、长期待摊费用的摊销也都属于这种情况。有些费用可以立即确认，这时，可以按其实际发生额进行计量。

第二节　生产成本

一、生产成本核算的要求

（一）遵守成本计量要求

企业生产成本核算，应严格执行《企业会计准则》等规定的成本计量要求。成本是企业为生产产品、提供劳务而发生的各种经济资源的耗费。生产经营过程同时也是资产的耗费过程。例如，为生产产品需要耗费材料、使用（磨损）固定资产、向职工支付工资等职工薪酬。材料、固定资产、货币资金等资产的确认和计量，都会涉及成本、费用；企业各类资产的形成和耗费，都必须按企业会计准则规定的要求进行确认和计量。

（二）正确划分各种成本耗费的界限

为正确计算产品的成本，应划清各种费用支出的界限，一般应划清五个方面的费用界限：

第一，划清收益性支出与资本性支出的界限；

第二，划清产品制造成本与期间费用的界限；

第三，划清本期产品与下期产品应负担的费用界限；

第四，划清各种产品之间的费用界限：

第五，划清本期完工产品与期末在产品之间的费用界限。

这五个方面费用界限的划分，都应遵循受益原则，即谁受益谁负担费用；负担费用多少，应与受益程度大小成正比。这五个方面费用界限的划分过程，也是产品成本的计算过程。

通过以上成本界限的划分，确定了各种产品本月应负担的生产成本。月末，如果某产品已经全部完工，则本月发生的生产成本全部计入该完工产品；如果该产品全部尚未完工，则本月发生的生产成本全部计入未完工产品。如果某种产品既有完工产品又有在产品，就需要采用适当的分配方法，将产品应负担的成本在完工产品和在产品之间进行分配，分别计算出完工产品应负担的成本和在产品应负担的成本。上月末尚未完工的在产品，转入本月继续加工，其上月未分配负担的成本即为本月初在产品成本。月初在产品成本、本月产品成本、本月完工产品成本和月末在产品成本四者之间的关系，如下列计算式所示：

月初在产品成本＋本月产品成本＝本月完工产品成本＋月末在产品成本

（三）做好成本核算的基础工作。

为了进行成本审核、控制，正确计算产品成本，还必须做好以下各项基础工作：

1. 定额的制定和修订工作。产品的消耗定额是编制成本计划、分析和考核成本水平的依据，也是审核和控制耗费的标准。企业应当制定和修订先进而又可行的原材料、燃料、动力和工时等项消耗定额，并据以审核各项耗费是否合理，是否节约，借以控制耗费，降低成本。

2. 材料物资的计量、收发、领退和盘点。为了进行成本管理和成本核算，还必须对材料物资的收发、领退和结存进行计量，建立和健全材料物资的计量、收发、领退和盘点制度。

3. 健全原始记录。为了进行成本核算和管理，对于生产过程中工时和动力的耗费，在产品和半成品的内部转移，以及产品质量的检验结果等，均应做出真实、完整的记录。

4. 厂内计划价格的制定和修订。在计划管理基础较好的企业中，为了分清企业内部各单位的经济责任，便于分析和考核内部各单位成本计划的完成情况，还应对材料、半成品和厂内各车间相互提供的劳务制定厂内计划价格，作为内部结算的依据。厂内计划价格应该尽可能接近实际并相对稳定，年度内一般不作变更。

（四）选择适当的成本计算方法。

企业在进行成本核算时，应根据本企业的具体情况，选择适合于本企业特点的成本计算方法进行成本核算。成本计算方法的选择，应同时考虑企业生产类型的特点和成本管理的要求两个方面。在同一个企业里，可以采用一种成本计算方法，也可以采用多种成本计算方法，即多种成本计算方法同时使用或多种成本计算方法结合使用。成本计算方法一经选定，一般不得随意变更。

二、生产成本核算的一般程序

企业产品生产成本核算过程是产品生产成本的归集和分配过程，其一般程序为：

1. 对费用进行审核，确定产品生产成本的核算范围。企业需正确划分应计入产品成本和不应计入产品成本的生产费用界限。

2. 将应计入产品成本的各项生产成本，区分为应当计入本月的产品生产成本与应当由其他月份产品负担的生产成本。

3. 将应计入本月产品成本的各项生产成本在各种产品之间进行归集和分配，计算出各种产品的生产成本。

4. 对既有完工产品又有在产品的产品，采用一定的方法在完工产品和期末在产品之间进行分配，计算出该种完工产品的总成本和单位成本。

5. 将完工产品生产成本结转至"库存商品"账户。

三、生产成本的账务处理

（一）账户设置

为了按照用途归集各项成本，划清有关成本的界限，正确计算产品成本，一般企业应当设置"生产成本"、"制造费用"等账户。

1."生产成本"账户。该账户核算企业进行工业性生产发生的各项生产成本，包括生产各种产品、自制半成品、自制材料、自制工具、自制设备等。企业发生的各项直接生产成本、各生产车间应负担的制造费用、辅助生产车间为基本生产车间、企业管理部门和其他部门提供的劳务和产品，期（月）末按照一定的分配标准分配给各受益对象记入本账户的借方；企业已经生产完成并已验收入库的产成品以及入库的自制半成品成本，应于月末记入本账户的贷方；本账户的期末借方余额，反映企业尚未加工完成的在产品成本。

"生产成本"账户可按基本生产成本和辅助生产成本设置明细账，并按成本计算对象和成本项目进行明细核算。

2."制造费用"账户。该账户核算企业生产车间（部门）为生产产品和提供劳务而发生的各项间接费用。借方登记生产车间发生的机物料消耗、管理人员的工资等职工薪酬、计提的固定资产折旧、修理费、支付的办公费、水电费等、发生季节性的停工损失以及小企业经过1年期以上的制造才能达到预定可销售状态的产品，在应付利息日根据借款本金和合同利率计算确定的利息费用等。将制造费用分配计入有关的成本核算对象记入本账户的贷方。本账户期末一般无余额。该账户可按不同的生产车间或部门设置明细账，并按费用项目进行明细核算。

（二）基本账务处理

企业发生的各项生产费用，应按成本核算对象分别归集。对于发生的能直接归属于特定成本核算对象的直接材料、直接人工等直接费用，直接计入生产成本，借记“生产成本”账户，贷记“银行存款”、“原材料”、“应职工薪酬”等账户；对于发生的无法直接判断其应归属的成本核算对象的间接费用，先在制造费用中归集，借记“制造费用”账户，贷记“银行存款”、“原材料”、“应付职工薪酬”、“累计折旧”、“应付利息”等账户，月度终了再采用一定的方法在各成本核算对象之间进行分配，计入各成本核算对象的成本，借记“生产成本”账户，贷记“制造费用”账户。

企业已经生产完成并验收入库的产成品等，应于月度终了，按汇总计算确定的生产成本总额，借记“库存商品”等账户，贷记“生产成本”账户。

【例 11-1】 兴业公司 5 月份生产 A、B 两种产品，根据“发料凭证汇总表”的记录，5 月份基本生产车间共领用甲材料 60 万元，其中，30 万元材料用于 A 产品生产，30 万元材料用于 B 产品生产；车间管理部门领用甲材料 4 万元。根据“工资薪酬结算汇总表”结算的本月应付基本生产车间生产工人工资等薪酬 120 万元，其中 A 产品的工人工资等薪酬 80 万元，生产 B 产品的工人工资等薪酬 40 万元；应付车间管理人员薪酬为 1 万元。假定 A、B 两种产品本月无其他耗费，投产产品均于本月末完工并验收入库，且无月初在产品成本和月末在产品成本。

本例中，成本核算对象为 A 产品和 B 产品，该企业 5 月份发生的各项生产费用应按 A、B 两种产品分别归集。因 5 月末两种产品均完工并验收入库，且无月初在产品成本和月末在产品成本，5 月份 A、B 两种产品的生产成本即为完工产品成本。公司的账务处理为：

(1)领用原材料：

借：生产成本——基本生产成本（A 产品——直接材料）　　300 000
　　　　　　——基本生产成本（B 产品——直接材料）　　300 000
　　制造费用——基本生产车间（机物料消耗）　　40 000
　贷：原材料——原料及主要材料　　640 000

(2)分配工资等薪酬：

借：生产成本——基本生产成本（A 产品——直接人工）　　800 000
　　　　　　——基本生产成本（B 产品——直接人工）　　400 000
　　制造费用——基本生产车间（人工费）　　10 000
　贷：应付职工薪酬　　1 210 000

(3)假定本月制造费用 50 000 元［即(40 000＋10 000)］经分配计入 A 产品成本 20 000元，计入 B 产品成本 30 000 元：

借：生产成本——基本生产车间（A 产品——制造费用）　　20 000

——基本生产车间(B产品—制造费用)　　30 000

贷:制造费用　　50 000

(4)结转本月完工产品成本:

A产品成本＝300 000＋800 000＋20 000＝1 120 000(元)

B产品成本＝300 000＋400 000＋30 000＝730 000(元)

借:库存商品——A产品　　1 120 000

——B产品　　730 000

贷:生产成本——基本生产成本(A产品)　　1 120 000

——基本生产成本(B产品)　　730 000

第三节　期间费用

一、期间费用的特点

期间费用是指不能直接归属于某个特定产品成本或某项特定劳务成本的费用。它与当期产品、劳务的管理和销售直接相关,而与产品的产量、产品的制造和劳务提供的过程无直接关系,因而不能列入产品制造或劳务成本,而应在发生的当期损益中扣除。期间费用包括销售费用、管理费用和财务费用三大类。

二、销售费用

销售费用是指企业在销售商品和材料、提供劳务过程中发生的各项费用,包括企业在销售商品过程中发生的包装费、保险费、展览费和广告费、商品维修费、预计产品质量保证损失、运输费、装卸费等费用,以及企业发生的为销售本企业商品而专设的销售机构的职工薪酬、业务费、折旧费、固定资产修理费等费用。企业(批发业、零售业)在购买商品过程中发生的费用(包括:运输费、装卸费、包装费、保险费、运输途中的合理损耗和入库前的挑选整理费等)也构成销售费用。

企业应通过“销售费用”账户,核算销售费用的发生和结转情况。该账户借方登记企业所发生的各项销售费用,贷方登记期末结转入“本年利润”账户的销售费用,结转后该账户期末应无余额。该账户应按销售费用的费用项目进行明细核算。

【例 11-2】　兴业公司某年5月份发生下列有关销售费用的业务,有关资料及账务处理如下:

(1)以银行存款支付广告费5 000元。

借:销售费用——广告费　　5 000

贷:银行存款　　5 000

(2)销售产品时,用银行存款支付由本企业负担的运杂费2 200元。

借:销售费用——运输费　　2 200

贷:银行存款　　2 200

(3)专设销售机构部门5月份共发生费用40 000元,其中:销售人员薪酬35 000元,专用经营设施折旧费3 000元;以银行存款支付业务费2 000元。

借:销售费用——专设销售机构经费　　40 000

贷:应付职工薪酬　　35 000

累计折旧　　3 000

银行存款　　2 000

(4)以银行存款支付商品展览费6 800元。

借:销售费用——商品展览费　　6 800

贷:银行存款　　6 800

(5)月末,结转本月发生的销售费用。

借:本年利润　　54 000

贷:销售费用　　54 000

三、管理费用

管理费用,是指企业为组织和管理生产经营发生的其他费用。包括:小企业在筹建期间内发生的开办费、行政管理部门发生的费用(包括固定资产折旧费、修理费、办公费、水电费、差旅费、管理人员的职工薪酬等)、业务招待费、研究费用、技术转让费、相关长期待摊费用摊销、财产保险费、聘请中介机构费、咨询费(含顾问费)、诉讼费等。

企业应通过“管理费用”账户,核算管理费用的发生和结转情况。该账户借方登记企业发生的各项管理费用,贷方登记期末转入“本年利润”账户的管理费用,结转后该账户期末应无余额。该账户应按管理费用的费用项目进行明细核算。

企业(批发业、零售业)管理费用不多的,可以不设置“管理费用”账户,把管理费用内容合并入“销售费用”账户核算。

【例11-3】 兴业公司某年5月份发生下列有关管理费用,有关资料及账务处理如下:

(1)以银行存款支付聘请注册会计师查账费8 000元。

借:管理费用——聘请中介机构经费　　8 000

贷:银行存款　　8 000

(2)以银行存款支付技术转让费2万元。

借:管理费用——技术转让费　　20 000

贷:银行存款　　20 000

(3)为拓展产品销售市场发生业务招待费29 000元,以银行存款支付。

借:管理费用——业务招待费　　29 000

贷:银行存款　　29 000

(4)就一项产品的设计方案向有关专家进行咨询,以现金支付咨询费2万元。

借:管理费用——咨询费　　20 000

贷:库存现金　　20 000

(5)行政部门5月份共发生费用3万元,其中:行政人员薪酬2万元,行政部门固定资产折旧费1万元。

借:管理费用——公司经费　　30 000

贷:应付职工薪酬　　20 000

累计折旧　　10 000

(6)当月行政管理部门发生设备日常修理费用66 000元,以银行存款支付。

借:管理费用——修理费　　66 000

贷:银行存款　　66 000

(7)月末,结转本月发生的管理费用。

借:本年利润　　173 000

贷:管理费用　　173 000

四、财务费用

财务费用,是指小企业为筹集生产经营所需资金发生的筹资费用。包括:利息费用(减利息收入)、汇兑损失、银行相关手续费、企业收款给予的现金折扣(减付款享受的现金折扣)等费用。

为了核算企业发生的各项为筹集生产经营资金等发生的费用,企业应当设置"财务费用"账户。该账户的借方反映本期实际发生的财务费用,贷方反映期末转入"本年利润"的财务费用;"财务费用"账户结转"本年利润"账户后,期末应无余额。该账户还应按费用项目设置明细账,进行明细核算。

企业为购建固定资产、无形资产和经过1年期以上的制造才能达到预定可使用或可销售状态的存货发生的借款费用,符合资本化条件的在"在建工程"、"研发支出"、"制造费用"等账户核算,不列为财务费用。

【例11-4】 兴业公司某年5月份发生下列有关财务费用的资料及账务处理如下:

(1)5月10日,以存款支付银行承兑汇票手续费1 000元。

借:财务费用——手续费　　1 000

贷:银行存款　　1 000

(2)5月16日,取得的存款利息收入1 800元应作为冲减财务费用处理:

借:银行存款　　1 800

贷:财务费用——利息支出　　1 800

(3)上月向银行借入生产经营用的半年期借款80万元,期限3个月,年利率

4.2%，该借款本金到期后一次归还，利息分月预提，按季支付。5月末，预提此项借款当月应计利息。

800 000×4.2%÷12=2 800(元)

借：财务费用——利息支出　　2 800

　贷：应付利息　　2 800

(4)月末，结转本月发生的财务费用：

借：本年利润　　2 000

　贷：财务费用　　2 000

第十二章

利润和利润分配

第一节 利润的形成

一、利润的构成内容

利润是指企业在一定会计期间的经营成果。利润包括收入减去费用后的净额、直接计入当期利润的利得和损失等。

直接计入当期利润的利得和损失，是指应当计入当期损益、会导致所有者权益发生增减变动的、与所有者投入资本或者向所有者分配利润无关的利得或者损失，即营业外收入和营业外支出。

利润是反映企业经营业绩的核心指标，也是利润分配的来源和基础。利润的构成包括营业利润、利益总额和净利润三个部分。

（一）营业利润

营业利润＝营业收入－营业成本－营业税金及附加－销售费用－管理费用－财务费用＋投资收益(－投资损失)

其中：营业收入是指企业经营业务所发生确认的收入总额，包括主营业务收入和其他业务收入。

营业成本是指企业经营业务所发生的实际成本总额，包括主营业务成本和其他业务成本。

投资收益(或损失)是指企业以各种方式对外投资所取得的收益(或损失)。包括企业股权投资取得的现金股利(或利润)、债券投资取得的利息收入和处置股权投资和债券投资取得的处置价款扣除成本或账面余额、相关税费后的净额等。

（二）利润总额

利润总额＝营业利润＋营业外收入－营业外支出

其中：营业外收入和营业外支出是指企业发生的与其日常活动无直接关系的各项收益(利得)和损失。

（三）净利润

净利润＝利润总额－所得税费用

其中：所得税费用是指企业确认的应从当期利润总额中扣除的所得税费用。

提示：

1.利润一般是按会计期间计算确定的；

2.利润有营业利润、利润总额和净利润之分，体现企业最终经营成果的是净利润；

3.利润金额取决于收入和费用、直接计入当期利润的利得和损失金额的计量；

4.执行《企业会计准则——具体准则》的企业，营业利润的计算还应扣减：资产减值损失、公允价值变动损失（加收益）。

二、营业外收入和营业外支出

（一）营业外收入的内容和账务处理

营业外收入是指企业非日常生产经营活动形成的、应当计入当期损益、会导致所有者权益增加、与所有者投入资本无关的经济利益的净流入。营业外收入主要包括：非流动资产处置净收益、政府补助、捐赠收益、盘盈收益、汇兑收益、出租包装物和商品的租金收入、逾期未退包装物押金收益、确实无法偿付的应付款项、已作坏账损失处理后又收回的应收款项、违约金收益等。企业营业外收入应当在实现时按照其实现金额计入当期损益。

企业应设置“营业外收入”账户，核算各项营业外收入的取得和结转情况。企业取得各项营业外收入时，贷记“营业外收入”账户。期末，应将该账户余额转入“本年利润”账户，结转后该账户无余额。该账户应按照营业外收入的项目进行明细核算。

1.非流动资产处置净收益。非流动资产处置净收益是指处置固定资产、无形资产等非流动资产取得的净收益。处置固定资产净收益是指企业出售、报废固定资产取得的价款收入、材料变价收入等扣除被处置固定资产的账面价值、清理费用、相关税费后的净收益；处置无形资产净收益是指企业出售无形资产所取得的价款收入等，扣除被处置无形资产的账面价值、相关税费后的净收益。

【例 12-1】 兴业公司将其拥有的一项商标权出售，取得收入 10 万元，营业税税率 5%（不考虑其他税费）。该无形资产的账面价值为 16 万元，累计摊销 8 万元。公司的账务处理为：

借：银行存款　　100 000

　　累计摊销　　80 000

贷:无形资产——专利权　　160 000

营业外收入——非流动资产处置净收益　　15 000

应交税费——应交营业税　　5 000

2.政府补助。政府补助是指计入当期损益的政府补助收入金额。企业确认的政府补助收入,借记“银行存款”或“递延收益”账户,贷记“营业外收入”账户。

相关链接:

政府补助表现为政府向企业转移资产,通常为货币性资产,也可能为非货币性资产。政府补助的主要形式有:(1)财政拨款;(2)财政贴息;(3)税收返还;(4)无偿划拨非货币性资产。

政府资本性投入不属于政府补助。

【例12-2】 兴业公司按照有关规定为公司自主创新的高科技研发项目申报政府贴息,申报材料中表明该项目已于当年启动,计划第二年完成。计划贷款1 000 000元,已与银行签订贷款协议,协议规定贷款年利率5%,贷款期2年。经审核,当年政府批准拨付该公司贴息资金二年共计80 000元(按实际利息的80%贴补),在该项目启动的当年拨付。公司的账务处理为:

(1)当年实际收到贴息资金80 000元:

借:银行存款　　80 000

贷:递延收益　　80 000

(2)本年和下年度,在项目期内每年分配递延收益:

借:递延收益　　40 000

贷:营业外收入——政府补助　　40 000

相关链接:

企业按照规定实行增值税(不含出口退税)、消费税、营业税等先征后返的,应当在实际收到返还的增值税、消费税、营业税等时,借记“银行存款”账户,贷记“营业外收入”账户。

例:新华公司生产的产品,适用增值税先征后返政策,即先按照规定征收增值税,然后按实际缴纳增值税税额返还60%。11月,该企业实际缴纳增值税额10 000元。12月,该企业实际收到返还的增值税额6 000元。公司的账务处理为:

借:银行存款　　6 000

贷:营业外收入——政府补助　　6 000

3. 捐赠收益。捐赠收益是指企业接受捐赠产生的收益。企业接受捐赠资产时，借记“银行存款”、“固定资产”等账户，贷记“营业外收入”账户。

4. 盘盈收益。企业经批准确认的盘盈收益，借记“待处理财产损溢——待处理流动资产损溢、待处理非流动资产损溢”账户，贷记“营业外收入”账户。

【例 12-3】 兴业公司上月末清查库存存货，发现A材料溢余1 500元，查明属于自然原因产生的溢余，现经批准转为营业外收入。公司的账务处理为：

借：待处理财产损溢——待处理流动资产损溢　　1 500

　贷：营业外收入——盘盈收益　　1 500

5. 汇兑收益。汇兑收益是指企业外币交易中因外币折算和外币兑换形成的外币汇兑收益。企业确认的汇兑收益时，借记有关账户，贷记“营业外收入”账户。

6. 收回已核销坏账。企业已作坏账损失处理后又收回的应收款项，应直接列为营业外收入，收到款项时，借记“银行存款”等账户，贷记“营业外收入”账户。

7. 其他营业外收入。企业取得出租包装物和商品的租金收入、逾期未退包装物押金收益、确实无法偿付的应付款项、违约金收益等，均应列为营业外收入。借记“其他应收款”、“应付账款”、“其他应付款”等账户，贷记“营业外收入”账户。

8. 期末，应将“营业外收入”账户余额转入“本年利润”账户，结转后“营业外收入”账户应无余额。

【例 12-4】 兴业公司本期“营业外收入”账户 期末贷方余额209 500元，结转计入“本年利润”账户。公司的账务处理为：

借：营业外收入　　209 500

　贷：本年利润　　209 500

（二）营业外支出的内容和账务处理

营业外支出是指企业非日常生产经营活动发生的、应当计入当期损益、会导致所有者权益减少、与向所有者分配利润无关的经济利益的净流出。企业的营业外支出主要包括：存货的盘亏、毁损、报废损失，非流动资产处置净损失，坏账损失，无法收回的长期债券投资损失，无法收回的长期股权投资损失，自然灾害等不可抗力因素造成的损失，税收滞纳金、罚金、罚款，被没收财物的损失，捐赠支出，赞助支出等。

企业应设置“营业外支出”账户，核算各项营业外支出的发生和结转情况。企业发生各项营业外支出时，借记“营业外支出”账户，期末，应将该账户期末借方余额转入“本年利润” 账户，结转后该账户无余额。该账户应按照支出项目进行明细核算。

1. 存货的盘亏、毁损、报废损失。企业确认存货的盘亏、毁损、报废损失，借记“营业外支出”账户，贷记“待处理财产损溢——待处理流动资产损溢”账户。

2. 非流动资产处置净损失。非流动资产处置净损失包括固定资产、无形资产等非流动资产处置的净损失。处置固定资产净损失是指企业出售、报废固定资产取得的价款、材料变价收入等，不足以抵补被处置固定资产的账面价值、清理费用、相关税费后发生的净损失。处置无形资产净损失是指企业出售无形资产所取得的价款收入等，不足以抵补被处置无形资产的账面价值、相关税费后的净损失。

【例 12-5】 兴业公司报废生产设备一台，本月清理结束，该设备原值5万元，累计折旧45 000元，发生清理费用2 500元，残值变价收入2 000元（扣除应转增值税后）。结转固定资产清理净损益。公司的账务处理为：

借：营业外支出——非流动资产处置净损失　　5 500

　贷：固定资产清理　　5 500

3. 固定资产盘亏损失。固定资产清查盘点中发现盘亏的固定资产，在查明原因后，并按照程序审批确认的损失，计入营业外支出。确认固定资产盘亏损失，借记"营业外支出"账户，贷记"待处理财产损溢——待处理固定资产损溢"账户。

4. 非常损失。非常损失是指企业对自然灾害等不可抗力因素造成的净损失，即发生资产损失扣除收回残值和保险赔款等后的净损失。非常损失应在审批后确认，借记"营业外支出"账户，贷记"待处理财产损溢"账户。

5. 罚没支出。企业违反税收法规、其他有关行政性法规而支付的滞纳金、罚金、罚款以及违反经济合同等支付的罚款等，应在支付时列为营业外支出。企业违反国家法规、政策等被没收财物的损失，也应列为营业外支出。

【例 12-6】 兴业公司本月因排污不达标，被环保部门处以25 000元的罚款，以银行存款支付。公司的账务处理为：

借：营业外支出——罚没支出　　25 000

　贷：银行存款　　25 000

6. 坏账损失。企业确认实际发生的坏账损失，借记"银行存款"等账户（可收回的金额），借记"营业外支出"账户（按照其差额），贷记"应收账款"、"预付账款"、"其他应收款"等账户。

7. 无法收回的投资损失。企业长期债券投资、长期股权投资确实无法收回，经按照程序审批后确认为投资损失列为营业外支出。企业确认实际发生投资损失：借记"银行存款"等账户（按照可收回的金额），借记"营业外支出"账户（按照其差额），贷记"长期债券投资"、"长期股权投资"账户。

8. 捐赠、赞助支出。企业支付捐赠支出、赞助支出，应在支付时列为"营业外支出"。借记"营业外支出"账户，贷记"银行存款"等账户。

【例 12-7】 兴业公司本月向希望工程捐款支出5万元，以银行存款支付。公司的账务处理为：

借：营业外支出——捐赠、赞助支出　　50 000

　贷：银行存款　　50 000

9. 期末，将"营业外支出"账户余额转入"本年利润"账户，结转后"营业外支出"账户应无余额。

【例 12-8】 兴业公司本期“营业外支出”期末借方余额为 115 500 元，转入“本年利润”账户。公司的账务处理为：

借：本年利润　　115 500

　贷：营业外支出　　115 500

> **提示：**
>
> (1)“非流动资产处置净损失”和“非常损失”均是营业外支出的项目，因两者产生的原因不同，需单独计列。
>
> (2)列为营业外支出的支付税收滞纳金、罚金、罚款，被没收财物损失，捐赠支出，赞助支出等支出，必然体现在利润总额之中，但按税法规定不能在税前列支的部分，应进行纳税调整。
>
> (3)需要注意：小企业外币汇兑损失列为财务费用，汇兑收益列为营业外支出，企业对投资损失列为营业外支出；执行《企业会计准则——具体准则》的企业，汇兑损失、汇兑收益均列为财务费用。

三、利润形成的账务处理

本年利润是指企业当期实现的净利润(或发生的净亏损)。本年利润的计算和结转方法有表结法和账结法两种。企业可根据实际情况，自行选择结转方法。

账结法是指通过编制记账凭证来完成期末损益计算和结转的方法。具体做法是：每期期末结出损益类账户的本月发生额和余额，编制记账凭证，将损益类账户的余额结转到“本年利润”账户中去。结转后损益类账户均无余额，最后利用“本年利润”账户计算确定本月利润和本年累计利润(或亏损)。

表结法是指利用利润表来完成期末损益计算和结转的方法。具体做法是：每月月末只结出损益类账户的期末余额，但不结转到“本年利润”账户，平时月份根据各损益类账户的余额由利润表计算确定盈亏数额，年度终了，将损益类账户的累计余额一次结转到“本年利润”账户。

企业应设置“本年利润”账户核算企业当期实现的净利润(或发生的净亏损)。企业应于期末将损益类账户中的反映收入、利得账户的发生额结转入“本年利润”账户的贷方；将损益类账户中反映费用、损失等账户的发生额结转入“本年利润”账户的借方；结转后“本年利润”账户如为贷方余额，反映当年累计实现的净利润数；如为借方余额，则反映当期累计亏损数。

年度终了，应将本年累计实现净利润转入“利润分配”账户，借记“本年利润”账户，贷记“利润分配——未分配利润”账户；如为净亏损做相反的账务处理。年终结转后，“本年利润”账户应无余额。

【例 12-9】 兴业公司本年利润的计算和结转采用账结法。2 月末“本年利润”账户贷方余额为 72 000 元，3 月份各损益类账户余额如表 12-1。

表 12-1　　损益类账户余额表(结转前)　　单位：元

账户名称	结转前余额	账户名称	结转前余额
主营业务收入	贷方 400 000	管理费用	借方 55 000
其他业务收入	贷方 100 000	财务费用	借方 12 000
营业外收入	贷方 20 000	销售费用	借方 11 000
投资收益	贷方 50 000	营业外支出	借方 14 000
主营业务成本	借方 320 000	所得税费用	借方 37 500
其他业务成本	借方 60 000		
营业税金及附加	借方 20 000		

公司利润形成的账务处理为：

(1)将收入、收益、利得类损益账户的贷方余额结转入“本年利润”账户的贷方：

借：主营业务收入　　400 000
　　其他业务收入　　100 000
　　营业外收入　　20 000
　　投资收益　　50 000
　贷：本年利润　　570 000

(2)将费用、支出损益类损益账户的借方余额结转入“本年利润”账户的借方：

借：本年利润　　529 500
　贷：主营业务成本　　320 000
　　　其他业务成本　　60 000
　　　营业税金及附加　　20 000
　　　管理费用　　55 000
　　　财务费用　　12 000
　　　销售费用　　11 000
　　　营业外支出　　14 000
　　　所得税费用　　37 500

(3)“本年利润”账户贷方余额为 112 500 元[72 000＋(570 000－529 500)]，即 3 月末结转后，3 月份实现净利润 40 500 元；1－3 月份累计实现净利润为 112 500 元。

【例 12-10】 兴业公司本年度 4－12 月份实现净利 446 000 元，则全年实现净利 558 500 元(112 500＋446 000)。年末将“本年利润”账户贷方余额 558 500 元转入“利润分配——未分配利润”账户。公司的账务处理为：

借：本年利润　　558 500

　贷：利润分配——未分配利润　　558 000

【例 12-11】 假定兴业公司某全年发生净亏损 69 000 元。年末，将“本年利润”账户借方余额转入“利润分配——未分配利润”账户。公司的账务处理为：

借：利润分配——未分配利润　　69 000

　贷：本年利润　　69 000

第二节　所得税费用

所得税是指对企业经营所得或其他所得征收的一种税收。它体现了国家与企业之间的分配关系。经营所得是指企业根据税法规定确认的从事生产经营所取得的所得；其他所得是指企业通过非日常经营活动获得的所得，如投资收益、利息收入（不含国库券利息）、出租包装物和商品的租金、处置各类资产收益等。

一、所得税费用的确认和计量

所得税费用是指从企业当期利润总额中扣除的、应计入当期利润表的所得税费用；一般情况下，也就是企业交纳给税务机关的所得税。企业应交所得税，是在实现利润总额的基础上，根据应纳税所得额和适应税率计算确定的。其基本计算公式为：

当期应交所得税＝当期应纳税所得额×适用税率

相关链接：

现行《中华人民共和国企业所得税法》，是自 2008 年 1 月 1 日起实行的。企业所得税税率为 25％，非居民企业适用税率为 20％。优惠税率：符合条件的小型微利企业，减按 20％；国家需要扶持的高新技术企业，减按 15％。

由于财务会计与税法的目的和遵循原则的不同，按会计核算方法确定的利润总额与税法规定的应纳税所得额不一定相同。所以，在计算确定当期应纳税所得额时，需要在利润总额基础上进行纳税调整处理，即：

当期应纳税所得额＝当期利润总额＋纳税调整增加项目－纳税调整减少项目

纳税调整增加项目主要有：(1)超过税法规定标准的列支项目，如业务招待费、捐赠支出、借款利息等；(2)税法规定不允许税前扣除的项目，如税收滞纳金、罚款、罚金等；(3)企业自产产品用于工程建设、职工福利的应计未计收入；(4)固定资产折旧、无形资产摊销等由于会计确认年限短于税法规定年限而形成的差额。

纳税调整减少项目主要有：(1)取得免税国债利息收益；(2)固定资产折旧、无形资产摊销等由于会计确认年限长于税法规定年限而形成的差额；(3)其他免税所得，如符合规定的政府补助等。

相关链接：

执行《企业会计准则——具体准则》的企业，当期应交所得税与所得税费用上有所不同的：它是企业在计算确定当期所得税和递延所得税费用(或收益)的基础上形成的，但不包括直接计入所有者权益的交易或事项的所得税费用。计算公式为：

所得税费用(或收益)＝当期所得税＋递延所得税费用(－递延所得税收益)

递延所得费用，是指按照企业会计准则规定应予确认的递延所得税资产和递延所得税负债在期末应有的金额减去相对于原已确认金额的差额，即递延所得税资产和递延所得税负债的当期发生额。计算公式为：

递延所得税费用＝递延所得税负债增加额＋递延所得税资产减少额

＝(期末递延所得税负债－期初递延所得税负债)＋

(期初递延所得税资产－期末递延所得税资产)

递延所得税收益＝递延所得税负债减少额＋递延所得税资产增加额

二、所得税费用的账务处理

企业发生的所得税费用，应设置“所得税费用”账户进行核算。该账户借方登记企业按照税法规定计算确定的应交所得税费用，贷方登记期末转入“本年利润”账户的所得税费用。期末结转后该账户无余额。

提示：

(1)按照规定实行企业所得税先征后返的，实际收到返还的企业所得税，列为“营业外收入”。

(2)企业按规定补交的所得税，也应列为所得税费用。

(3)注意企业所得税和个人所得税的区别。

企业按照税法规定计算确定的当期应交所得税，应借记“所得税费用”(当期所得税费用)账户，贷方“应交税费——应交所得税”账户。企业发生的所得税费用，应于期末转入本年利润，借记“本年利润”账户，贷记“所得税费用”账户。企业以存款交纳(或预交)所得税时，应借记“应交税费——应交所得税”账户，贷记“银行存款”账户。

【例 12-12】 兴业公司本年度实现利润总额 300 万元。当年业务招待费用超过税前列支限额标准列支 7 万元；投资收益中有国债利息收入 10 万；公司以自产商品一批用于职工福利，应计所得税收入为 9 万元(不考虑增值税等相关税费)。除上述情况外公司无其他纳税调整项目。公司 1—11 月已转应交所得税 62 万元，实际已预交所得税 60 万元，所得税税率为 25%。公司年终汇算清缴及其账务处理为：

全年应纳税所得额＝3 000 000＋70 000－100 000＋90 000＝3 060 000(元)

全年(当期)应交所得税＝3 060 000×25%＝765 000(元)

(1)年终结转应交所得税＝765 000－620 000＝145 000(元)

借：所得税费用　　145 000

　贷：应交税费——应交所得税　　145 000

(2)尚未缴纳的所得税＝765 000－600 000＝165 000(元)，以存款实际缴纳所得税时：

借：应交税费——应交所得税　　165 000

　贷：银行存款　　165 000

(3)年末，将“所得税费用”账户余额转入“本年利润”账户：

借：本年利润　　145 000

　贷：所得税费用　　145 000

该公司本年度净利润＝3 000 000－765 000＝2 235 000(元)

根据税法规定和企业实际情况，企业所得税(一般是实行)分月或分季预缴(预缴申报、预缴纳税)，按照纳税年度进行汇总结算，并进行全年的汇算清缴。

【例 12-13】 兴业公司企业所得税适用税率 25%，采用按季预交、年终汇算清缴方式，公司 1—3 季度结算预交时不考虑纳税调整事项。本年度有关企业所得税业务事项及账务处理如下：

(1)第一季度(1—3 月)公司发生亏损 5 000 元。

第一季度公司亏损，则不必考虑所得税预交。

(2)第二季度(1—6 月)公司本年累计实现利润 12 万元。按照 25%的税率结算预交第二季度企业所得税：

结转应交：120 000×25%＝30 000(元)

借：所得税费用　　30 000

　贷：应交税费——应交所得税　　30 000

以存款 30 000 元交纳第二季度所得税：

借：应交税费——应交税得税　　30 000

　贷：银行存款　　30 000

(3)第三季度(1—9 月)公司本年累计实现利润 30 万元。按照 25%的税率结算预交第三季度的企业所得税：

结转应交：300 000×25%－30 000＝75 000－30 000＝45 000(元)

借：所得税费用　　45 000

贷:应交税费——应交所得税 45 000

以存款 32 000 元交纳第三季度应交所得税(公司资金不足,已申请部分延期纳税):

借:应交税费——应交所得税 32 000

贷:银行存款 32 000

(4)年终结算公司本年累计实现利润总额 52 万元。经核算本年投资收益中有国库券利息收入 3 万元;因违反国家行政法规而支付的罚款 5 万元;超过列支标准的捐赠支出 2 万元。年终汇总结算应交所得税:

全年应交所得税=(520 000-30 000+50 000+20 000)×25%

=560 000×25%=140 000(元)

1-3 季度已结算应交所得税:30 000+45 000=75 000(元)

年终应结转应交所得税:140 000-75 000=65 000(元)

借:所得税费用 65 000

贷:应交税费——应交所得税 65 000

1-3 季度以存款实际交纳的所得税:30 000+32 000=62 000(元)

年终应补交的所得税(以存款交纳)140 000-62 000=78 000(元)

借:应交税费——应交所得税 78 000

贷:银行存款 78 000

(5)年终,将"所得税费用"账户余额 65 000 元转入"本年利润"账户(1-3 季度结转预交的已于各期末结转):

借;本年利润 65 000

贷:所得税费用 65 000

公司本年净利润:520 000-140 000=380 000(元)

第三节 利润分配

一、利润分配的内容和程序

利润分配是指企业根据国家有关规定和企业章程、投资者协议等,对企业当年可供分配的利润所进行的分配。

可供分配的利润=当年实现净利润+年初未分配利润(-年初未弥补亏损)

利润分配的顺序和内容是:

1.弥补以前年度亏损。企业发生的亏损,可以用以后年度实现的利润进行弥补,但连续弥补期不得超过五年,连续弥补期超过五年的用税后利润进行弥补。

2.提取盈余公积。企业按规定计提的盈余公积具体包括:

(1)提取法定盈余公积。根据《公司法》及《企业财务通则》规定,公司制企业按照当年净利润(已弥补以前年度亏损的净利润)的10%的比例;非公司制企业按照可超过10%的比例提取法定盈余公积。法定盈余公积累计额已达到注册资本的50%时可不再提取。

(2)提取任意盈余公积。企业按照本年实现净利润(扣除已弥补以前年度亏损后的净利润)和经董事会、股东大会或类似权力机构确定的比例提取。

企业提取的盈余公积主要用于弥补亏损、转增资本、发放现金股利或利润等。

3.向投资者分配利润。可供分配的利润减去提取的法定盈余公积、任意盈余公积后的余额,为可供投资者分配的利润。可供投资者分配的利润可以分配现金股利或利润的方式向投资者进行分配。

可供分配的利润减去弥补亏损、提取盈余公积、向投资者分利后的余额为未分配利润。

未分配利润可留待以后年度进行分配。

二、利润分配的账务处理

企业应设置"利润分配"账户,核算利润的分配(或亏损的弥补)和历年分配(或弥补)后的余额。该账户借方登记企业的各项利润分配及年末转入的全年发生的亏损,贷方登记年末转入全年实现的利润和以盈余公积弥补的亏损。年末贷方余额,反映历年累计未分配利润,年末借方余额,则反映历年累计未弥补亏损。

"利润分配"账户,应设置"提取法定盈余公积"、"提取任意盈余公积"、"应付利润"、"盈余公积补亏"和"未分配利润"等明细账户进行明细核算。

企业按规定提取盈余公积时,借记"利润分配"账户,贷记"盈余公积"账户;向投资者分配股利时,借记"利润分配"账户,贷记"应付利润"账户;用盈余公积弥补的亏损时,借记"盈余公积"账户,贷记"利润分配"账户。

年度终了,企业应将本年实现的净利润或净亏损,自"本年利润"账户转入"利润分配——未分配利润"账户;同时,将除"未分配利润"以外的"利润分配"账户所属其他明细账户余额,转入"未分配利润"明细账户。结转后,除"未分配利润"外的其他明细账户应无余额。

提示:

(1)"利润分配"账户是"本年利润"账户的调整账户,所以,其性质为权益类账户。

(2)年终结转后,"本年利润"账户无余额;"利润分配"账户除"未分配利润"明细账户外的其他各明细账户均应无余额。

(3)用当年实现利润弥补以前年度亏损(无论税前、税后弥补)不必进行账务处理,待年终结转后自动平衡。

【例 12-14】 兴业公司年初“利润分配——未分配利润”账户贷方余额 15 000 元，本年实现净利润为 40 万元。按规定比例 10%提取法定盈余公积，根据董事会决议提取任意盈余公积 20%，向投资者分配利润 25 万元。公司的账务处理为：

(1)提取盈余公积：

借：利润分配——提取法定盈余公积　　(400 000×10%)　40 000
　　　　　　——提取任意盈余公积　　(400 000×20%)　80 000
　贷：盈余公积——法定盈余公积　　40 000
　　　　　　　——任意盈余公积　　80 000

(2)向投资者分配现金股利：

借：利润分配——应付利润　　250 000
　贷：应付利润　　250 000

(3)年终结转本年净利润：

借：本年利润　　400 000
　贷：利润分配——未分配利润　　400 000

(4)年终结转本年已分配利润：

借：利润分配——未分配利润　　370 000
　贷：利润分配——提取法定盈余公积　　40 000
　　　　　　　——提取任意盈余公积　　80 000
　　　　　　　——应付利润　　250 000

年终结转后，“利润分配——未分配利润”账户贷方余额为 45 000 元(15 000+400 000－370 000)，反映历年累计未分配利润为 45 000 元。

【例 12-15】 广发公司本年初“利润分配——未分配利润”账户无余额，本年发生亏损 6 万元，根据董事会决议用以前年度提取的法定盈余公积 5 万元补亏。公司的账务处理为：

(1)盈余公积弥补亏损：

借：盈余公积——法定盈余公积　　50 000
　贷：利润分配——盈余公积补亏　　50 000

(2)年终结转本年净亏损：

借：利润分配——未分配利润　　60 000
　贷：本年利润　　60 000

(3)年终结转本年已分配利润：

借：利润分配——盈余公积补亏　　50 000
　贷：利润分配——未分配利润　　50 000

年终结转后，“利润分配——未分配利润”账户借方余额为 10 000 元(60 000－50 000)，则反映企业历年累计未弥补亏损为 10 000 元。

第十三章

财务报表

编制财务报表是企业对外信息披露的一种重要手段。会计作为一种管理活动，主要是通过财务会计报告来影响会计信息使用者决策的。规范财务报表，不断提高财务会计报告的可靠性和相关性，既满足了不同会计信息使用者对会计信息的要求，又在促进资源有效配置、加强宏观经济管理等方面发挥着重要的作用。

第一节 财务报表概述

一、财务报表的作用

财务报表是指企业对外提供的反映企业某一特定日期财务状况和某一会计期间经营成果、现金流量的文件。编制财务报表主要是为了满足企业现在和潜在的投资者、债权人、政府以及其他使用者对会计信息的需求，帮助他们对企业的财务状况和经营成果进行合理的评价，以便作出正确决策。财务报表的主要作用有以下几个方面：

（一）为投资者和债权人进行合理的投资决策提供依据

随着市场经济的日益完善，企业的投资、筹资活动日益增加。企业现在和潜在的投资者、债权人通过阅读和分析财务会计报告，可以了解企业的短期和长期偿债能力，了解其债权保障、获利能力、投资报酬和利润分配政策，了解企业经营活动范围及发展趋势，据此作出投资、融资、信贷等决策。

（二）为企业加强和改善经营管理提供信息资料

企业经营管理者通过阅读分析财务报表，可以系统全面地了解企业的经营活动、经营成果、财务状况，并能及时发现经营管理中存在的问题和薄弱环节，以便迅速采取改进措施，以加强经营管理，不断提高经济效益。

（三）有助于国家经济管理部门进行宏观调控和管理

国家财政部门利用企业报送的财务报表，可以检查监督企业财经纪律执行情况和财务管理情况；税务部门利用企业报送的财务会计报告，可以了解企业有关税法的执行和税收完成情况；国家宏观经济管理部门通过对企业财务报表的资料汇总，分析宏观经济的运行情况、社会资源配置情况，评价各项经济政策制定的科学性，为政府进行宏观管理和调控提供决策依据。

二、财务报表的构成内容

财务报表包括财务报表主表、财务报表附注两大部分。财务报表基本构成内容如图下：

财务报表
- 财务报表主表
  - 资产负债表——月报、静态报表
  - 利润表——月报、动态报表
  - 现金流量表——月报、动态报表
- 财务报表附注

（一）财务报表主表

财务报表主表，也称会计报表，它是财务报表的核心，是对企业财务状况、经营成果和现金流量的结构性表述。它以表格的形式向企业及企业外部传递会计信息。财务报表主表主要是根据账簿记录，按报表的固定格式和项目口径编制。财务报表主表可以根据需要，按照不同的标准进行分类。

1. 按照编报的时间分类，可分为月报、季报、半年报和年报；前面三者也统称为中期财务报表（报告）。

2. 按照反映的内容分类，可分为资产负债表、利润表、现金流量表。

3. 按照反映财务活动的方式的不同分类，可分为静态报表和动态报表。

4. 按照编报单位分类，可分为单位财务报表和汇总财务报表。

5. 按照编制范围不同分类，可分为个别财务报表和合并财务报表。

（二）财务报表附注

财务报表附注是财务报表的补充或说明，是对财务报表中列示项目的文字描述或明细资料，以及对未能在这些报表中列示项目的说明等。它是财务报表体系的重要组成部分。

三、财务报表编制的业务流程

财务报表编制的基本业务流程可以用图示加以概括，见图 13-1。

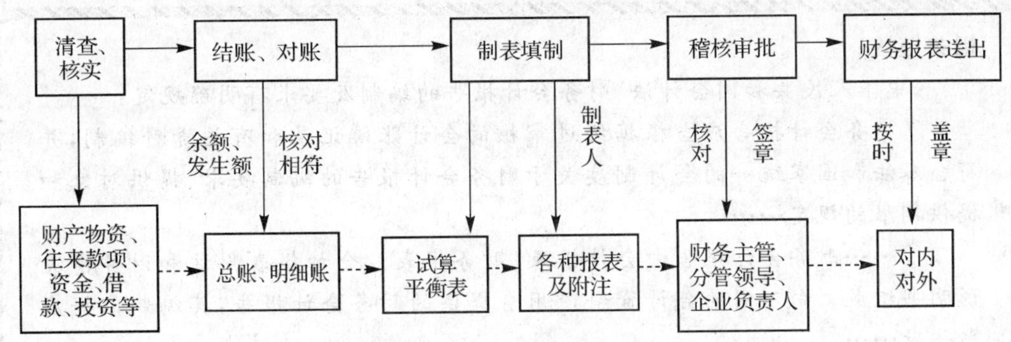

图 13-1　财务报表编制业务流程

四、财务报表的编制要求

为了充分发挥财务报表的作用，保证财务报表所提供的信息能够满足有关各方的需要，企业编制财务报表应符合以下基本要求：

(一)内容完整

财务报表作为会计核算工作的结果，必须全面反映企业经营活动的全貌。只有提供完整的会计信息，才能满足不同的报表使用者对财务信息的需要。企业在编制财务报表时必须按照统一规定的种类编报；对各报表中的规定的表内项目和表外补充资料，都必须全部完整填列，不得漏列和任意取舍；对企业的某些重要会计事项，应在报表附注中加以说明；企业对外报送的财务报表，应当依次编定页码，加具封面，装订成册，加盖公章。封面上应注明：单位名称，单位地址，财务报表所属年度、季度、月度，送出日期，并由单位负责人、主管会计工作的负责人、会计机构负责人（或会计主管人员）签名并盖章；设置总会计师的单位，还须由会计师签名并盖章。单位负责人对财务报表的完整性、真实性负法律责任。

(二)数字真实

财务报表作为一个信息系统，其数字必须真实反映企业的经营状况，便于使用者据此作出判断、决策。如果财务报表提供的信息不真实，则会导致报表使用者对企业的经营情况作出错误的判断，从而造成经济损失。数字真实是财务报表发挥作用的前提条件。因此，编制财务报表必须以核对无误的账簿记录、资料为依据，不得任意估计、弄虚作假、篡改伪造数字。为了保证财务报表的真实可靠，在编制前要进行财产清查，认真做好对账和结账工作；编制过程中各个指标数字的计算要仔细认真，严防差错的发生；编制结束后要加强表与表、表与账的核对工作，一旦发现不符，应及时查明原因，加以改正。

相关链接：

《中华人民共和国会计法》财务会计报告的编制及要求有明确规定：

①财务会计报告应当根据经过审核的会计账簿记录和有关资料编制，并符合本法和国家统一的会计制度关于财务会计报告的编制要求、提供对象和提供期限的规定……

②……财务会计报告由会计报表（财务报表）、会计报表附注和财务情况说明书组成。向不同的会计资料使用者提供的财务会计报告，其编制依据应当一致……

③单位负责人应当保证财务会计报告真实、完整。

（三）计算准确

财务报表上的各项指标都是反映企业财务状况和经营活动的有关信息。财务报表的使用者根据报表的有关项目提供的数据，对编报单位的经营状况作出判断，以便制定投资、信贷决策和进行经营管理的评价。因此，编制财务报表时必须根据有关资料正确分析其反映的经济内容，做到计算填列准确。财务报表中各项目的数字必须正确计算、填列；财务报表之间和财务报表各项目之间，凡有对应关系的数据，应当相互一致；财务报表本期与上期的有关数字，应当相互衔接；财务报表中的小计、合计和总计必须计算核对准确，避免出现差错。

（四）编报及时

财务报表提供的信息同样具有时效性。财务报表使用者通过会计报表及时掌握编报企业的变化情况，及时作出决策。编报不及时的财务报表，即使其质量再高，也没有多大使用价值。因此，企业必须在规定的期限编送各期的财务报表，不得拖延，以便报表阅读者及时了解情况，发现问题，作出决策。

提示：

按现行规定，企业各类财务会计报告（财务报表）对外提供的时间要求是：月报：月度终了后 6 天（节假日顺延，下同）内；季报：季度终了后 15 天内；半年报：年度中期结束后 60 天内；年报：年度终了后 4 个月内。

第二节 资产负债表

一、资产负债表的概念和作用

资产负债表是反映企业在某一特定日期财务状况的财务报表。由于它反映的是某一时点的财务状况，所以，又称为静态报表。它是根据“资产＝负债＋所有者权益”这一会计等式，按照一定的分类标准和顺序，把企业在一定日期的资产、负债、所有者权益等项目予以适当排列，集中反映企业在该特定日期所拥有或控制的经济资源及其分布情况，所承担的经济义务和所有者权益总额及其结构。资产负债表是企业的主要财务报表之一。

资产负债表的作用，主要体现在以下几个方面：

第一，可以提供某一日期资产总额及其结构，表明企业拥有资源及其分布情况，是分析企业生产经营能力的重要资料。

第二，反映某一日期的负债总额以及结构，表明企业未来需要用多少资产或劳务清偿债务以及清偿时间。

第三，反映所有者拥有的权益的情况，表明投资者在企业资产中所占的份额，了解权益的结构情况，并据以判断资本保值增值的情况以及对负债的保障程度。

第四，可以提供进行财务分析的基本资料，通过资产负债表可以分析计算流动比率、速动比率等指标，以了解企业的变现能力、偿债能力和资金周转状况等，从而便于财务报表使用者作出正确的经营决策。

二、资产负债表的结构

资产负债表包括表首和正表二个部分。其中表首概括地说明报表名称、编制单位、编制日期、报表编号、计量单位等；正表是资产负债表的主体，列示了用以说明企业财务状况的各个项目。资产负债表是左右结构，左方列示企业拥有的全部资产项目，右方列示企业的负债和所有者权益项目，根据会计等式的基本原理，左方的资产总额等于右方的负债加所有者权益总额。资产负债表左方资产各项目的前后顺序是按其流动性排列的，右方负债各项目按其到期日的远近顺序排列的，所有者权益各项目是按照永续性递减顺序排列。资产负债表的基本结构见表13-3。

三、资产负债表的编制方法

资产负债表各项目均应分别年初余额和期末余额。资产负债表中的“年初余额”栏内各项数字，应根据上年末资产负债“期末余额”栏内所列数字填列；若本年度资产负债表规定的各项目名称与内容与上年不一致，则应对上年末资产负债表各项目的名称和数字，按照本年度的规定进行调整，填入本年度资产负债表的“年初余额”栏中。资产负债表中的“期末余额”栏内各项目的编制方法如下：

（一）根据总分类账户期末余额直接填列

如表中资产方的“短期投资”、“应收票据”、“应收股利”、“应收利息”、“固定资产清理”、“工程物资”、“研发支出”、“长期股权投资”、“固定资产”、“累计折旧”等项目，负债及所有者权益方的“短期借款”、“应付票据”、“应付职工薪酬”、“应付利润”、“应付利息”、“应交税费”、“其他应付款”、“递延收益”、“实收资本(或股本)”、“资本公积”、“盈余公积”等项目,都是根据相应账户的期末余额直接填列的。

(二)根据若干个总分类账户期末余额计算填列

此类项目主要有以下几项:

“货币资金”项目──→(“库存现金”+“银行存款”+“其他货币资金”)账户期末借方余额之和

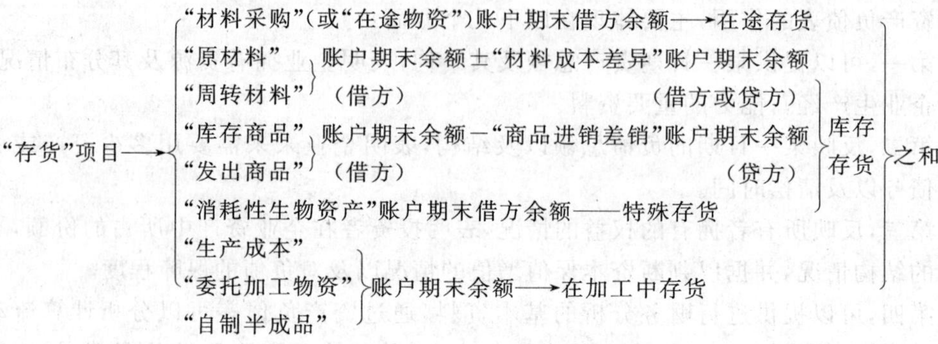

“未分配利润”项目──→
年末──→“利润分配──未分配利润”账户期末余额
平时(1-11月)──→ “本年利润”账户期末余额 ±“利润分配”账户期末余额
未弥补亏损以“-”表示

(三)根据总分类账户期末余额和明细分类账户期末余额分析计算填列

此类项目主要有以下几项:

“长期债券投资”项目──→“长期债券投资”账户期末借方余额-“一年内到期的长期债券投资”(列其他流动资产)

“长期待摊费用”项目──→“长期待摊费用”账户期末借方余额 -“一年内摊销的长期待摊费用”(列其他流动资产)

“长期借款”项目──→“长期借款”账户期末贷方余额
“长期应付款”项目──→“长期应付款”账户期末贷方余额
-“一年内到期的金额(列其他流动负债)”

(四)根据有关资产账户期末余额与其备抵账户期末余额计算填列

此类项目主要有以下几项:

“无形资产”项目──→“无形资产”账户期末借方余额-“累计摊销”账户期末贷方余额

“生产性生物资产”项目──→“生产性生物资产”账户期末借方余额-“生产性生物资产累计折旧”账户期末贷方余额

(五)根据有关明细账户期末余额计算填列

此类项目主要有以下几项:

“应收账款”项目──→“应收账款”账户有关明细账户期末借方余额合计+“预收账款”账户有关明细账户期末借方余额合计

“预付账款”项目──→“预付账款”账户有关明细账户期末借方余额合计+“应付账款”账户有关明细账户期末借方余额合计-超过一年期以上的预付账款

资产

“应付账款”项目→ { “应付账款”账户有关明细账户期末贷方余额合计 +“预付账款”账户有关明细账户期末贷方余额合计 }

“预收账款”项目→ { “预收账款”账户有关明细账户期末贷方余额合计 +“应收账款”账户有关明细账户期末贷方余额合计 } − 超过一年期以上的预收账款 } 负债

提示：

(1)过一年期以上的预付账款，应列在“其他非流动资产”项目；超过一年期以上的预收账款，应列在“其他非流动负债”项目。

(2)“固定资产清理”账户的贷方余额，以“—”号填在“固定资产清理”项目；“应交税费”账户的借方余额，以“—”号填在“应交税费”项目

(3)“其他流动资产”项目包括：“一年内到期的长期债券投资”、“一年内摊销的长期待摊费用”等；

(4)“其他流动负债”项目包括：“一年内到期的长期借款”、“一年内到期的长期应付款”等。

【例 13-1】 兴业公司 12 月 31 日编制资产负债表的有关资料如下：

(1)总分类账户的期末余额见表 13-1；(2)有关明细账户的期末余额见表 13-2。

表 13-1　　总分类账户期末余额表　　单位：元

账　户	借方余额	账　户	贷方余额
现金	1 000	短期借款	907 200
银行存款	1 955 944	应付票据	405 216
其他货币资金	704 000	应付账款	944 084
短期投资	76 032	预收账款	810 000(借方)
应收票据	108 000	应付职工薪酬	507 294
应收账款	889 866	应交税费	399 888
预付账款	340 000(贷方)	应付利润	849 308
应收利息	33 000	其他应付款	821 002
应收股利	240 060	长期借款	2 913 136
其他应收款	684 684	长期应付款	699 000
材料采购	150 000	实收资本	7 200 000
原材料	4 048 000	资本公积	1 523 916
周转材料	520 794	盈余公积	3 137 760
材料成本差异	48 000(贷方)	利润分配——未分配利润	380 988
生产成本	234 560		

续表

账　户	借方余额	账　户	贷方余额
库存商品	570 400		
长期债券投资	1 468 800		
长期股权投资	647 000		
固定资产	11 783 340		
累计折旧	6 369 318(贷方)		
固定资产清理	412 344		
在建工程	1 307 502		
无形资产	367 910		
累计摊销	114 326(贷方)		
长期待摊费用	547 200		
合　计	19 878 792	合　计	19 878 792

表 13-2　　有关明细账户期末余额　　单位:元

账　户	借或贷	金额	账　户	借或贷	金额
应收账款	借	889 866	应付账款	贷	944 084
——A 公司	贷	100 684	——丙公司	贷	1 001 160
——B 公司	借	990 550	——丁公司	借	57 076
预付账款	贷	340 000	预收账款	借	810 000
——甲公司	贷	540 000	——C 公司	贷	80 000
——乙公司	借	200 000	——D 公司	借	890 000

(3)其他有关资料如下:①长期债券投资中一年内到期的长期债券投资为 54 000 元;②一年内到期归还的长期借款 250 000 元;③一年内到期应归还的应付融资租赁费 200 000 元。

根据上述资料,编制万友公司年末资产负债表,见表 13-3。

表 13-3　　资产负债表　　会小企 01 表

编制单位:兴业公司　　××年 12 月 31 日　　单位:元

资　产	行次	期末余额	年初余额	负债和所有者权益(或股东权益)	行次	期末余额	年初余额
流动资产:				流动负债:			
货币资金	1	2 660 944	1 737 938	短期借款	31	907 200	367 910
短期投资	2	76 032	83 916	应付票据	32	405 216	336 132

续表

资　　产	行次	期末余额	年初余额	负债和所有者权益（或股东权益）	行次	期末余额	年初余额
应收票据	3	108 000	144 000	应付账款	33	1 541 160	1 383 570
应收账款	4	1 880 550	1 701 450	预收账款	34	180 684	146 268
预付账款	5	257 076	382 914	应付职工薪酬	35	507 294	824 441
应收利息	6	33 000		应交税费	36	399 888	545 508
应收股利	7	240 060	213 552	应付利息	37		
其他应收款	8	684 684	376 110	应付利润	38	849 308	1 897 930
存货	9	5 475 754	5 883 282	其他应付款	39	821 002	178 128
其中:原材料	10	4 000 000	3 679 000	其他流动负债	40	450 000	450 000
在产品	11	234 560	218 700	流动负债合计	41	6 061 752	6 129 887
库存商品	12	570 400	587 900	非流动负债：			
周转材料	13	520 794	326 310	长期借款	42	2 663 136	3 272 400
其他流动资产	14	54 000		长期应付款	43	499 000	607 000
流动资产合计	15	11 470 100	10 523 162	递延收益	44		
非流动资产：				其他非流动负债	45		
长期债券投资	16	1 414 800	1 049 850	非流动负债合计	46	3 162 136	3 879 400
长期股权投资	17	647 000		负债合计	47	9 223 888	10 009 287
固定资产原价	18	11 783 340	12 200 486				
减:累计折旧	19	6 369 318	6 110 760				
固定资产账面价值	20	5 414 022	6 089 726				
在建工程	21	1 307 502	1 253 214				
工程物资	22						
固定资产清理	23	412 344	306 000				
生产性生物资产	24			所有者权益（或股东权益）：			
无形资产	25	253 584	324 612	实收资本（股本）	48	7 200 000	7 200 000
开发支出	26			资本公积	49	1 523 916	654 197
长期待摊费用	27	547 200	616 500	盈余公积	50	3 137 760	2 186 154
其他非流动资产	28			未分配利润	51	380 988	113 426
非流动资产合计	29	9 996 452	9 639 902	所有者权益（或股东权益）合计	52	12 242 664	10 153 777
资产总计	30	21 466 552	20 163 064	负债和所有者权益（或股东权益）总计	53	21 466 552	20 163 064

有关分析计算填列的项目计算如下：

(1)货币资金:1 000+1 955 944+704 000=2 660 944(元)

(2)应收账款:990 550+890 000=1 880 550(元)

(3)预付账款:200 000+57 076=257 076(元)

(4)存货:150 000+4 048 000+520 794-48 000+234 560+570 400=5 475 754(元)

(5)其他流动资产=54 000(元)

(6)长期债券投资:1 468 800-54 000=1 414 800(元)

(7)固定资产:11 783 340-6 369 318=5 414 022(元)

(8)无形资产:367 910-114 326=253 584(元)

(9)应付账款:1 001 160+540 000=1 541 160(元)

(10)预收账款:80 000+100 684=180 684(元)

(11)其他流动负债:250 000+200 000=450 000(元)

(12)长期借款:2 913 136-250 000=2 663 136(元)

(13)长期应付款:699 000-200 000=499 000(元)

课堂讨论：

你从上述兴业公司资产负债表中了解到哪些信息？请对该企业的财务状况作一基本评价。

第三节 利润表

一、利润表的概念和作用

利润表是反映企业在一定时期经营成果的财务报表。它是一张动态报表，主要依据会计的收入实现原则和配比原则编制，即把一定时期的营业收入与同一会计期间的相关成本、费用进行配比，以计算确定企业一定时期实现的净利润或发生的亏损。利润表的作用主要体现在以下几个方面：

(一)据以评价和考核企业的经营业绩

按照企业所有权与经营权分离的要求，所有者将有关经济资源交付给管理者进行管理，如何考核管理者对受托资源经营管理责任，是一个重大的课题。而利润表中提供的盈利方面的信息，是一项综合性的信息，它是企业在生产、经营过程中投入与产出对比的结果，它基本上能够反映企业管理者的经营业绩和效率。

(二)据以分析和评价企业的经营成果和获得能力

企业的经营成果是指企业在其拥有或控制的经济资源上取得的报酬，它直接体现为企业一定会计期间的利润总额。经营成果通常是一个绝对指标，是一定期间营业收入扣抵相关成本、费用后的余额，体现着企业财富增长的规模。获利能力是一个相对指标，是对企业运用一定的经济资源获取经营成果的能力。利润表直接揭示了企业一定会计期间经营成果的形成，而获利能力的信息，则需根据利润表和其他会计报表资料计算而得。根据利润表提供的经营成果数据，报表阅读者通过比较企业在不同时期，或同一行业中不同企业在相同时期的有关指标，就可以评价、预测企业的获利能力，并据以作出相关决策。

（三）据以分析和预测企业未来的现金流量

会计报表使用者为了进行有关的经济决策，都十分关注企业未来现金流量的来源、金额、时间及其不确定性，包括股利或利息、到期负债的清偿等。这些与未来的现金流量和企业的获利能力密切相关，因此没有利润，就无法分配股利，也失去清偿能力。而有关过去经营活动的收益水平，在预测企业未来盈利能力和现金流量方面的作用是非常重要的。

（四）有助于企业管理者进行经营决策

利润表反映企业在一定会计期间各项收入、费用的发生情况，以及收入与费用配比的结果。企业管理者通过比较和分析表中各项目的关系，可以了解企业各项收入、费用与利润之间的消长关系及变动趋势，发现企业在生产经营活动的各个环节中存在的问题，并针对问题分析原因，找出差距，采取措施，以作出正确的经营决策，改善经营管理。

二、利润表的结构

利润表一般有表首、正表二部分组成。其中，表首说明报表名称、编制单位、编制日期、报表编号、计量单位等；正表是利润表的主体，反映形成经营成果的各个项目和计算过程；利润表的基本结构见表13-4。

利润表采用多步式。即是通过对当期的收入、费用、支出项目按性质加以归类，按利润形成的主要环节列示一些中间性利润指标，如营业利润、利润总额、净利润，分步计算当期净损益。同时，每个项目通常又分为“本月金额”和“本年累计”两栏分别填列。

利润表的项目排列顺序实际上反映了净利润形成的过程，具体分为三个步骤：

第一步，计算营业利润；

第二步，计算利润总额；

第三步，计算净利润（或亏损）。

表 13-4　　　　　　　　　　　　利 润 表　　　　　　　　　　　　会小企 02 表

编制单位:　　　　　　　　　　　　年　月　　　　　　　　　　　　单位:元

项　目	行次	本年累计金额	本月金额
一、营业收入	1		
减:营业成本	2		
营业税金及附加	3		
其中:消费税	4		
营业税	5		
城市维护建设税	6		
资源税	7		
土地增值税	8		
城镇土地使用税、房产税、车船税、印花税	9		
教育费附加、矿产资源补偿费、排污费	10		
销售费用	11		
其中:商品维修费	12		
广告费和业务宣传费	13		
管理费用	14		
其中:开办费	15		
业务招待费	16		
研究费用	17		
财务费用	18		
其中:利息费用(收入以"—"号填列)	19		
加:投资收益(亏损以"—"号填列)	20		
二、营业利润(亏损以"—"号填列)	21		
加:营业外收入	22		
其中:政府补助	23		
减:营业外支出	24		
其中:坏账损失	25		
无法收回的长期债券投资损失	26		
无法收回的长期股权投资损失	27		
自然灾害等不可抗力因素造成的损失	28		
税收滞纳金	29		

续表

项目	行次	本年累计金额	本月金额
三、利润总额(亏损以“一”号填列)	30		
减:所得税费用	31		
四、净利润(净亏损以“一”号填列)	32		

三、利润表的编制方法

1.“本月金额”栏的填列方法。利润表“本月金额”反映各项目本月实际发生额。由于利润表是动态财务报表,所以,它的填列主要依据是各损益类账户的本期发生额。一般情况而言,各收入类项目应根据相应的收入类账户的本期贷方发生额填列,各费用类项目则应根据相应的费用类账户的本期借方发生额填列。如“营业收入”项目,应根据“主营业务收入”和“其他业务收入”账户的本期发生额合计填列;“营业成本”项目应根据“主营业务成本”和“其他业务成本”账户的本期发生额合计填列;“营业税金及附加”、“销售费用”、“管理费用”、“财务费用”等项目,均应根据各该账户的本期发生额填列。

在编制年度财务报表时,应将利润表的“本月金额”栏改为“上年金额”栏。“上年金额”反映上年全年实际发生额,各项目应根据上年度利润表的“本年累计金额”填列。

2.“本年累计金额”的填列方法。利润表“本年累计金额”反映各项目自年初起至报告期末止的累计实际发生额。各项目的“本年累计金额”应根据上期的“本年累计金额”+本期的“本月金额”的合计数额填列。

【例 13-2】 兴业公司××年 12 月份,有关损益类账户的发生额如表 13-5。

表 13-5　　兴业公司损益类账户发生额汇总表

(未结转利润以前)

单位:元

账户名称	借方发生额	贷方发生额
主营业务收入	236 200	6 547 860
其他业务收入	0	928 600
投资收益	197 480	843 260
营业外收入	0	413 280
主营业务成本	3 124 680	173 620
营业税金及附加	674 350	0
其他业务成本	413 440	0
销售费用	623 660	0

续表

账户名称	借方发生额	贷方发生额
管理费用	573 200	31 240
财务费用	223 680	64 800
营业外支出	644 960	0
所得税费用	801 850	0
合　　计	7 513 500	9 002 660

表内"营业税金及附加"中包括：营业税 96 900 元；城市维护建设税 249 780 元；教育费附加和排污费 259 800 元；城镇土地使用税 27 650 元；房产税 18 650 元；车船税 12 670 元；印花税 8 900 元。

"销售费用"中包括：商品维修费 115 900 元；广告和业务宣传费 390 000 元。

"管理费用"中包括：业务招待费 159 600 元，研究费用 170 000 元。

"营业外支出"中包括：坏账损失 216 000 元，无法收回的长期股权投资损失 58 000元，自然灾害等不可抗力因素造成的损失 327 000 元。

根据表 13-5 资料，编制该公司 12 月份的利润表（见表 13-6）。

表 13-6　　　　利　润　表　　　　会小企 02 表

编制单位：兴业公司　　　　××年 12 月　　　　单位：元

项　　目	行次	本年累计金额	上年金额
一、营业收入	1	7 240 260	6 465 700
减：营业成本	2	3 364 500	3 546 560
营业税金及附加	3	674 350	734 788
其中：消费税	4		
营业税	5	96 900	96 570
城市维护建设税	6	249 780	356 700
资源税	7		
土地增值税	8		
城镇土地使用税、房产税、车船税、印花税	9	67 870	123 590
教育费附加、矿产资源补偿费、排污费	10	259 800	157 928
销售费用	11	623 660	712 300
其中：商品维修费	12	115 900	126 700
广告费和业务宣传费	13	390 000	370 000
管理费用	14	541 960	331 780

续表

项　　目	行次	本年累计金额	上年金额
其中:开办费	15		
业务招待费	16	159 600	168 000
研究费用	17	170 000	125 000
财务费用	18	158 880	186 480
其中:利息费用(收入以"—"号填列)	19		
加:投资收益(亏损以"—"号填列)	20	645 780	786 860
二、营业利润(亏损以"—"号填列)	21	2 522 690	1 740 652
加:营业外收入	22	413 280	456 500
其中:政府补助	23		
减:营业外支出	24	644 960	796 350
其中:坏账损失	25	216 000	190 600
无法收回的长期债券投资损失	26		
无法收回的长期股权投资损失	27	58 000	90 000
自然灾害等不可抗力因素造成的损失	28	327 000	156 700
税收滞纳金	29		229 000
三、利润总额(亏损以"—"号填列)	30	2 291 010	1 400 802
减:所得税费用	31	801 850	826 862
四、净利润(净亏损以"—"号填列)	32	1 489 160	573 940

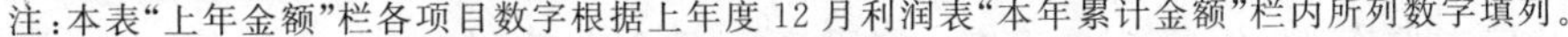

注:本表"上年金额"栏各项目数字根据上年度 12 月利润表"本年累计金额"栏内所列数字填列。

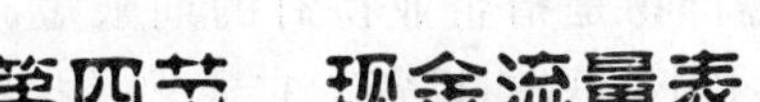

第四节　现金流量表

一、现金流量表的概念和作用

现金流量表是反映企业一定会计期间内现金和现金等价物流入和流出信息的财务报表。它是一张动态报表。现金流量表是在资产负债表和利润表已经反映了企业财务状况和经营成果信息的基础上,进一步提供企业现金流量信息,即财务状况变动信息。资产负债表是反映企业在某一特定日期财务状况的报表,它反映企业一定日期所拥有的资产及构成、需偿还的债务金额及时间、投资者所拥有的净资产的情况,但没有说明企业的资产、负债和所有者权益为什么会从期初的总量和结构变化到期末的总量和结构。利润表是反映企业一定时期经营成果的会计报表,即利润或亏损的情况,表明企业运用所拥有的资产的获利能力，但利润表是按权责发生制原则确认收入和费用的，它无法提供现金实际流入和流出的信息。为了全面反映企业财务状况变动的原因及企业现金流入、流出企业等现金流量变化的真实状况，企业需要编制现金流量表。

编制现金流量表主要是为了向报表使用者提供企业一定会计期间内现金及现金等价物流入和流出的信息，便于报表使用者了解和评价企业获取现金及现金等价物的能力并据此预测企业未来的现金流量。现金流量表的作用主要表现在以下几个方面：

1. 有助于分析企业财务状况及其变动的原因；

2. 有助于预测企业未来现金流量；

3. 有助于评价企业支付能力、偿债能力和周转能力；

4. 有助于分析企业净利润与经营活动产生净现金流量之间差异的原因。

二、现金流量表的编制基础和结构

(一)现金流量表的编制基础

现金流量表是以现金为基础编制的(即以现金收付实现制为编制基础)，这里的现金是指企业可以随时支付的货币资金及现金等价物。具体内容包括：

1. 库存现金。库存现金是指企业持有的可以随时支付的现金。它与会计核算中"库存现金"账户的核算内容一致。

2. 银行存款。银行存款是指存放在金融机构可以随时支付的存款。会计核算中"银行存款"账户所核算的内容中，不能随时支付的存款，不能作为现金流量表中的现金(如不能提前支取的理财产品、定期存款等)；但提前通知银行后可支付的定期存款则应属现金流量表中的现金。

3. 其他货币资金。其他货币资金是指企业存放在金融机构有特定用途的资金，如外埠存款、银行本票存款、银行汇票存款、信用证保证金存款、信用卡存款等。

4. 现金等价物。现金等价物是指企业持有的期限短、流动性强、易于转换为已知金额的现金、价值变动风险很小的短期投资。它通常是指购买在 3 个月或更短时间内即到期或可转换为现金的投资。

(二)现金流量的分类

现金流量是指一定会计期间企业现金及现金等价物流入和流出的数量。反映现金流量的指标有现金流入量、现金流出量及现金净流量。现金净流量是指一定会计期间现金流入量减去现金流出量的差额。现金流量表会计准则将现金流量分为三类：经营活动产生的现金流量；投资活动产生的现金流量；筹资活动产生的现金流量。

1. 经营活动产生的现金流量。经营活动是指企业投资活动和筹资活动以外的所有交易和事项。它是企业运用所拥有或控制的经济资源从事生产经营活动所形成的，主要是与企业营业利润有关的交易和事项所产生的现金流量。通过它可以判断企业在不运用外来筹资的前提下，经营活动产生的现金流量能否足以维持生产经营、偿还债务以及支付股利和对外投资等。

2.投资活动产生的现金流量。投资活动是指企业长期资产的购建和不包括在现金等价物范围内的投资及其处置活动。这里的“投资”并不仅仅是指企业的对外投资，它还包括企业的非流动资产购建和处置，但不含包括在现金等价物中的短期投资。通过它可以判断企业投资活动对现金流量净额的影响程度。

3.筹资活动产生的现金流量。筹资活动是指导致企业资本及债务规模和构成发生变化的活动。所谓资本是指企业的权益性资本；所谓债务是指企业对外举债所借入的款项(不含与经营活动相关的应付账款、应付票据、应交税费等流动负债)。通过它可以判断企业筹资活动对现金流量的影响程度、吸收投资所收到的现金。

(三)现金流量表的结构

企业现金流量表由表首、正表两部分构成。

1.表首。表头部分包括现金流量表的名称、编号、编制单位、编表时间和金额单位等内容。

2.正表。正表部分是现金流量表的主体，反映经营流动、投资活动和筹资活动产生的现金流入、现金流出及现金流量净额。我国小企业现金流量表采用报告式结构，其格式见表13-7所示。

表13-7 **现金流量表** 会小企03表

编制单位:兴业公司 ××年3月 单位:元

项　　目	行次	本年 累计金额	本　月 金　额
一、经营活动产生的现金流量:			
销售产成品、商品、提供劳务收到的现金	1	1 312 500	600 800
收到的其他与经营活动有关的现金	2		
购买原材料、商品、接受劳务支付的现金	3	392 266	210 750
支付的职工薪酬	4	300 000	120 600
支付的各项税费	5	174 703	106 500
支付的其他与经营活动有关的现金	6	80 000	15 000
经营活动产生的现金流量净额	7	365 531	147 950
二、投资活动产生的现金流量:			
收回短期投资、长期债券投资和长期股权投资所收到的现金	8	16 500	
取得投资收益所收到的现金	9	30 000	10 000
处置固定资产、无形资产和其他非流动资产收回的现金净额	10	300 300	121 000
短期投资、长期债券投资和长期股权投资支付的现金	11		
购建固定资产、无形资产和其他非流动资产所支付的现金	12	601 000	267 000

续表

项　　目	行次	本年累计金额	本月金额
投资活动产生的现金流量净额	13	－254 200	－136 000
三、筹资活动产生的现金流量：			
取得借款所收到的现金	14	560 000	320 000
吸收投资者投资所收到的现金	15		
偿还借款本金所支付的现金	16	1 250 000	310 000
偿还借款利息所支付的现金	17	12 500	5 000
分配利润支付的现金	18		
筹资活动产生的现金流量净额	19	－702 500	5 000
四、现金净增加额	20	－591 169	16 950
加：期初现金余额	21	1 406 300	798 181
五、期末现金余额	22	815 131	815 131

企业现金流量表以现金为基础，按照经营活动、投资活动和筹资活动分类反映企业一定会计期间内有关现金流入和流出的信息。

三、现金流量表的编制方法

(一)现金流量编制的基本方法

现金流量表编制的基本思路是：虽然会计核算所遵循的权责发生制原则，但编制现金流量表时须遵循现金收付实现制。其编制基本方法有两类：

第一，根据企业会计记录直接填列。这种方法需要设置多栏式现金流量账簿，通过分析有关非现金账户引起现金账户的增减变化来填列现金流量表。

第二，根据资产负债表、利润表和有关资料为依据，通过一定的手段，把权责发生制下的数据转换成收付实现制下的现金流量的方法。具体又可以分为：工作底稿法、T形账户法和综合分析法三种方法。

(二)现金流量表编制的具体方法

现金流量表月度报表包括“本月金额”和“本年累计金额”两栏。年度现金流量表则将“本月金额”栏改为“上年金额”栏，即包括“上年金额”和“本年累计金额”两栏。

1.“本月金额”栏各项目的填列方法。现金流量表“本月金额”各项目的填列具体方法见表13-8。

表 13-8 现金流量表各项目的填列方法

项目名称	填列方法
销售产成品、商品、提供劳务收到的现金	主营业务收入＋增值税销项税额＋应收账款（期初余额－期末余额）＋应收票据（期初余额－期末余额）＋预收款项（期末余额－期初余额）±特殊调整业务
收到其他与经营活动有关的现金	“库存现金”和“银行存款”等科目的本期发生额分析填列
购买原材料、商品、接受劳务支付的现金	主营业务成本＋增值税进项税额＋存货（期末余额－期初余额）＋应付账款本期减少额（期初余额－期末余额）＋应付票据（期初余额－期末余额）＋预付款项（期末余额－期初余额）±特殊调整业务
支付的职工薪酬	“库存现金”、“银行存款”、“应付职工薪酬”科目的本期发生额填列
支付的税费	“库存现金”、“银行存款”、“应交税费”等科目的本期发生额填列
支付其他与经营活动有关的现金	“库存现金”、“银行存款”等科目的本期发生额分析填列
收回短期投资、长期债券投资和长期股权投资收到的现金	“库存现金”、“银行存款”、“短期投资”、“长期股权投资”、“长期债券投资”等科目的本期发生额分析填列
取得投资收益收到的现金	“库存现金”、“银行存款”、“投资收益”等科目的本期发生额分析填列
处置固定资产、无形资产和其他非流动资产收回的现金净额	“库存现金”、“银行存款”、“固定资产清理”、“无形资产”、“生产性生物资产”等科目的本期发生额分析填列
短期投资、长期债券投资和长期股权投资支付的现金	“库存现金”、“银行存款”、“短期投资”、“长期债券投资”、“长期股权投资”等科目的本期发生额分析填列
购建固定资产、无形资产和其他非流动资产支付的现金	“库存现金”、“银行存款”、“固定资产”、“在建工程”、“工程物资”、“无形资产”、“研发支出”、“生产性生物资产”、“应付职工薪酬”等科目的本期发生额分析填列
取得借款收到的现金	“库存现金”、“银行存款”、“短期借款”、“长期借款”等科目的本期发生额分析填列
吸收投资者投资收到的现金	“库存现金”、“银行存款”、“实收资本”、“资本公积”等科目的本期发生额分析填列
偿还借款本金支付的现金	“库存现金”、“银行存款”、“短期借款”、“长期借款”等科目的本期发生额分析填列
偿还借款利息支付的现金	“库存现金”、“银行存款”、“应付利息”等科目的本期发生额分析填列
分配利润支付的现金	“库存现金”、“银行存款”、“应付利润”等科目的本期发生额分析填列

2.“本年累计金额”的填列方法。现金流量表“本年累计金额”反映各项目自年初起至报告期末止的累计实际发生额。各项目的“本年累计金额”应根据上期的“本年累计金额”+本期的“本月金额”的合计数额填列。

年度现金流量表的“上年金额”反映上年全年实际发生额,各项目应根据上年度12月现金流量表的“本年累计金额”填列。

第五节 财务报表附注

一、财务报表附注的作用

财务报表附注是为了便于财务报表使用者理解会计报表的内容而对财务报表的编制基础、编制依据、编制原则和方法及主要项目等所作的解释和说明。它是对财务报表的补充说明,也是财务报表不可缺少的组成部分。财务报表使用者了解企业财务状况、经营成果和现金流量,应当全面阅读附注,附注相对于报表而言,同样具有重要性。

在财务报表中,不论是主表还是附表,由于受固定格式和规定的限制,只能对外提供定量的财务信息,从而影响会计报表使用者对财务报表内容的理解。因此,企业除了编制和对外提供财务报表外,还应编制和对外提供财务报表附注。财务报表附注的作用主要有:

第一,增进报表内容的可比性。一贯性是一项很重要的会计原则,它要求前后各期采用的会计政策应当保持一致,不得随意变更。由于会计法规发生变化,或者为了更加公允地反映企业的实际情况,企业有可能改变财务报表中某些项目的会计政策,由于不同期间的财务报表中对同一个项目采用了不同的会计政策,影响了不同期间财务报表的可比性,为了帮助财务报表使用者掌握会计政策的变化,需要在财务报表附注中加以说明,以提高财务报表内容可比性。

第二,提高财务报表内容的可理解性。财务报表是以表格形式反映企业有关财务状况和经营成果的定时信息,由于形式的限定,财务报表正文所能包含的信息受到限制。而财务报表的使用者十分广泛,知识层次、信息需求和侧重点各不相同。仅靠财务报表并不能满足所有报表使用者的需要。借助于财务报表附注,对报表中数据进行解释,将一个高度概括和数据分解成若干具体项目,并说明产生各个项目的会计方法,有利于财务报表使用者理解财务报表中的信息。

二、财务报表附注的主要内容

企业应当按照会计准则规定,披露附注信息,财务报表附注主要包括下列内容:

(一)企业的基本情况

主要包括:(1)企业注册地、组织形式和总部地址;(2)企业的业务性和主要经营活动;(3)财务报告的批准报出者和批准报出日等。

(二)遵循企业会计准则的声明

企业应当声明编制的账务报表符合《小企业会计准则》(或《企业会计准则》)的要求,真实、完整地反映了企业的财务状况、经营成果和现金流量等有关信息。

(三)短期投资、应收账款、存货、固定资产项目的说明。

1.短期投资的披露格式,见表13-9。

表13-9 单位:元

项　　目	期末账面余额	期末市价	期末账面余额与市价的差额
1.股票	56 032	45 270	−10 762
2.债券	20 000	20 000	
3.基金			
4.其他			
合　计	76 032	65 270	−10 762

2.应收账款按账龄结构披露的格式,见表13-10。

表13-10 单位:元

账龄结构	期末账面余额	年初账面余额
1年以内(含1年)	243 550	160 700
1年至2年(含2年)	330 000	568 750
2年至3年(含3年)	987 000	762 000
3年以上	320 000	210 000
合　计	1 880 550	1 701 450

3.存货的披露格式,见表13-11。

表13-11 单位:元

存货种类	期末账面余额	期末市价	期末账面余额与市价的差额
1.原材料	4 000 000	3 857 000	−143 000
2.在产品	234 560	234 560	
3.库存商品	570 400	520 000	−50 400
4.周转材料	520 794	520 794	
5.消耗性生物资产			
6.在途物资	150 000	150 000	
合　计	5 475 754	5 282 354	−193 400

4.固定资产的披露格式，见表13-12。

表13-12　　单位：元

项　目	原　价	累计折旧	期末账面价值
1.房屋、建筑物	5 580 000	3 533 800	2 046 200
2.机器	1 168 000	656 500	511 500
3.机械	660 340	238 200	422 140
4.运输工具	1 030 000	569 100	460 900
5.设备	2 679 000	987 018	1 691 982
6.器具	436 000	256 700	179 300
7.工具	230 000	128 000	102 000
……			
合　计	11 783 340	6 369 318	5 414 022

（四）应付职工薪酬、应交税费项目的说明。

1.应付职工薪酬的披露格式，见表13-13。

表13-13　　**应付职工薪酬明细表**　　会小企01表附表1

编制单位：兴业公司　　××年12月　　单位：元

项　目	期末账面余额	年初账面余额
1.职工工资	329 000	415 000
2.奖金、津贴和补贴	53 844	84 841
3.职工福利费	56 000	168 000
4.社会保险费		
5.住房公积金		
6.工会经费	54 780	68 700
7.职工教育经费	13 670	87 900
8.非货币性福利		
9.辞退福利		
10.其他		
合　计	507 294	824 441

2.应交税费的披露格式,见表 13-14。

表 13-14 **应交税费明细表** 会小企 01 表附表 2

编制单位:兴业公司 ××年 12 月 单位:元

项 目	期末账面余额	年初账面余额
1.增值税	217 000	298 000
2.消费税		
3.营业税		
4.城市维护建设税	15 190	20 860
5.企业所得税	81 468	171 258
6.资源税		
7.土地增值税		
8.城镇土地使用税	27 650	7 650
9.房产税	18 650	9 670
10.车船税	12 670	2 670
11.教育费附加	10 850	14 900
12.矿产资源补偿费		
13.排污费	9 800	12 000
14.代扣代缴的个人所得税	6 610	8 500
……		
合 计	399 888	545 508

(五)利润分配的说明,见表 13-15。

表 13-15 **利润分配表** 会小企 01 表附表 3

编制单位:兴业公司 ××年度 单位:元

项 目	行次	本年金额	上年余额
一、净利润	1	1 489 160	573 940
加:年初未分配利润	2	113 426	1 580 901
其他转入	3		
二、可供分配的利润	4	1 602 586	2 154 841
减:提取法定盈余公积	5	148 916	57 394
提取任意盈余公积	6	223 374	86 091
提取职工奖励及福利基金*	7		
提取储备基金*	8		

续表

项　　目	行次	本年金额	上年余额
提取企业发展基金*	9		
利润归还投资**	10		
三、可供投资者分配的利润	11	1 230 296	2 011 356
减：应付利润	12	849 308	1 897 930
四、未分配利润	13	380 988	113 426

* 提取职工奖励及福利基金、提取储备基金、提取企业发展基金这三个项目仅适用于小企业（外商投资）按照相关法律规定提取的三项基金。

** 利润归还投资这个项目仅适用于小企业（中外合作经营）根据合同规定在合作期间归还投资者的投资。

（六）用于对外担保的资产名称、账面余额及形成的原因；未决诉讼、未决仲裁以及对外提供担保所涉及的金额。

（七）发生严重亏损的，应当披露持续经营的计划、未来经营的方案。

（八）对已在资产负债表和利润表中列示项目与企业所得税法规定存在差异的纳税调整过程。参见《中华人民共和国企业所得税年度纳税申报表》。

（九）其他需要说明的事项。

提示：

财务报表之间的勾稽关系：资产负债表、利润表与其他报表之间存在着一定的勾稽关系。年度资产负债中的“未分配利润”项目的“期末数余额”，与利润分配表（附注）中的年末“未分配利润”数额应相等；月度利润表中的“净利润”项目的“本年累计金额”，与月度资产负债表中的“未分配利润”项目的“年初余额”的加总之和，应等于月度资产负债表中的“未分配利润”项目的“期末余额”；利润分配表（附注）中的“净利润”的数额，应与年度利润表中“净利润”项目的“本年累计金额”相等。

第十四章

特殊业务的会计处理

第一节 债务重组

一、债务重组的含义和特征

（一）债务重组的概念

债务重组，是指债权人与债务人达成的协议或法院的裁决同意债务人修改债务条件的事项。

债务重组的定义表明，只要修改了原定债务偿还条件，使债务重组时确定的债务偿还条件不同于原协议的债务偿还条件，均作为债务重组。例如，债权人同意债务人延期偿还债务，但延期后债务人仍然按照原债务账面价值偿还债务，也属于债务重组。

相关链接：

1.债务重组必然涉及债务人和债权人两个方面，一般来说，债务重组会使债务人获利或受益，债权人发生损失。

2.债务人发生财务困难，是指因债务人出现资金周转困难、经营陷入困境或者其他原因，导致其无法或者没有能力按原条件偿还债务。

3.债权人作出让步，是指债权人同意发生财务困难的债权人现在或者将来以低于重组债务账面价值的金额或者价值偿还债务。债权人作出让步的情形主要包括：债权人减免债务人部分债务本金或者利息，降低债务人应付债务的利率等。

（二）债务重组的特征

1.债务重组是持续经营条件下的债务重组。债务重组分为持续经营条件下的债务重组和非持续经营条件下的债务重组。持续经营下的债务重组，是指债务重组双方在可预见的将来仍然会持续经营下去的情况下所进行的债务重组;非持续经营条件下的债务重组,是指债务人处于破产清算状态时与债权人进行的债务重组。本章所指的债务重组,是仅指在持续经营条件下的债务重组,不涉及非持续经营条件下的债务重组。

2.以存货抵债的债务重组应作为销售处理。

3.债务重组是债权人与债务人达成的协议或修改债务条件的事项,重组后债权债务可能存续。

二、债务重组的方式

1.以低于债务账面价值的现金清偿债务。此处,现金指货币资金,即库存现金、银行存款和其他货币资金。

2.以非现金资产清偿债务,指债务人将其所拥有的非现金资产转让给债权人以抵偿债务。此外,非现金资产指短期投资、存货、长期投资、固定资产和无形资产等。

3.债务转为资产,指债务人将债务转为资本,同时债权人将债权转为股权。需要注意的是,股份有限公司以债务转为资本以抵偿债务,应在满足国家规定条件的情况下,才能作为债务转为资本债务重组方式处理。

4.修改其他债务条件,指债权人同意延长债务偿还期限、同意延长债务偿还期限但要加收利息、同意延长债务偿还期限并减少债务本金或债务利息等。

5.混合重组,指采用两种以上的方法共同清偿债务的债务重组形式。如,以转让非现金资产清偿某项债务的一部分,而对该项债务的其余部分的条件进行修改。再如,以转让非现金资产、债务转为资本等方式的组合来清偿某项债务。

三、债务重组的账务处理

(一)债务人以低于债务账面价值的现金清偿债务

债务人以低于债务账面价值的现金清偿债务,即债权人豁免债务人部分债务的,债权人应将给予债务人豁免的债务作为损失,转入当期营业外支出,债务人应将豁免的债务转入营业外收入;债权人已对应收债权计提的坏账准备的,在确认当期损失时,应先冲减坏账准备。

【例 14-1】 由于甲企业现金流量不足,短期内不能按照合同规定支付因购买原材料而欠兴业公司购货款及税款合计 150 000 元。2 月 23 日经协商,同意甲企业支付 120 000 元货款,余款不再偿还。甲企业随即支付了 120 000 元货款。甲企业和兴业公司应在债务重组日作如下账务处理:

甲企业(债务人):

借:应付账款——兴业公司　　150 000

　贷:银行存款　　120 000

营业外收入——债务重组利得　　30 000

兴业公司(债权人)：

应确定的债务重组损失＝150 000－120 000＝30 000(元)

借:银行存款　　120 000

　营业外支出——债务重组损失　　30 000

　贷:应收账款——甲企业　　150 000

(二)债务人以非现金资产抵偿债务

1.债务人以非现金资产清偿债务的,按下列方法处理：

(1)债务人首先确认转让的非现金资产公允价值。

(2)将重组债务的账面价值与转让的非现金资产公允价值之间的差额,计入当期损益,作为债务重组利得或损失。

(3)转让的非现金资产公允价值与其账面价值之间的差额,计入当期损益,作为处置资产损益。

(4)以存货抵债应确认商品销售收入,同时结转销售成本。

2.债权人收到债务人清偿债务的非现金资产,按下列方法处理：

(1)以非现金资产清偿债务的,债权人应当对受让的非现金资产按其公允价值加上应支付的相关税费入账。

(2)重组债权的账面余额与受让的非现金资产公允价值之间的差额,计入当期损益。债权人已对债权计提减值准备的,应当先将该差额冲减减值准备,减值准备不足以冲减的部分,计入当期损益。

【例 14-2】　2月1日,兴业公司销售一批商品给甲企业,价值117 000元(包括应收取的增值税)。由于甲企业发生财务困难,不能按合同规定支付货款,5月20日,经协商,兴业公司同意甲企业以一台机器设备偿还债务。该机器设备的账面原价为200 000元,已提折旧60 000元,清理费用2 000元,该机器设备公允价值150 000元。假定不考虑资产减值准备和其他相关税费。甲、兴业公司应在债务重组日作如下账务处理：

(1)甲企业(债务人)：

借:固定资产清理　　140 000

　累计折旧　　60 000

　贷:固定资产　　200 000

借:固定资产清理　　2 000

　贷:银行存款　　2 000

处置非流动资产收益＝150 000－140 000＝10 000(元)

债务重组损失＝152 000－117 000＝35 000(元)

借:应付账款——兴业公司　　117 000

营业外支出——债务重组损失　　35 000

贷:固定资产清理　　142 000

营业外收入——处置非流动资产收益　　10 000

(2) 兴业公司(债权人):

借:固定资产　　150 000

贷:应收账款——甲企业　　117 000

营业外收入——债务重组利得　　33 000

(三)债务人以债务转为本企业资本

1.将债务转为资本的,债务人的会计处理是:

(1)债务人应当将债权人放弃债权而享有股份的面值总额确认为股本(或者实收资本),股份的公允价值总额与股本(或者实收资本)之间的差额确认为资本公积。

(2)重组债务的账面价值与股份的公允价值总额之间的差额,计入当期损益。

2.将债务转为资本的,债权人的会计处理是:

(1)将债务转为资本的,债权人应当将享有股份的公允价值确认为对债务人的投资。

(2)债权人重组债权的账面余额与股份的公允价值之间的差额,计入当期损益。债权人已对债权计提减值准备的,应当先将该差额冲减减值准备,减值准备不足以冲减的部分,计入当期损益。

【例 14-3】　12 月 20 日,兴业公司销售一批材料给 B 公司,含税价为 468 000 元。5 月 28 日,B 公司因资金周转暂时发生困难,经过协商,以其普通股抵偿债务。B 公司用于抵债的普通股为 10 万股,股票市价为每股 4 元(每股面值 1 元)。不考虑资产减值准备和其他税费。有关账务处理为:

B 公司(债务人):

借:应付账款—— 兴业公司　　468 000

贷:股本(实收资本)　　100 000

资本公积　　300 000

营业外收入——债务重组利得　　68 000

兴业公司(债权人):

借:长期股权投资　　400 000

营业外支出——债务重组损失　　68 000

贷:应收账款—— B 公司　　468 000

(四)修改其他债务条件

修改其他债务条件的,债务人应当将修改其他债务条件后债务的公允价值作为重组后债务的入账价值。重组债务的账面价值与重组后债务的入账价值之间的差额,计入当期损益。修改后的债务条款如涉及或有应付金额,且该或有应付金额符合《企业会计准则第13号——或有事项》中有关预计负债确认条件的,债务人应当将该或有应付金额确认为预计负债。重组债务的账面价值,与重组后债务的入账价值与预计负债金额之和的差额,计入当期损益。

修改其他债务条件的,债权人应当将修改其他债务条件的债权公允价值作为重组后债权的账面价值,重组债权的账面余额与重组后债权的账面价值之间的差额,比照前述以现金清偿债务情况下,债权人的会计处理规定进行计量。修改后的债务条款中涉及或有应收金额的,债权人不应当确认或有应收金额,不得将其计入重组后债权的账面价值。

第二节　会计政策变更和会计估计变更

一、会计政策变更

(一)会计政策变更的含义及其变更条件

会计政策,是指企业在会计核算时所遵循的具体原则以及企业所采纳的具体会计处理方法。所谓的具体原则,是指企业按照国家统一的会计核算制度所制定的、适合于本企业的会计制度中所采用的会计原则;具体会计处理方法,是指企业在会计核算中对于诸多可选择的会计处理方法中所选择的、适合于本企业的会计处理方法。企业常见的会计政策主要有:收入确认的原则、存货的计价方法等。企业应选择最恰当的会计政策反映其经营成果和财务状况。

会计政策变更,是指企业对相同的交易或事项由原来采用的会计政策改用另一个会计政策的行为。为了保证会计信息的可比性,使财务会计报告的使用者能够正确判断企业的财务状况、经营成果和现金流量的趋势,一般情况下,企业应在每期采用相同的会计政策,不应也不能随意变更会计政策。根据《企业会计准则——具体准则》规定,企业会计政策变更,必须符合下列条件之一:

1.法律或会计制度等行政法规、规章的要求。这种情况是指按照企业会计准则、企业会计制度以及其他法规、规章的规定,要求企业采用新的会计政策,则应按照规定改变原会计政策,按新的会计政策执行。

2.会计政策变更能够提供有关企业财务状况、经营成果和现金流量等更可靠、更相关的会计信息。这一情况是指原有会计政策,已不能恰当地反映企业财务状况、经营成果和现金流量等情况。因此,改变原有会计政策按变更后的新会计政策进行核算,目的是为了提供更可靠更相关的会计信息。

下列情况不属于会计政策变更:第一,本期发生的交易或事项与以前相比具有本质差别而采用新的会计政策;第二,对初次发生的或不重要的交易或事项采用新的会计政策。

（二）会计政策变更的账务处理

对于会计政策变更，根据《企业会计准则——具体准则》规定，企业应当根据不同情况，分别采用追溯调整法和未来适用法。

1. 追溯调整法。追溯调整法是指对某项交易或事项变更会计政策时，如同该交易或事项初次发生时就开始采用新的会计政策，并以此对相关项目进行调整的方法。

（1）在追溯调整法下，应计算会计政策变更的累积影响数，并调整期初留存收益，会计报表其他相关项目也相应进行调整。

追溯调整法的运用通常由以下几步构成：

第一步，计算会计政策变更的累积影响数；

第二步，相关的财务处理；

第三步，调整会计报表相关项目；

第四步，附注说明。

（2）计算政策变更的累积影响数。企业政策变更的累积影响数，指按变更后的会计政策对以前各期追溯计算的变更年度期初留存收益应有的金额与现有的金额之间的差额。会计政策变更的累积影响数，是假设与会计政策变更相关的交易或事项在初次发生时即采用新的会计政策，而得出的变更年度期初留存收益应有的金额，与现有的金额之间的差额。会计政策变更的累积影响数，是变更会计政策所导致的对净损益的累积影响，以及由此导致的对利润分配及未分配利润的累积影响金额，不包括分配的利润或股利。

累积影响数通常可以通过以下各步计算获得：

第一步：根据新的会计政策重新计算受影响的前期交易或事项；

第二步：计算两种会计政策下的差异；

第三步：计算差异的所得税影响金额；

第四步：确定前期中的每一期的税后差异；

第五步：计算会计政策变更的累积影响数。

（3）采用追溯调整法时，会计政策变更的累积影响数应包括在变更当期期初留存收益中；如果提供可比会计报表，对于比较会计报表期间的会计政策变更，应调整各该期间净损益各项目和会计报表其他相关项目，视同该政策在比较会计报表期间一直采用。

【例 14-4】 大华公司（公司执行《企业会计准则——具体准则》）在三年前 12 月份购入设备一台，入账价值为 100 万元，购入后当即投入管理部门使用。该设备预计使用年限为 10 年，预计净残值为零，采用平均年限法计提折旧。该设备自第二年 1 月 1 日起，考虑到技术进步因素，决定按双倍余额递减法计提折旧。该公司适用的所得税税率为 25%，历年均按净利润的 10%提取法定盈余公积。该公司按税法规定该设备应采用平均年限法计提折旧。

单位:元

年　度	按双倍余额递减法提取的折旧额	按平均年限法计提的折旧额所得税前差异	所得税前差异	所得税影响额	税后差异
第一年	200 000	100 000	100 000	25 000	75 000
第二年	160 000	100 000	60 000	15000	45 000
合　计	360 000	200 000	160 000	40 000	120 000

相应的会计分录为:

借:以前年度损益调整　160 000

　贷:累计折旧　160 000

借:递延所得税资产　40 000

　贷:以前年度损益调整　40 000

借:利润分配——未分配利润　120 000

　贷:以前年度损益调整　120 000

借:盈余公积——法定盈余公积　12 000

　贷:利润分配——未分配利润　12 000

2.未来适用法。未来适用法是指对某项交易或事项变更会计政策时,新的会计政策适用于变更当期及未来期间发生的交易或事项的方法。

3. 根据《小企业会计准则》规定,企业固定资产使用环境、使用情况等发生重大变化,导致折旧方法、使用寿命确需变更的,无论是会计政策变更,还是会计估计变更,均按照会计估计变更进行会计处理。因此,例14-4中的固定资产按照变更的折旧方法计提折旧,以前提取的折旧不必作调整。

二、会计估计变更

(一)会计估计变更的含义

会计估计,是指企业对其结果不确定的交易或事项以最近可利用的信息为基础所作的判断。由于企业经营活动中内在不确定因素的影响,所以要运用合理的估计,它不会削弱会计核算的可靠性。会计实务中,属于常见的需要进行估计的项目有:坏账损失估计、固定资产的预计使用年限与预计净残值,无形资产的摊销期限,长期待摊费用的分摊期限等。

如果赖以进行估计的基础发生了变化,或者由于取得新的信息、积累更多的经验以及后来的发展变化,可能需要对会计估计进行修订。会计估计变更就是因某些原因而对会计估计进行的修订。例如,企业预计某项固定资产使用年限为20年。以后发生的情况表明,该项资产的受益年限已不足20年,应相应调整减折旧年限;又如企业原按应收账款余额的5%提取坏账准备,根据实际情况,企业不能收回的应收款已达8%,则应相应调增坏账准备的提取比例等。

会计估计变更,并不意味着以前的会计估计是错误的,只是由于情况发生了变化,或者掌握了新的信息、积累了更多的经验,使得修订后的会计估计能如实地反映企业的财务状况和经营成果。如果发现以前的会计估计是错误的,现在进行修正,则不属于会计估计变更,而属于会计差错更正。

(二)会计估计变更的会计处理

会计估计变更应采用未来适用法进行会计处理。运用未来适用法,不需要计算变更产生的累积影响数,也不需要重编以前年度的会计报表,但应当对变更当期和未来期间发生的交易或事项按照新的会计估计进行处理。其处理方法为:

1. 如果会计估计的变更仅影响变更当期,有关估计变更的影响应于当期确认。如企业将坏账准备的计提比例由5%提高到8%,这类会计估计的变更,只影响变更当期,因此,应于变更当期确认。

2. 如果会计估计的变更既影响变更当期又影响未来期间,有关估计变更的影响应在当期及以后各期确认。例如,固定资产的预计使用年限或预计净残值率发生变更,常常影响变更当期及资产以后使用年限内各个期间的折旧费用。因此,这类会计估计变更,应于变更当期及以后各期确认。企业会计估计变更时,应在会计报表附注中披露会计估计变更的内容和理由;会计估计变更的影响数;会计估计变更的影响数不易确定的理由等内容。

企业应当明确划分会计政策变更和会计估计变更,并按不同的方法进行相关的会计处理。对于不易区分会计政策变更和会计估计变更的事项,按照现行会计制度规定,应视为会计估计变更,按会计估计变更的会计处理方法进行处理。

三、会计差错更正

(一)会计差错的概念及种类

会计差错是指在会计核算时,由于计量、确认、记录等方面出现的错误。企业一旦发现会计差错,应及时予以更正,以确保会计资料的真实性和完整性。

在日常会计核算中,因种种原因,会计差错也在所难免。会计差错产生的主要原因有:采用了会计准则、会计制度等所不允许的会计政策,账户使用以及计算错误,漏记已完成的交易等等。

按照会计差错对会计报表可靠性的影响程度,可以将会计差错分为重大会计差错和非重大会计差错两种类型。

重大会计差错,是指企业发现的使公布的会计报表不再具有可靠性的会计差错。重大会计差错的金额一般均较大,通常某项交易或事项的金额占该类交易或事项的金额10%及其以上,则认为金额比较大,例如某企业提前结转的销售成本占全部销售成本的10%及其以上,则认为是重大会计差错。企业发现的重大会计差错,如不加以调整,会使公布的会计报表所反映的信息不可靠,并有可能误导投资者及其他财务会计报告使用者的决策或判断。因此,对于本期发现的属于以前年度的重大会计差错,应调整期初留存收益及会计报表其他相关项目的期初数。

非重大会计差错,是指不足以影响会计报表使用者对企业财务状况、经营成果和现金流量作出正确判断的会计差错。根据会计的重要性原则,对于本期发现的属于以前年度的非重大会计差错,不用调整期初留存收益及会计报表其他相关项目的期初数,只需调整发现当期与前期相同的相关项目。

(二)会计差错更正的账务处理

会计差错的更正应按以下方法处理:

1.本期发现的属于本期的会计差错,应直接调整本期相关项目。例如,企业将管理人员的补贴直接计入了管理费用。发现该项差错后,应将计入管理费用的管理人员的补贴调整通过“应付职工薪酬”账户核算

2.本期发现的,属于以前年度的会计差错,应区别情况处理。

(1)对于发生的重大会计差错,如影响损益,应将其对损益的影响数调整发现当期的期初留存收益,会计报表其他相关项目的期初数也一并调整;如不影响损益,应调整会计报表相关项目的期初数。

【例 14-5】 大华公司职工福利费按先提后用的办法进行核算,5 月 28 日发现上年多提取的职工福利费 40 万元,列入管理费用。假定该公司的所得税率为 25%,按税后利润的 10%计提法定盈余公积金。对此,会计差错更正的处理和披露应为:

借:应付职工薪酬——应付福利费　　400 000

　贷:应交税费——应交所得税　　132 000

　　　以前年度损益调整　　268 000

借:以前年度损益调整　　268 000

　贷:利润分配——未分配利润　　268 000

借:利润分配——未分配利润　　26 800

　贷:盈余公积——法定盈余公积　　26 800

(2)对于发生的非重大会计差错,不用调整会计报表相关项目的期初数,但应调整发现当期与前期相同的相关项目,属于影响损益的,应直接计入本期与上期相同的净损益项目;属于不影响损益的,应调整本期与前期相同的相关项目。

如年度资产负债表日至财务报告批准报出日之间发现的报告年度的会计差错及报告年度前的非重大会计差错,应按照“资产负债表日后事项”进行处理。

相关链接:

根据《小企业会计准则》,企业对会计政策变更、会计估计更正、会计差错更正应当采用未来适用法进行会计处理。